# 2023
# 中国柔性版印刷发展报告

主　编：陈　斌
副主编：杨爱玲　乔俊伟　罗尧成
主　审：周建宝

DEVELOPMENT REPORT OF
CHINA FLEXOGRAPHIC PRINTING
2023

文化发展出版社
Cultural Development Press
·北京·

## 图书在版编目（CIP）数据

2023 中国柔性版印刷发展报告 / 陈斌主编 . — 北京：文化发展出版社，2023.9
ISBN 978-7-5142-4058-0

Ⅰ . ①2… Ⅱ . ①陈… Ⅲ . ①苯胺印刷－印刷工业－工业发展－研究报告－中国－2023 Ⅳ . ① F426.84

中国国家版本馆 CIP 数据核字（2023）第 161557 号

### 2023 中国柔性版印刷发展报告

主　　编：陈　斌
副 主 编：杨爱玲　乔俊伟　罗尧成
主　　审：周建宝

| 出 版 人： | 宋　娜 | | |
|---|---|---|---|
| 责任编辑： | 朱　言 | 责任校对： | 岳智勇　马　瑶 |
| 责任印制： | 杨　骏 | 封面设计： | 韦思卓 |

出版发行：文化发展出版社（北京市翠微路 2 号 邮编：100036）
发行电话：010-88275993　010-88275710
网　　址：www.wenhuafazhan.com
经　　销：全国新华书店
印　　刷：北京印匠彩色印刷有限公司

开　　本：710mm×1000mm 1/16
字　　数：241 千字
印　　张：16.25
版　　次：2023 年 9 月第 1 版
印　　次：2023 年 9 月第 1 次印刷

定　　价：158.00 元
ＩＳＢＮ：978-7-5142-4058-0

◆ 如有印装质量问题，请与我社印制部联系　电话：010-88275720

# 编委会

## 编撰指导委员会
顾春华 钱 俊 周建宝 郑其红 韩 健 陆卫达 郑雪梨 蔡志荣 孙 勇

## 主 编
陈 斌

## 副主编
杨爱玲 乔俊伟 罗尧成

## 成 员
（按姓氏笔画排序）

王 洋 王红国 王晓红 孔玲君 田全慧 刘琳琳 李 瑜 张建民
何红建 肖 颖 尚玉梅 孟 玫 施建屏 顾 萍 高云升 蔡成基

## 主 审
周建宝

## 完成单位
上海出版印刷高等专科学校
国家新闻出版署"智能与绿色柔版印刷"重点实验室

## 指导委员会

| | |
|---|---|
| 顾春华 | 上海出版印刷高等专科学校党委书记、教授 |
| 钱　俊 | "智能与绿色柔版印刷"重点实验室学术委员会主任、武汉大学教授 |
| 周建宝 | 中国印刷技术协会柔性版印刷分会理事长 |
| 郑其红 | 恩熙思印刷科技（上海）有限公司总经理 |
| 韩　健 | 西安航天华阳机电装备有限公司董事长 |
| 陆卫达 | 上海紫江企业集团纸包装事业部总经理 |
| 郑雪梨 | 上海印刷技术研究所有限公司所长 |
| 蔡志荣 | 上海外贸界龙彩印有限公司副总工程师 |
| 孙　勇 | 嘉升制版（上海）有限公司总经理 |

## 编撰委员会

| | |
|---|---|
| 陈　斌 | 上海出版印刷高等专科学校校长、教授 |
| 杨爱玲 | 上海出版印刷高等专科学校副校长、教授 |
| 乔俊伟 | "智能与绿色柔版印刷"重点实验室执行副主任、教授级高级工程师 |
| 罗尧成 | 上海出版印刷高等专科学校科研处处长、教授 |
| 王　洋 | 上海丝艾柔印文化传媒有限公司总经理、高级工程师 |
| 王红国 | 北京科印传媒文化股份有限公司《标签技术》副主编 |
| 王晓红 | 上海理工大学出版印刷与艺术设计学院教授 |
| 孔玲君 | 上海出版印刷高等专科学校教务处副处长、教授 |
| 田全慧 | 上海出版印刷高等专科学校现代传媒技术与艺术学院副院长、副教授 |
| 李　瑜 | 西安航天华阳机电装备有限公司研发中心主任、高级工程师 |
| 张建民 | 印刷行业资深专家、高级工程师 |
| 何红建 | 上海紫丹食品包装印刷有限公司总经理 |
| 刘琳琳 | 西安理工大学印刷包装与数字媒体学院院长助理、副教授 |
| 肖　颖 | 上海出版印刷高等专科学校印刷包装工程系副主任、副教授 |
| 尚玉梅 | 中国日用化工协会副理事长/油墨分会秘书长、高级工程师 |
| 孟　玫 | 上海印刷技术研究所有限公司《印刷杂志》主编、副编审 |
| 施建屏 | 中国印刷技术协会柔性版印刷分会顾问、高级工程师 |
| 顾　萍 | 上海出版印刷高等专科学校印刷包装工程系主任/中国印刷技术协会柔性版印刷分会秘书长、教授 |
| 高云升 | 西安航天华阳机电装备有限公司总经理、高级工程师 |
| 蔡成基 | 中国印刷技术协会柔性版印刷分会顾问、高级工程师 |

## 主审

| | |
|---|---|
| 周建宝 | 中国印刷技术协会柔性版印刷分会理事长 |

# 目 录

## 第一部分　主报告　001

中国柔性版印刷发展报告　003

## 第二部分　行业产业报告　049

中国柔印油墨行业发展报告　051
中国标签产业发展报告　062
中国柔性版印刷机市场销售情况调查报告　083
中国柔版印刷设备及版材进出口数据分析报告　097

## 第三部分　行业政策与标准　105

2019 年至 2023 年发布的部分行业政策索引　107
2019 年至 2023 年发布的部分行业标准索引　109
以 ERP 构建指南助力印刷企业智能化建设　115

## 第四部分　行业技术探述　123

柔性版印刷产业链做大做强的几个关键细节　125
任重道远的中国软包装柔性版印刷　140

| | |
|---|---|
| 柔性版印刷的 30 年光辉岁月 | 146 |
| 2022FTA 论坛上关于网纹辊的大讨论（节选） | 152 |
| 主曝光与柔性版高光网点再现关系的研究 | 168 |
| 激光烧蚀成像中方形光斑与圆形光斑技术差异比较 | 181 |
| 水性油墨在卫生材料上的应用研究 | 192 |

## 第五部分　行业典型案例　　　　　　　　　　　　　　201

| | |
|---|---|
| 智能化绿色工厂助力企业转型发展 | 203 |
| 加速环保包装可持续进程，打造企业绿色发展新常态 | 213 |
| 沸石吸附剂在油墨废水净化中的应用 | 221 |
| 国产柔印设备成就柔印行业新未来 | 226 |
| 科技创新持续引领国产高端环保柔性版印刷油墨发展 | 236 |
| 以"智"提"质"，柔印制版智能化开启 | 245 |

# 第一部分
# 主报告

生态文明建设对于以中国式现代化全面推进中华民族伟大复兴具有重要意义,实施绿色印刷是我国印刷业贯彻生态文明建设的重要举措。随着国家相关部门促进印刷行业绿色化转型升级的一系列政策和法律法规的出台,作为业界公认具有很大发展潜力的绿色印刷方式,柔性版印刷发展步入快车道。

在当前国际形势复杂多变、国内需求恢复不够明显的背景下,印刷业发展面临新形势和新任务。根据国家统计局发布的数据,2022年规模以上印刷和记录媒介复制业企业营业收入同比减少1.5%,利润总额下降3.7%。作为引领行业绿色化和智能化发展方向的柔性版印刷,同样面临着巨大的经济下行压力影响,但本次调研数据的统计显示,接受调研的柔性版印刷企业平均营收增长率达到8.11%,继续保持着良好的发展势头。

中国柔性版印刷产业链渐趋成熟,中国制造和国际进口并驾齐驱,国产柔性版印刷设备质量日益提高,与国际先进水平的差距逐渐缩小。2022年,我国机组式和卫星式柔印机的装机量继续保持较快增长。全行业对柔性版印刷的包装属性、技术属性和环保属性进一步统一了认识,更提振了发展柔性版印刷的信心和决心。在历年行业调查数据的基础上综合多方数据估算,2022年我国柔性版印刷工业产值约为2200亿元,在我国印刷工业总产值的占比约为18.00%。

主报告以2023年的行业调查为基础,并结合近年来的相关调查,对我国柔性版印刷行业的发展现状、存在问题,以及未来趋势等做了较深入的分析并得出一些粗浅的结论和建议。

由于编者能力与水平有限,报告中存在的不足之处,敬请读者批评指正。

# 中国柔性版印刷发展报告

乔俊伟　罗尧成

习近平总书记在党的二十大报告中提出："必须牢固树立和践行绿水青山就是金山银山的理念，站在人与自然和谐共生的高度谋划发展。要加快发展方式绿色转型，深入推进环境污染防治，提升生态系统多样性、稳定性、持续性，积极稳妥推进碳达峰碳中和。"生态文明建设对于以中国式现代化全面推进中华民族伟大复兴而言具有重要意义，实施绿色印刷是我国印刷业贯彻生态文明建设的重要举措。从 2010 年 9 月原国家新闻出版总署和环境保护部共同签署《实施绿色印刷战略合作协议》起，我国实施绿色印刷战略已有 13 个年头。其间，为推动我国印刷业绿色化转型发展，有关部门出台了一系列与环保相关的政策和法律法规。作为业界公认的最具发展潜力的绿色印刷方式，柔性版印刷得到前所未有的重视，其发展步入快车道。

2022 年，在百年变局加速演进、疫情反复延宕的复杂局面下，中国经济遭受了多重冲击，经历了前所未有的挑战，印刷业发展面临新形势和新任务。在以习近平总书记为核心的党中央的坚强领导下，各级政府高效统筹疫情防控和经济社会发展，及时出台保通保畅、保供稳价、退税减税、援企稳岗等一揽子政策，着力稳住宏观经济大盘，经济增长快于世界上多数主要经济体，全年国内生产总值（GDP）同比增长 3%，经济总量突破 120 万亿元。

基于 2021 年 7 月 1 日国家发展和改革委员会发布的《"十四五"循环经济发展规划》，以及 2021 年 9 月 22 日中共中央和国务院发布的《关于完整准确全面贯彻新发展理念做好碳达峰碳中和工作的意见》这两个纲领性文件，国家发展和改革委员会与生态环境部 2021 年 9 月 16 日发布了《关于印发"十四五"塑料污染治理行动方案的通知（发改环资〔2021〕1298 号）》，2022 年 9 月 8 日，国务院办公厅发布了《关于进一步加强商品过度包装治理的通知（国办发〔2022〕29 号）》，2023 年 5 月 16 日，商务部与国家发展和改革委员会发布了《商务领域经营者使用、报告一次性塑料制品管理办法》。上述一系列文件的颁布，使得塑料包装在很多领域的应用受到一定程度的抑制，并推动了纸质包装的发展，而柔性版印刷则是随着纸质包装的发展获得了发展。

根据国家统计局 2023 年 1 月 31 日发布的数据，2022 年规模以上工业企业实现营业收入同比增长 5.9%，利润下滑 4.0%，其中规模以上印刷和记录媒介复制业企业营业收入同比减少 1.5%，利润总额下降 3.7%。作为引领行业绿色化和智能化发展方向的柔性版印刷，在经济高质量发展和抗击疫情中发挥了重要作用，虽然面临着巨大的经济下行压力的影响，但根据本次调研数据的统计，接受调研的柔性版印刷企业平均营收增长率达到 8.11%，继续保持着良好的发展势头。

在历年行业调查数据的基础上，综合中国印刷技术协会柔性版印刷分会的分析和中国日用化工协会油墨分会的会员单位柔印油墨占比情况等数据，估算 2022 年我国柔性版印刷工业产值约为 2200 亿元，在我国印刷工业总产值的占比约为 18.00%。

截至 2022 年 6 月，我国机组式柔印机的装机量为 3467 台，卫星式柔印机的装机量为 650 台，柔印机装机量继续保持增长。行业估计中国固态柔性版材的年用量约为 150 万平方米，其中进口 65.83 万平方米，国内生产版材量超过 55%。

行业对柔性版印刷的包装属性、技术属性和环保属性进一步统一了认识，更提振了发展柔性版印刷的信心和决心。中国柔性版印刷产业链渐趋成熟，中国制造和国际进口并驾齐驱，国产柔性版印刷设备质量日益提高，与国际先进水平的差距逐渐缩小。

我国柔性版印刷行业在追求印刷质量方面不懈努力，在印前图文处理、加网、制版和印刷技术上与世界先进水平保持同步，印刷质量也达到世界先进水平，与平版印刷、凹版印刷等印刷方式的印刷效果已基本接近。

我国柔性版印刷行业正处于天时（绿色环保与智能化发展要求）、地利（中国巨大的包装印刷市场）与人和（政策支持和行业同人的共同努力）的大好时期，未来发展前景值得期待。

本报告以2023年5月开展的行业调查为基础（数据的周期区间为2022年1月至2022年12月），并结合近年来的相关调查，对我国柔性版印刷行业的发展现状、存在问题，以及未来趋势等做综合深入分析。

# 一、柔性版印刷行业发展状况

## （一）调查样本概况

本次调查由上海出版印刷高等专科学校国家新闻出版署"智能与绿色柔版印刷"重点实验室牵头实施，得到了中国印刷技术协会柔性版印刷分会、中国日用化工协会油墨分会、中国印刷技术协会标签与特种印刷分会、中国包装联合包装印刷委员会、中国包装联合会塑料包装委员会、中国医药包装协会药用包装印刷专业委员会、部分行业媒体和广大企业的大力支持与积极参与。

从调查样本的省域分布情况看，参与调研的上海企业最多，占比27.15%；广东次之，占比21.50%；占比较高的省份还有江苏10.21%、浙江9.68%、山东6.99%、福建3.23%、北京2.96%、河南2.96%、天津2.42%、湖北2.15%、陕西1.88%、四川1.61%、安徽1.34%、河北1.34%。

参与调研企业按印刷产业带划分，长三角区域（上海、浙江、江苏、安徽）占比48.38%、珠三角区域（广东、香港、澳门）占比21.77%，环渤海区域（北京、天津、河北、山东、辽宁）占比14.52%，其他区域占比15.32%，如图1-1所示，其中珠三角区域的样本数和占比较上一年度（17.42%）增加4.35%，调研样本的区域分布进一步优化。

从调研样本的地区分布来看，我国柔性版印刷发展不平衡，主要集中在长三角、珠三角和环渤海三个印刷产业带，其他区域的柔性版印刷发展相对比较缓慢。

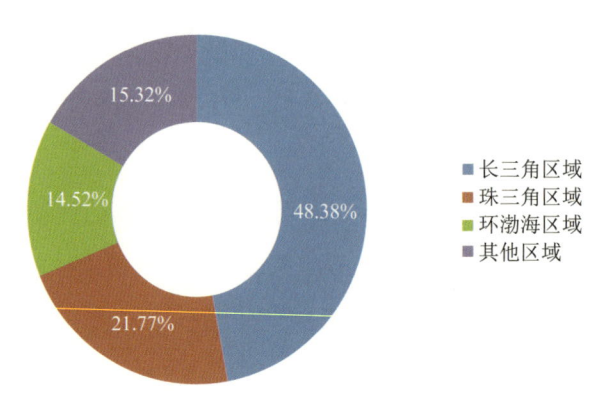

图 1-1 调查样本的区域分布情况

调查样本企业中民营企业（非上市）占比最高，为 69.08%；外商独资企业占比次之，为 14.25%；上市公司占比 6.72%，国有企业（非上市）占比 5.11%；港澳台资企业占比 2.42%；中外合资企业占比 2.42%，如表 1-1 所示。

表 1-1 调查样本企业的所有制类型分布情况

| 企业所有制类型 | 百分比 |
| --- | --- |
| 民营企业（非上市） | 69.08% |
| 外商独资企业 | 14.25% |
| 上市公司 | 6.72% |
| 国有企业（非上市） | 5.11% |
| 中外合资企业 | 2.42% |
| 港澳台资企业 | 2.42% |
| 合计 | 100.00% |

按调研企业的主要业务类型区分，柔性版印刷企业占比 40.59%，制版企业占比 12.10%，柔印版材生产与销售企业占比 5.11%，柔印设备及器材生产与销售企业占比 17.74%，油墨生产与销售企业占比 12.90%，印前软硬件、印刷耗材及其他相关业务企业占比 11.56%，如图 1-2 所示。

下面按企业的主营业务类型，分别对柔性版印刷企业、制版企业、设备与器材企业、印前软硬件与耗材及其他柔印企业的发展状况等进一步分析。

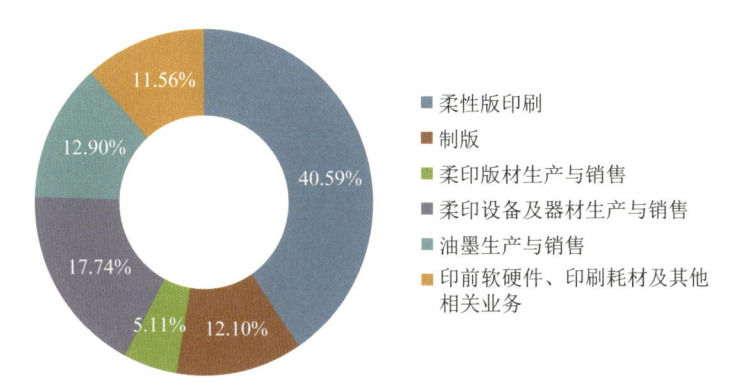

图 1-2　样本企业中业务类型分布情况

## （二）柔性版印刷企业的发展状况

### 1. 基本情况

本次调研中，柔性版印刷企业的调查样本数相比上一年度增加了20.80%，其中民营企业和标签印刷企业样本增加较多。

调查样本企业的所有制类型分布情况如图1-3所示。其中，民营企业（非上市）的数量占比66.89%，超过了其他类型所有制企业数量的总和，并且与上一年度的调查数据（58.40%）相比明显增加；上市公司（含国有控股和民营控股）数量占比11.26%，中外合资企业数量占比1.99%，港、澳、台资企业数量占比1.99%，与上一年度的调查数据（15.20%、4.00%和6.40%）相比均有所减少；外商独资企业数量占比11.26%。国有企业（非上市）数量占比6.61%，分别与上一年度的这一调查数据（10.40%和5.60%）相比变化不大。

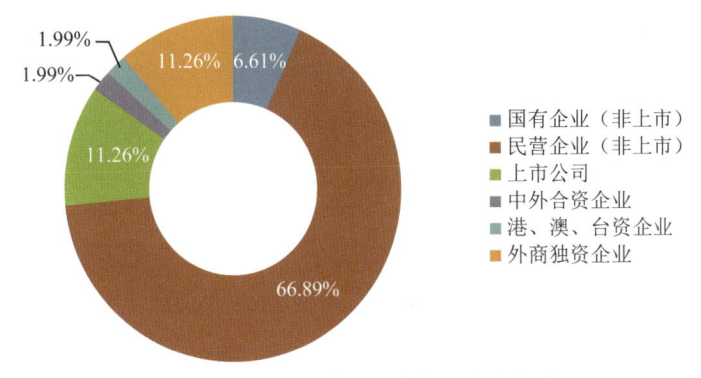

图 1-3　柔性版印刷企业所有制类型分布情况

包装装潢印刷是柔性版印刷的主要应用领域，其中瓦楞纸包装、纸包装、软包装和标签印刷等均为包装印刷的重要组成部分。柔性版印刷工艺在瓦楞纸板上直接印刷的所谓"瓦楞纸后印"领域中十分成熟，市场占有率相对稳定，超过90%以上，并且通常采用水性油墨印刷，俗称"瓦楞纸水印"。在瓦楞纸包装印刷中，为了与前四年（2019—2022年）的调查范围保持一致，本次调查在瓦楞纸印刷领域中只涉及瓦楞纸预印，而未涉及瓦楞纸后印。

本次调研的印刷企业主营业务中标签印刷企业数量相比上一年度增长25.45%。调研企业中不同主营业务类型的企业数量占比情况如表1-2所示。其中，标签印刷占调研样本企业总数最高，占比45.70%；软包装（含透气膜）印刷企业占比次之，占比19.21%；薄纸包装（200g/m² 以下纸张）企业占比8.61%；厚纸包装（200g/m² 及以上纸张）企业占比13.24 %；瓦楞纸预印企业占比 7.28 %；其他企业占比5.96%。

表1-2　不同主营业务类型的企业数量占比情况

| 企业主营业务 | 百分比 |
| --- | --- |
| 标签印刷 | 45.70% |
| 软包装（含透气膜） | 19.21% |
| 薄纸包装（200g/m² 以下纸张） | 8.61% |
| 厚纸包装（200 克/平方米及以上纸张） | 13.24% |
| 瓦楞纸预印 | 7.28% |
| 其他 | 5.96% |
| 合计 | 100.00% |

由表1-2数据可知，标签印刷和软包装印刷企业在本次调研企业样本中所占比例较高。近三年分别对这两个细分领域进行深入调研，并形成专题报告，比如《2020中国柔性版印刷发展报告》蓝皮书中《软包装领域柔性版印刷调查报

告》、《2021中国柔性版印刷发展报告》蓝皮书中《柔性版印刷在标签领域的应用和发展报告》、《2022中国柔性版印刷发展报告》蓝皮书中《中国标签产业发展报告》等专题调查报告。本蓝皮书继续对标签产业发展情况进行深入分析，并发布专题报告《中国标签产业发展报告》。

柔性版印刷企业拥有的员工人数分布情况如图1-4所示。其中，50人以下的企业占比26.49%，与上一年度这一调研数据（22.40%）相比有所增加；51～100人的企业占比18.54%，与上一年度这一调研数据（20.00%）相比略有减少；101～150人和151～200人的企业占比均为11.92%，与上一年度这一调研数据（12.80%和10.40%）相比变化不大；201～250人和251～300人的企业占比分别为3.98%和5.30%，与上一年度这一调研数据（4.00%和5.60%）相比基本持平；超过300人的企业为21.85%，与上一年度这一调研数据（24.80%）相比略有减少。

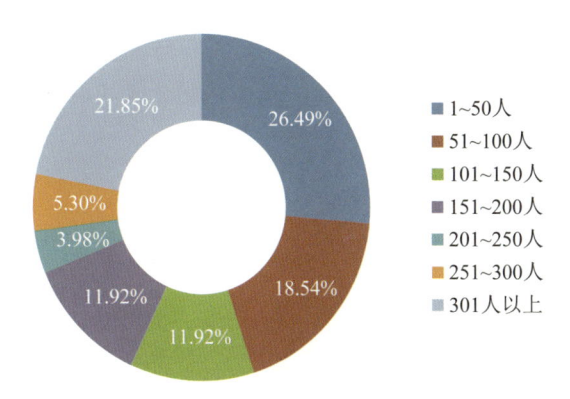

图1-4　柔性版印刷企业员工人数分布情况

在调研印刷企业中（集团公司除外）拥有柔印机台数1～20台不等，平均拥有机组式柔印机2.25台，卫星式柔印机0.78台、层叠式柔印机0.21台、组合式柔印机0.36台。机型分布情况如图1-5所示。其中，机组式柔印机占比62.43%，卫星式柔印机占比21.73%，层叠式柔印机占比5.71%，组合式柔印机占比10.13%。

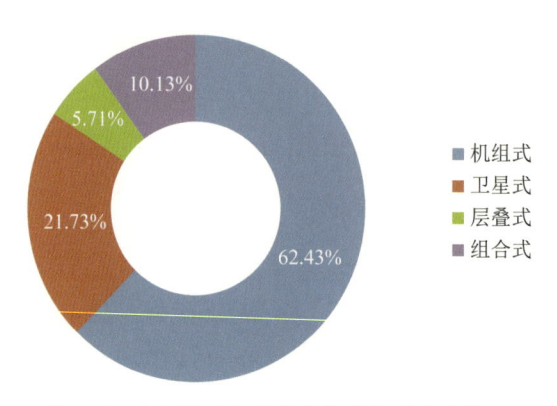

图 1-5　印刷企业拥有柔印机的机型分布情况

柔性版印刷企业 2022 年销售规模分布情况如图 1-6 所示。年销售额 1000 万元以下的企业占比 10.60%；1000 万～2000 万元的企业占比 9.93%；2000 万～5000 万元的企业占比 15.90%；5000 万～1 亿元的企业占比 15.23%；1 亿～2 亿元的企业占比 15.23%；2 亿～5 亿元的企业占比 17.88%；5 亿～10 亿元的企业占比 6.62%；10 亿元以上的企业占比 8.61%。以上数据表明，本次调研中规模以上印刷企业（年销售收入 2000 万元以上）基本达到八成（占比 79.47%）。

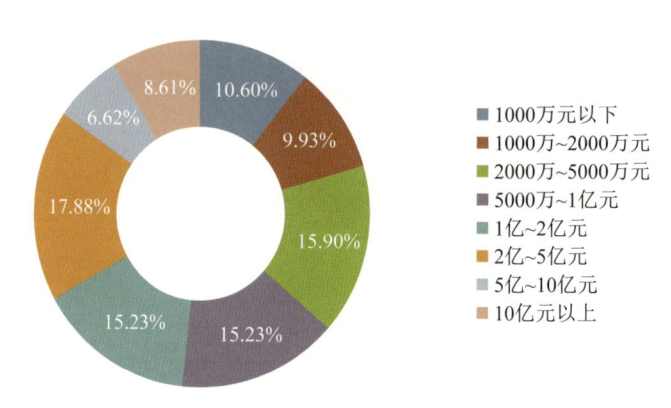

图 1-6　柔性版印刷企业 2022 年销售规模分布情况

## 2. 柔印业务占比、销售及利润增长情况

柔性版印刷企业并不是仅仅采用柔性版印刷一种工艺，往往还应用了平版印刷、凹版印刷、丝网印刷、数码印刷等多种印刷工艺，有的企业应用其他印刷工艺业务占比之和超过柔性版印刷业务。

调研企业的柔性版印刷业务占企业总销售额的比重情况见表1-3。各比重段的企业数分布比较均匀，其中柔性版印刷业务比重10%以下和90%以上的企业分布分别为9.27%和15.89%。

表1-3 调研企业的柔性版印刷业务占总销售额的比重情况

| 柔性版印刷业务占销售额的比重 | 企业数量占比 |
| --- | --- |
| 10%以下 | 9.27% |
| 10%～20% | 10.60% |
| 20%～30% | 9.94% |
| 30%～40% | 10.60% |
| 40%～50% | 9.94% |
| 50%～60% | 9.27% |
| 60%～70% | 6.62% |
| 70%～80% | 9.27% |
| 80%～90% | 8.60% |
| 90%以上 | 15.89% |
| 合计 | 100.00% |

近三年，调研企业柔性版印刷业务比重情况见表1-4。其中，与2021年调研数据相比，柔性版印刷业务占销售额60%以上的企业数占比上升3.58%，占销售额30%及以下的企业数占比下降1.39%。进一步分析数据表明，本次调研企业的柔性版印刷业务平均占比为53.75%，与上一年度调研数据（52.20%）相比增长1.55%。

表 1-4 近三年调研企业柔性版印刷业务比重情况

| 柔性版印刷业务 | 2020 年 | 2021 年 | 2022 年 | 同比 |
|---|---|---|---|---|
| 占销售额 10% 以内 | 10.67% | 8.00% | 9.27% | 1.27% |
| 占销售额 10%~30% | 30.00% | 23.20% | 20.54% | -2.66% |
| 占销售额 30%~60% | 28.00% | 32.00% | 29.81% | -2.19% |
| 占销售额 60%~80% | 12.00% | 10.40% | 15.89% | 5.49% |
| 占销售额 80%~90% | 4.00% | 7.20% | 8.60% | 1.40% |
| 占销售额 90% 以上 | 15.33% | 19.20% | 15.89% | -3.31% |
| 合计 | 100.00% | 100.00% | 100.00% | — |

调研企业的柔性版印刷业务增长的分布情况如图 1-7 所示，其柔性版印刷业务与上一年度相比无明显变化（±5% 以内）的企业占比 40.40%。与上年度相比增长 5% 以上的企业占比 50.32%，其中增长 15% 以上的企业占比 16.55%，增长 30% 以上的企业占比 6.62%。与上一年度相比，柔性版印刷业务下降 5% 以上的企业占比 9.28%，其中下降超过 15% 的企业占比为 2.00%。

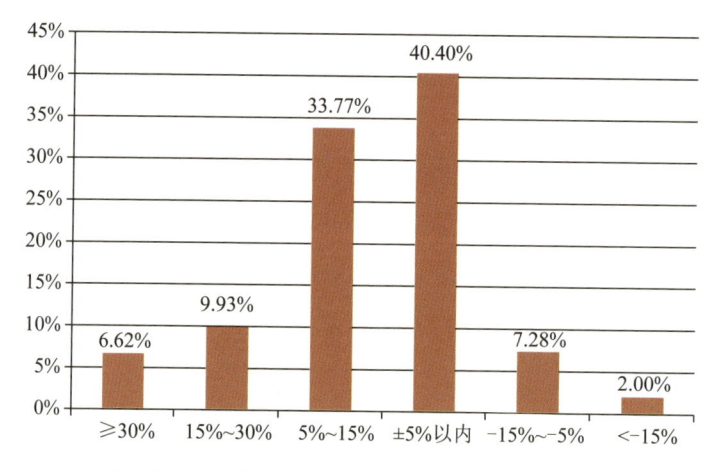

图 1-7 调研企业的柔性版印刷业务增长分布情况

进一步的分析数据表明，与前两年调研数据相比，2022年柔性版印刷业务增减呈现出两极分化的态势，防疫用品、快递外卖包装、快速消费品的业务量增长较快，而服装吊牌、啤酒标签和啤酒箱、高档烟酒等包装类业务量下降较多。

本次调研数据显示，2022年调研企业柔性版印刷平均增长率约为8.11%，虽然低于上一年度的增长率，但同比增长远高于整个印刷行业（注：调研企业柔性版印刷平均增长率是对按照调研企业柔性版印刷业务的年销售额进行加权后求得的平均增长率）。

调研企业的柔印业务利润占比情况如图1-8所示。其中柔印利润占比10%以内和90%以上的企业数量占比分别为19.87%和13.90%。对比柔性版印刷业务的占比情况，发现柔性版印刷业务的利润贡献率还相对较低，需要努力提高其利润水平。

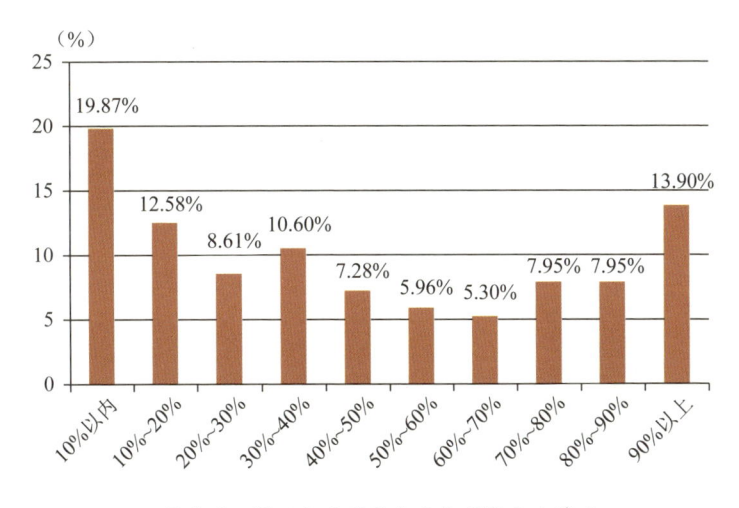

图1-8 调研企业的柔印业务利润占比情况

### （三）柔性版制版企业的发展状况

#### 1. 基本情况

柔性版制版企业是典型的技术服务型企业，具有一定的技术门槛，在整个柔性版印刷流程中处于十分重要的位置。近年来，行业竞争加剧，各种制版新技术层出不穷，技术迭代加快，集约化和专业化是制版行业发展的趋势。制版技术的快速发展对于柔性版印刷的印刷质量提高起到显著的推动作用，也直接推动着柔性版印刷行业的快速发展。

调查表明，近 80% 的柔印企业完全依赖专业制版公司进行制版工作。制版公司规模普遍较小，以民营企业为主。在本次调研中，民营企业占比高达 93.33%，国有和港、澳、台资企业合计占比 6.67%。

近年来，随着市场竞争日益激烈，制版企业呈现出规模化和集约化发展态势，部分行业龙头企业不断扩大投资规模，或扩建制版印前处理中心提高技术服务能力，或多地布局就近开设分公司提高服务客户响应速度。

在本次调研中，制版企业的员工人数分布情况如图 1-9 所示。其中，员工人数 30 人以下的占比 53.33%，与上一年度的调查数据（58.98%）相比有所减少；31～50 人的企业占比 24.45%，与上一年度的调查数据（20.51%）相比有所增加；51 人以上的企业占比 22.22%，比上一年度的调查数据（20.51%）也有所增加，101 人以上的企业占比 20.00%，比上一年度的调查数据（12.82%）大幅增加。

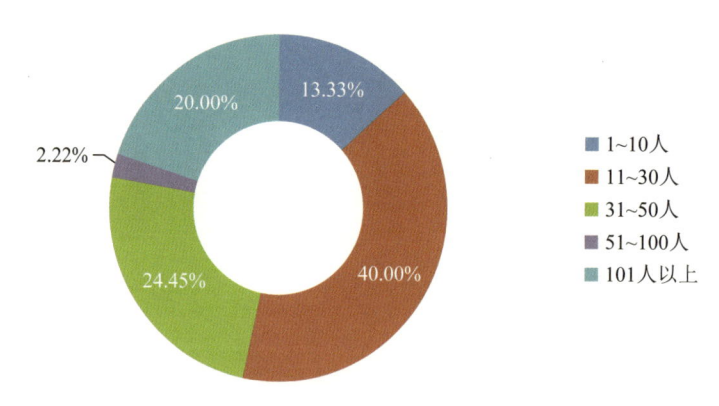

图 1-9 调研制版企业的员工人数分布情况

在本次调研中，制版企业的 2022 年销售额分布情况和近三年销售额分布对比情况分别如图 1-10 和表 1-5 所示。从销售规模来看，柔性版制版企业年销售额一般在 500～8000 万元，其中 60.00% 的企业年销售额在 3000 万元以下，500～3000 万的企业较为集中（占比 48.89%）。年销售额超过 3000 万元的企业占比40.00%，比上一年度的调查数据（33.33%）有所增加，其中年销售额超过5000万元的企业占比28.89%，与上一年度的调查数据（17.95%）相比大幅增加。

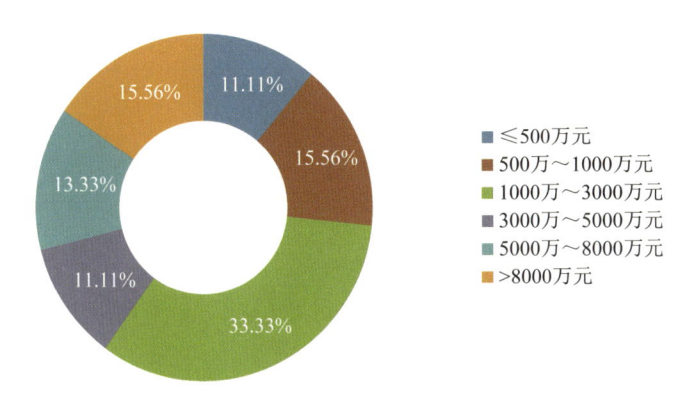

图 1-10 调研制版企业的2022年销售额分布情况

表 1-5 调研制版企业的近三年销售额分布情况对比

| 销售额 | 2020年度 | 2021年度 | 2022年度 | 2022年与2021年同比 |
| --- | --- | --- | --- | --- |
| 500万元以下 | 18.42% | 17.95% | 11.11% | -6.84% |
| 500万～1000万元 | 21.05% | 23.08% | 15.56% | -7.52% |
| 1000万～3000万元 | 39.47% | 25.64% | 33.33% | 7.69% |
| 3000万～5000万元 | 7.89% | 15.38% | 11.11% | -4.27% |
| 5000万元以上 | 13.16% | 17.95% | 28.89% | 10.94% |

调研企业2022年度销售增长情况如图1-11所示。由图可知，26.67%的制版企业年销售额无明显变化（±5%以内），比上一年度的调查数据（20.51%）显著增加。销售增长5%以上的企业占比51.11%，比上一年度的调查数据（64.10%）显著下降。其中，销售额增长5%～15%的企业占比28.89%，与上一年度的调查数据（48.72%）相比大幅下降，增长15%以上的企业占比22.22%，比上一年度的调查数据（15.38%）显著增加。同时，销售额减少超过

5% 的企业占比为 22.22%，与上一年度的调查数据（15.39%）相比显著增加；销售额减少超过 15% 的企业占比 8.89%，与上一年度的调查数据（10.26%）相比略有减少。这表明制版企业间的竞争正在加剧，企业发展加速分化。

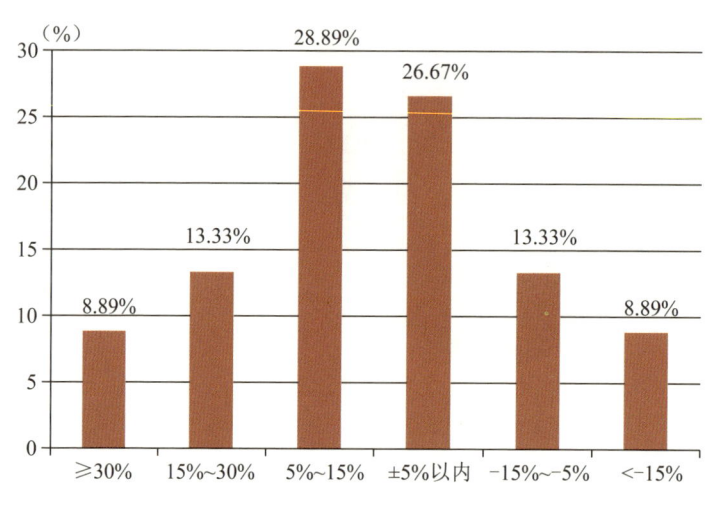

图 1-11　调研企业 2022 年度的销售增长情况

本次调研的柔性版制版企业 2022 年度的利润增长情况如图 1-12 所示。由图可知，利润增长 5% 以上的企业占比 33.33%，增长 15% 以上的企业占比 4.44%，与上一年度的调查数据（48.71% 和 15.38%）相比均大幅回落。与上一年相比利润额变化不大（±5% 以内）的企业占比 31.11%，与上一年度的调查数据（33.33%）相比略有下降。利润下降 5% 以上的企业占比 35.56%，与上一年度的调查数据（23.08%）相比大幅增加。其中，利润下降 5%～15% 的企业占比 20.00%，下降超过 15% 的企业占比 15.56 %，与上一年度的调查数据（12.85% 和 10.26 %）相比均明显增加。2022 年度，柔性版制版企业的盈利难度加大。

**2. 版材及溶剂的使用情况**

本次调研的柔性版制版企业中各主要制版设备的分布情况如图 1-13 所示。每家制版企业平均拥有各类激光雕刻机 2.38 台，曝光机 3.82 台，洗版机 3.31 台，烘干机 3.24 台，与上一年度的调查数据相比变化不大。

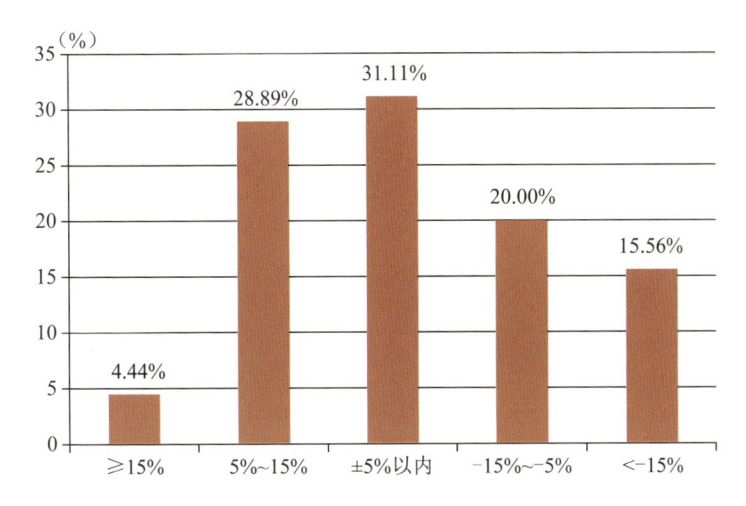

图 1-12　调研企业 2022 年度的利润增长情况

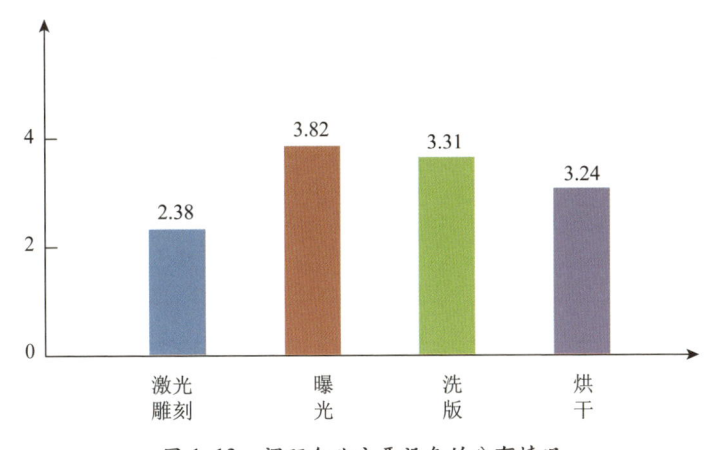

图 1-13　调研企业主要设备的分布情况

调研的制版企业版材年使用量最高的企业超过 50000 平方米，最低约为 300 平方米。调研企业 2022 年版材使用量分布情况如图 1-14 所示。由图可知，版材年使用量超过 3000 平方米的企业占比 84.44%，与上一年度的调查数据（84.61%）相比基本持平，超过 5000 平方米、10000 平方米的企业分别占比 75.55% 和 57.77%，与上一年度的调查数据（66.66% 和 53.84%）相比均有所增长。

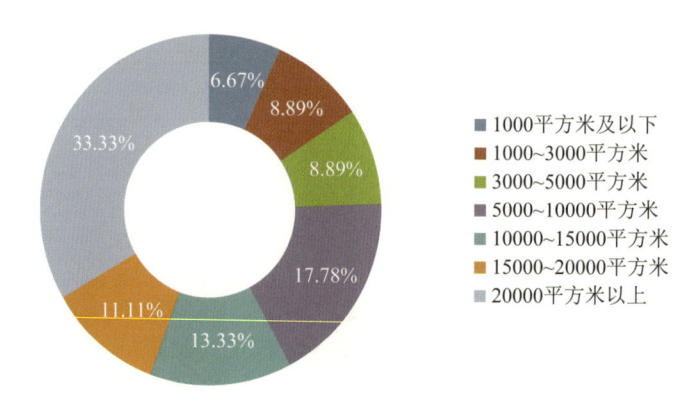

图 1-14 调研企业的 2022 年的版材使用量

如图 1-15 所示，与上一年度的版材使用量相比，用版量增长 5% 以上的企业占比 60.00%。其中，增长 15% 以上的企业占比 20.00%，增长 30% 以上的企业占比 11.11%。用版量减少 5% 以上的企业占比 17.78%，与上一年度的调查数据（12.82%）相比有所增加。其中，减少 15% 以上的企业占比 4.45%，与上一年度的调查数据（5.13%）相比略有减少。用版量无明显变化（±5% 以内）的企业占比 22.22%，与上一年度的调查数据（12.82%）相比大幅增加。这反映出制版企业正在发生着明显分化。

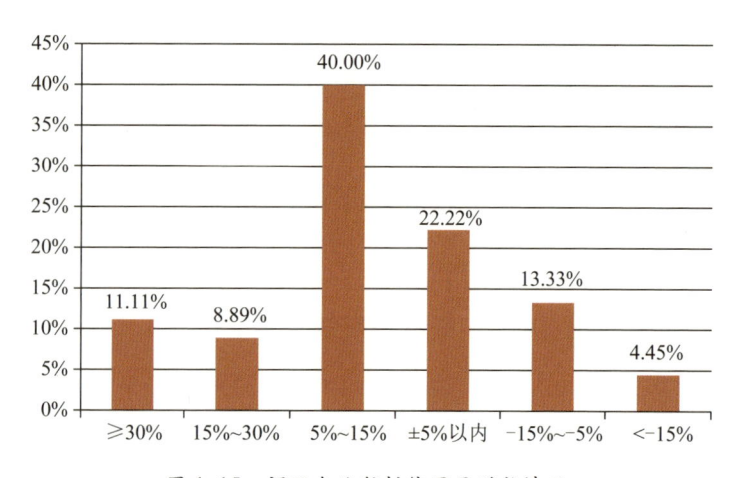

图 1-15 调研企业版材使用量增长情况

进一步数据分析表明，调研制版企业的用版量平均增长率约为 6.96%，虽然与上一年度增长率相比明显减少,但仍保持了较高增长(调研制版企业用版量平均增长率是对按照调研企业年用版量进行加权后求得的平均增长率)。

柔性版版材的种类主要可分为固态感光树脂版、液态感光树脂版和橡胶版。本次调研对各制版企业不同类型版材的占比情况进行了调查。结果显示,在调查的制版企业中,固态感光树脂版的使用量最高,液态感光树脂版次之,橡胶版的使用量最小,三者的占比分别为86.00%、12.77%和1.23%,如图1-16所示。与上一年度的调查数据(82.79%、13.51%和3.70%)相比,固态感光树脂版的占比有所增加,液态树脂版和橡胶版的占比均略有下降。

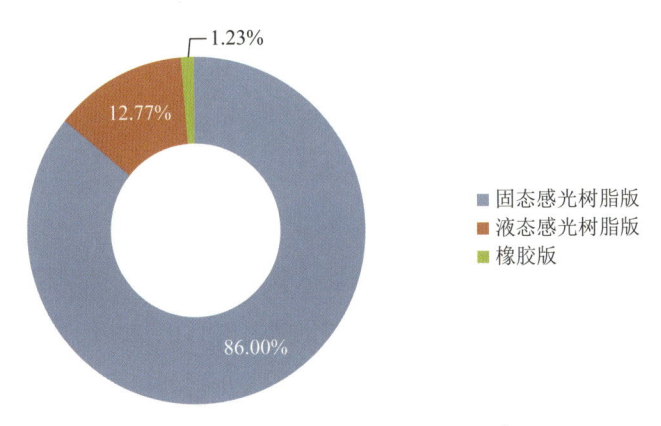

图1-16 调研企业的版材种类占比情况

在版材厚度方面,根据调研企业对各种厚度版材用量的排序,结合年用版量加权计算,测算出调研企业中各种厚度版材的分布情况,如图1-17所示。按照使用量占比从高到低排序依次为3.94mm、1.7mm、1.14mm、2.28mm、2.84mm、2.54mm,其占比分别为31.82%、30.93%、17.35%、11.06%、3.74%和0.55%,其他厚度版材合计占比4.55%,与上一年度的调查数据相比变化不大(业内普遍认为3.94mm的版材使用量占总使用量的60%以上,并且通常情况下薄版的制版技术要求更高。本项目的历年调研数据中3.94mm版材使用量均偏低,也表明了参与调研的制版企业主要是技术含量更高、市场竞争能力更强的企业)。

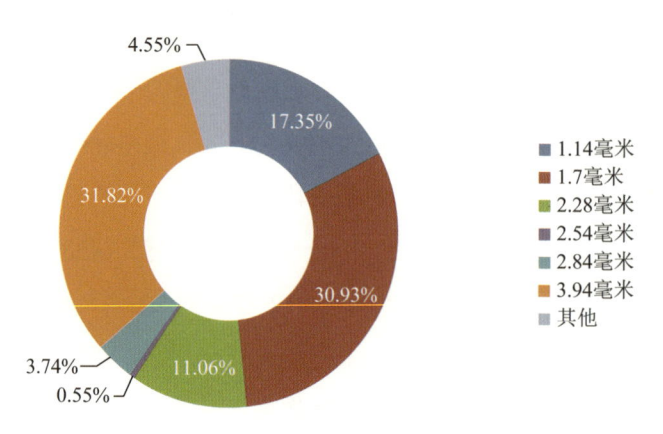

图 1-17　调研企业各种厚度版材的市场分布情况

根据海关进出口统计数据，2022年，中国柔印固态感光树脂版版材进口65.83万平方米，同比减少13.00%。按照进口数量排序，主要进口来源地依次为德国（23.12万平方米，同比减少10.00%）、日本（20.84万平方米，同比减少23.21%）、美国（15.70万平方米，同比减少1.34%）。

近年来，国内版材生产技术发展迅速，以乐凯华光、上海强邦为代表的国产品牌迅速崛起，在厚版领域已经取得相对优势，并且在数字化柔版领域也取得突破，打破国外技术垄断，以较高的性价比产品逐步得到市场认可，并远销海外。2022年我国柔印版材出口数量57.40万平方米，同比增长5.38%。

调研中发现，使用较多的国内外版材供应商（品牌）主要是乐凯华光、恩熙思（原富林特）、杜邦、旭化成、石梅、麦德美、强邦、迈日仑（原柯达）、东丽、东洋纺、JEM、富士胶片和东海泉龙等。

### 3. 制版与加网技术

根据调研企业对各种制版技术使用频率的排序，并结合其年使用版材量进行加权处理，统计结果显示传统的胶片制版技术占比20.47%，与上一年度调查数据（23.20%）相比小幅下降。其他各种先进制版技术中主要包括基于设备的平顶网点制版（占比34.25%），版材自带平顶网点制版（占比19.43%），液态版制版（占比13.76%），橡胶直雕制版（占比3.66%）和其他制版技术（占比8.44%）。

在加网技术方面，大多数公司同时使用几种加网技术。根据各调研企业对加网技术使用频率的排序，结合其版材使用量加权处理，结果如图1-18所示。其中，传统调幅网点技术占比与上一年度的调查数据相比基本持平，占比32.35%；高清网点（HD）次之，占比22.68%；P+网点（Pixel+）的使用频率也较高，占比12.53%。常用的加网技术还有全高清网点（Full HD）、水晶网点（Crystal）、惊奇网点（EskoLamation）、NX Advantage 网点、Bellissima 网点和其他网点，占比分别为8.02%、7.80%、6.69%、5.82%、2.08%和2.03%。

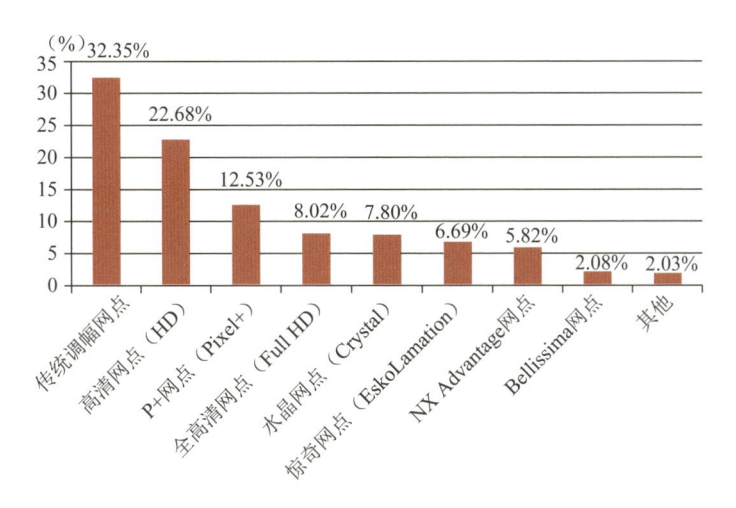

图1-18 调研企业各种加网技术应用情况

## （四）柔印版设备与器材企业的发展状况

### 1. 基本情况

在调研的柔性版印刷设备与器材生产销售企业中，柔印机生产销售企业占比37.88%，柔印器材及配件生产销售企业占比62.12%。

从员工人数来看，柔性版印刷设备、配件及器材生产销售企业30人及以下的企业占比为43.94%；31～50人的企业占比12.12%，51～100人的企业占比18.18%，101～200人的企业占比15.15%，201人以上的企业占比10.61%，如图1-19所示。

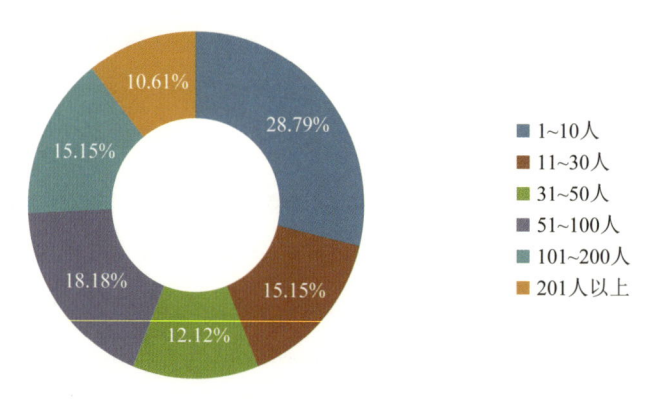

图 1-19 调研企业的员工人数分布情况

调研企业的销售额分布情况如图 1-20 所示。由图可知，1000 万元以下的企业占比 27.27%；1000 万～2000 万元的企业占比 22.73%；2000 万～5000 万元的企业占比 13.64%；5000 万～1 亿元的企业占比 15.15%；1 亿～2 亿元的企业占比 9.09%；2 亿～5 亿元的企业占比 6.06%；5 亿～10 亿元的企业占比 3.03%；10 亿元以上的企业占比 3.03%。

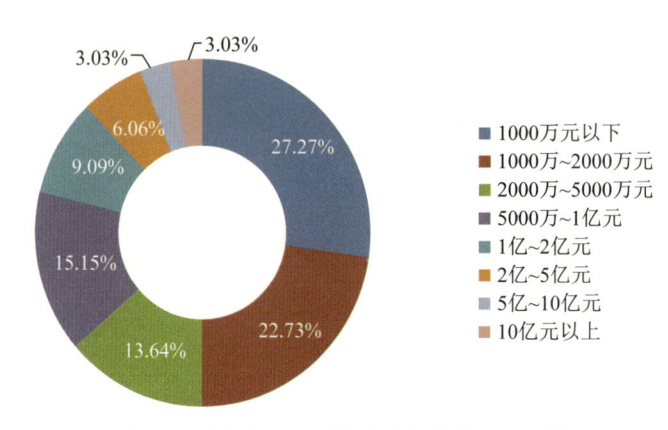

图 1-20 柔印设备与器材企业的销售额分布情况

## 2. 幅宽、组合印刷及联线后道工艺

在调研的柔印机生产企业中，有 62.96% 的企业生产窄幅机（幅宽 635mm 以下）和中幅机（幅宽 635mm～1100mm），59.26% 的企业生产宽幅机（幅宽 1100mm 及以上）。其中，生产中幅和宽幅印刷机的企业数与上一年度相比大幅上升。

调研企业中，有 85.19% 的柔印机生产企业具有组合式柔印机生产能力，在所生产的组合式印刷机中，数字印刷、凹版印刷和丝网印刷是最为常见的组合印刷功能，占比分别为 62.96%、51.85% 和 40.74%，与凸版印刷和平版印刷组合的印刷机略少，占比分别为 29.63% 和 22.22%。

如图 1-21 所示，调研企业所生产的柔印机联线后道加工工艺中，上光、横向分切、清废、覆膜、模切和烫印功能的占比较高，占比分别为 88.89%、74.07%、70.37%、62.96%、62.96% 和 51.85%；具有折页、糊盒、制袋和其他功能的占比分别为 33.33%、7.41%、7.41% 和 11.11% 等。

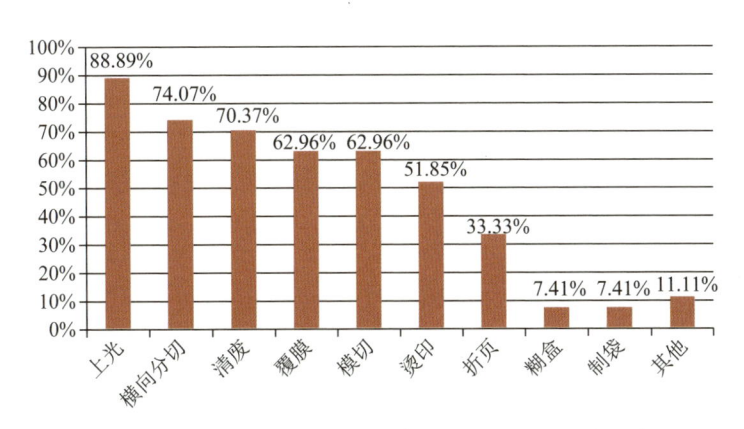

图 1-21　调研企业柔印设备具有联线后道加工工艺的情况

以上调研数据表明，组合印刷和联线后道加工已成为柔印机的发展趋势。

### 3. 柔印机结构、自动控制及智能化技术

在柔印机结构方面，本次调研分别从对柔印机生产企业所生产机型的印刷单元结构和供墨系统的结构与功能两个方面进行了调研。

在印刷单元结构方面，重点对印刷辊传动方式、印版辊结构、离合压方式和走辊枕方式等进行了调研。柔印机的版辊、网纹辊和压印滚筒传动技术采用相互独立的伺服电机取代传统齿轮或机械长轴传动，分别控制各色版辊、网纹辊和压印滚筒的运行速度和运行角度，使承印物依次经过各色印版，完成套印工序。这样的传动方式具有套印精度高、机械结构简化、传动比范围宽、组合配置灵活、功能扩展便利等优点，目前印刷辊的伺服传动已经成为高端柔印机的标准配置。

本次调研中有 70.37% 的柔印机生产企业所生产的柔印机完全采用伺服传动方式，与上一年度调研数据（56.25%）相比大幅上升；另有 29.63% 的企业伺服传动和齿轮传动两种驱动方式的机型都在生产。所生产柔印机采用套筒式印版辊的企业占比 70.37%，与上一年度调研数据（62.50%）相比大幅上升；柔印机采用走辊枕印刷方式的企业占比 33.33%。

柔印机的离合压通常是通过控制压印滚筒与版辊之间，版辊与网纹辊之间的距离来实现的，而控制它们之间距离的方式通常有伺服、气动、液压或手动等方式。由于伺服离合压方式采用的伺服电机带有多圈绝对值编码器，该编码器具有位置记忆功能，可方便实现印刷压力自动预调整，减少印刷材料浪费，并且伺服离合压方式具有压力控制精度高、印刷压力稳定等优点，已经成为高端柔印机的主流技术。本次调研中，采用伺服离合压调压控制技术的企业高达 81.48%，采用气动、液压方式的企业分别占比 62.96% 和 22.22%，而手动离合压方式已几乎不再使用。

如图 1-22 所示，在调研企业柔印机供墨系统的主要结构方面，分别从墨腔结构和网纹辊结构等方面进行了调研。结果显示，调研企业所生产的柔印机采用了封闭墨腔结构的企业占比 77.78%，与上一年度调研数据（68.75%）相比大幅上升；采用套筒式陶瓷网纹辊的企业占比 59.26%。

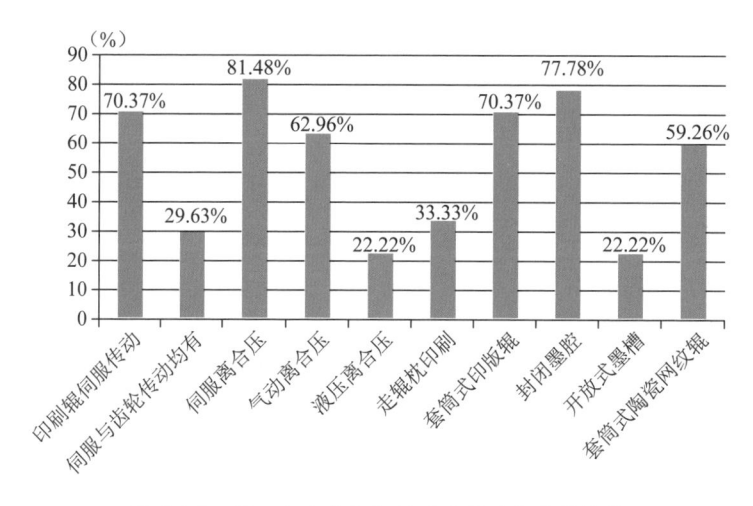

图 1-22 调研企业柔印机供墨系统的主要结构情况

如图 1-23 所示，在调研企业柔印设备自动控制技术应用方面，分别从在线套印检测、自动印刷压力调节、在线印品缺陷检测、墨路自动清洗以及油墨的黏度、温度以及流量的在线监测与调整等方面进行调研。调研数据显示，所生产柔印机具有在线套印检测与自动调整功能的企业占比 79.26%，具有在线印品缺陷检测功能的占比 55.56%，具有墨路自动清洗功能的占比 44.44%，具有油墨黏度在线检测与调节功能的占比 37.04%；具有油墨流量在线监测与控制功能的占比 29.63%，具有在线色彩检测与自动调整、油墨温度在线检测与调节的占比均为 22.22%。

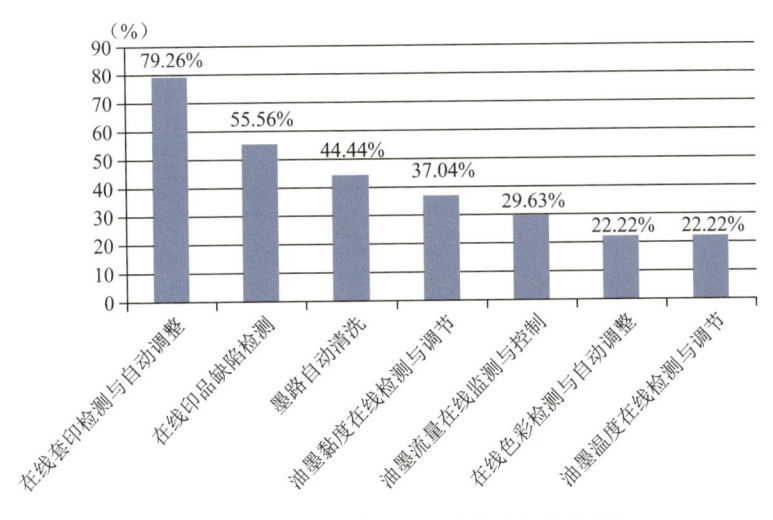

图 1-23 调研企业柔印设备的自动化技术应用

在柔印机智能化功能方面，分别对调研企业生产柔印机是否具备远程通信、互联网接入、状态监控和自检功能、远程诊断与维护、预测性维护、计划性维护、与 ERP 系统接口以及与 MES 系统接口等方面进行了调研。

如图 1-24 所示，调研数据显示，92.59% 的企业其生产的柔印机具有远程通信功能，77.78% 的企业生产的柔印机具有远程诊断和维护功能，62.96% 的企业生产的柔印机具有连接互联网功能，59.26% 的企业生产的柔印机具有状态监控和自检功能，44.44% 的企业生产的柔印机具有 ERP 系统接口，40.74% 的企业生产的柔印机具有 MES 系统接口；33.33% 的企业生产的柔印机具有计划性维护和预测性维护功能。

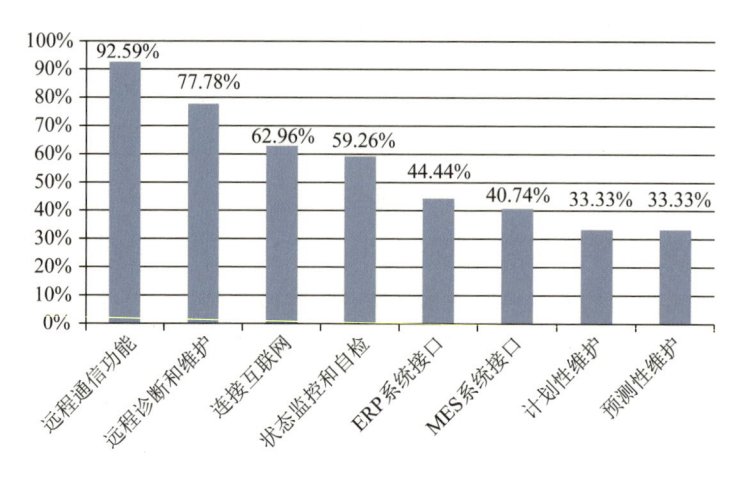

图 1-24　调研企业柔印设备的智能化技术应用情况

## （五）柔性版印前软硬件企业、印刷材料及耗材，以及其他企业的发展状况

本次调查中，柔性版印前软硬件企业、印刷材料耗材企业及其他相关企业的业务类别分布如图 1-25 所示。其中，印前及制版软硬件企业占比 34.88%；印刷智能化相关企业占比 9.30%；印刷材料及耗材企业（不含版材企业）占比 39.54%；其他相关业务占比 16.28%。

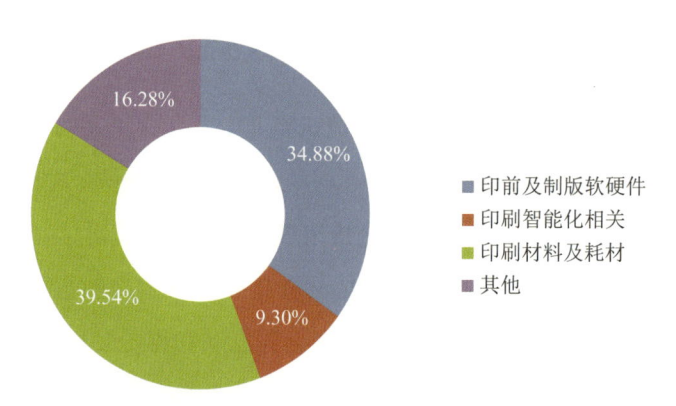

图 1-25　柔性版印前软硬件企业、印刷材料及耗材企业，以及其他相关企业的业务类别分布情况

从员工人数来看，柔性版印刷相关企业以 30 人以下的企业占比最多，达到

60.47%；101 人以上的企业占比 18.60%，如图 1-26 所示。其中 200 人以上的企业多为印刷辅料及耗材、印前及制版软硬件、印刷智能化制造企业。

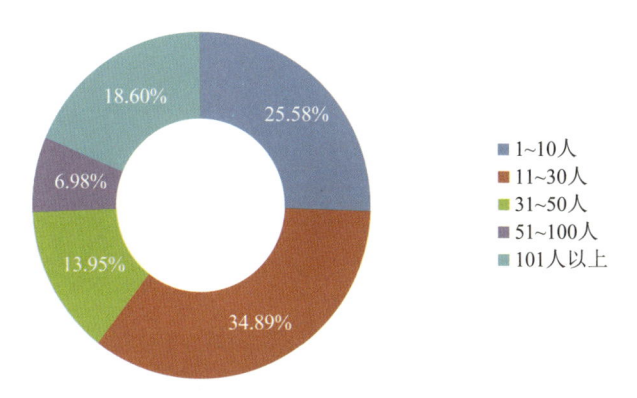

图 1-26　印前软硬件企业、印刷材料及耗材企业，以及其他相关企业的员工人数分布情况

调研企业的销售额分布情况如图 1-27 所示。由图可知，1000 万元以下的企业占比 37.21%；1000 万～2000 万元的企业占比 18.61%；2000 万～5000 万元的企业占比 13.95%；5000 万～1 亿元的企业占比 6.98%；1 亿～2 亿元以上的企业占比 9.30%；2 亿～10 亿元的企业占比 4.65%；10 亿元以上的企业占比 9.30%。

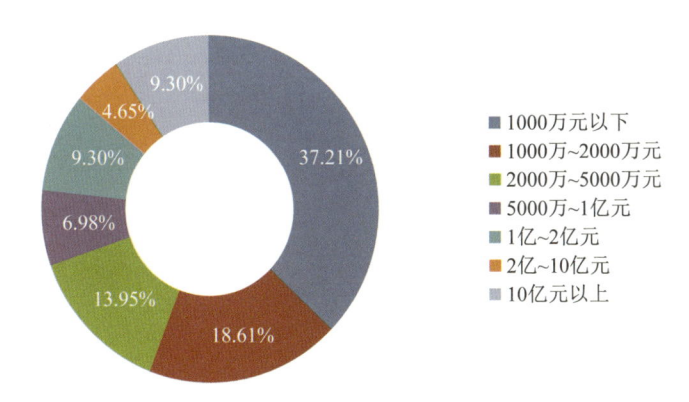

图 1-27　印前软硬件、耗材及其他相关企业的销售额分布情况

调研企业中与柔性版印刷相关的业务比重情况的企业分布情况如图 1-28 所示。与柔性版印刷相关的业务比重在 10% 以下、10%～30% 的企业分别占比

16.28%、32.56%，比重在 30%～50% 企业占比 16.28%。比重在 50%～80% 的企业占比 13.95%，其中比重在 80% 以上的企业占比 20.93%。进一步数据表明，调研企业中与柔印相关的业务比重平均为 39.72%。

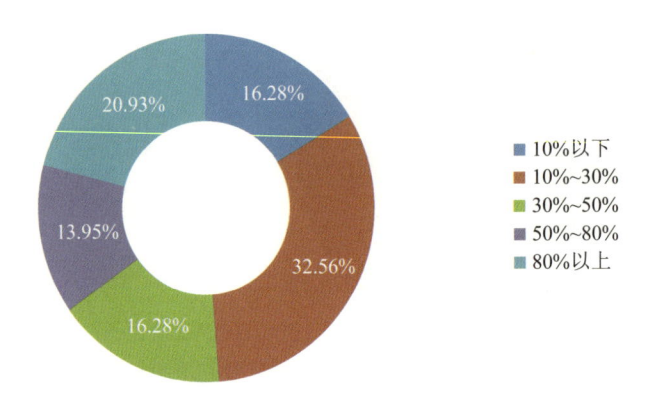

图 1-28　柔性版印刷相关业务的占比情况

调研企业直接出口业务比重情况如图 1-29 所示。由此可知，半数以上（58.14%）的调研企业出口业务为 0 或 10% 以内，其中出口业务为 0 的占比 39.54%；绝大多数调研企业（79.07%）出口业务比重在 30% 以下。出口业务比重为 30%～50% 的企业占比 9.30%，出口业务比重 50% 以上的企业占比 11.63%。

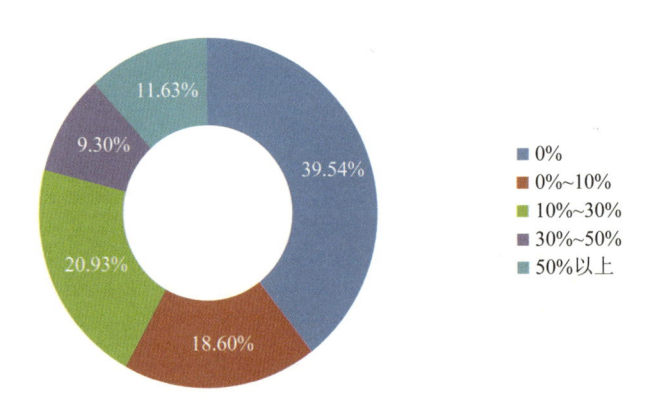

图 1-29　出口业务比重分布情况

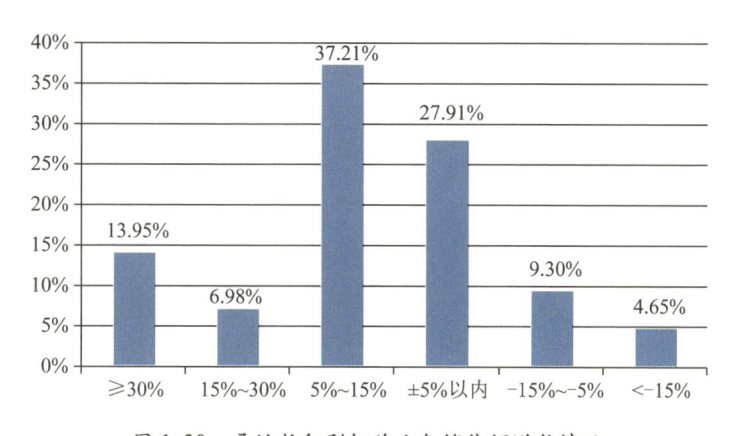

调研企业柔性版印刷相关业务销售额增长情况如图 1-30 所示。由图可知，大多数调研企业（58.14%）的柔性版印刷相关业务销售额有所增长（增幅大于 5%）。其中，销售额增幅为 5%～15% 的企业占比 37.21%，增幅 15%～30% 的企业占比 6.98%，增幅 30% 以上的企业占比 13.95%。销售额变化不明显（±5% 以内）的企业占比 27.91%，降幅较大（下降 15% 以上）的企业占比 4.65%。数据深入分析显示，该类调研企业的柔性版印刷相关业务平均增长率约 6.16%（调研企业柔性版印刷相关业务平均增长率是对按照调研企业的柔性版印刷业务年销售额进行加权后求得的平均增长率）。

图 1-30 柔性版印刷相关业务销售额增长情况

## 二、柔性版印刷行业的环保现状

近年来，柔性版印刷受到社会各界普遍青睐的重要原因之一是其绿色特性。柔性版印刷的绿色特性首先体现在所用油墨的环保性，尤其是柔性版印刷水性油墨，不含有毒性较强的苯、酯和酮，也不含对人体有害的重金属，其连结料主要由水和树脂组成，不含有机溶剂，可以最大限度地减少 VOCs（挥发性有机化合物）的排放，防止大气污染，改善印刷作业环境，保障从业者的身体健康，避免印刷品表面残留的溶剂气味，特别适用于食品、饮料、药品等卫生条件要求严格的包装印刷产品。另外，UV 固化油墨也同样没有 VOCs 的排放，水性油墨及 UV 油墨均符合油墨行业"十四五"规划当中提出的绿色环保可持续发展的方向。而且，柔性版印刷的墨层厚度只有凹版印刷的一半左右，单位面积的油墨消耗量远小于凹版印刷的油墨消耗，同时符合节约能源减少碳排放的要求。

柔性版的制版环节也更加绿色化，比如逐渐摒弃传统的溶剂洗版方式（四氯乙烯与正丁醇混合溶剂洗版方式），转而采用更加环保的洗版溶剂，甚至无溶剂制版方式（比如热敏制版和水洗版）等。

同时，柔性版印刷属于轻压力印刷，设备能耗相对较低，有利于印刷行业实现"碳达峰"和"碳中和"的目标。近四年的调研发现，无论是柔性版印刷企业，还是柔性版制版企业都高度重视生产过程中的 VOCs 处理、废水处理和溶剂回收，并且还在照明、设备和厂房等的节能化改造方面做了不少工作，进一步提升了柔性版印刷全流程的绿色环保特性。

本次调研印刷企业的油墨使用量占比情况与上一年度的调研情况相比变化不大。其中，水性油墨使用量占比 47.66%，与上一年度同一调研数据（46.24%）相比略有增长，UV 油墨使用量占比 35.79%，与上一年度同一调研数据（37.46%）相比略有减少，溶剂型油墨使用量占比 16.55%，与上一年度同一调研数据（16.30%）相比变化不大，具体如图 1-31 所示。

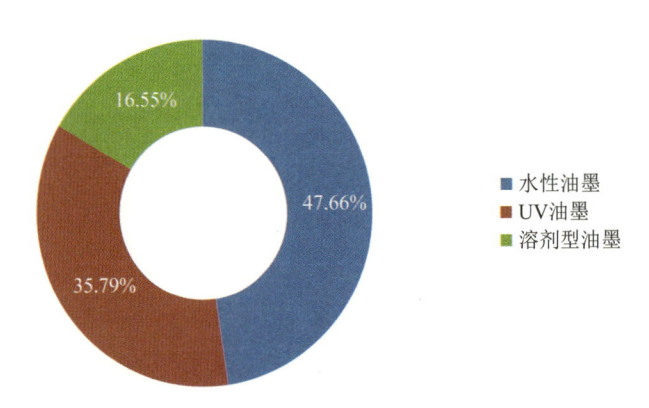

图 1-31 柔性版印刷油墨种类的应用比例

在各类柔性版制版工艺的洗版方式中，溶剂洗版占比最高，占比 85.31%，与上一年度的该调研数据（86.88%）相比略有下降。其中，四氯乙烯洗版占比

14.47%，与上一年度的该调研数据（24.56%）大幅下降；而环保溶济洗版占比70.84%，与上一年度的该调研数据（62.32%）大幅增长。水洗版占比 11.84%，与上一年度的该调研数据（7.14%）相比明显增加；无纺布洗版（热敏版）占比2.48%，其他占比 0.37%，如图 1-32 所示。

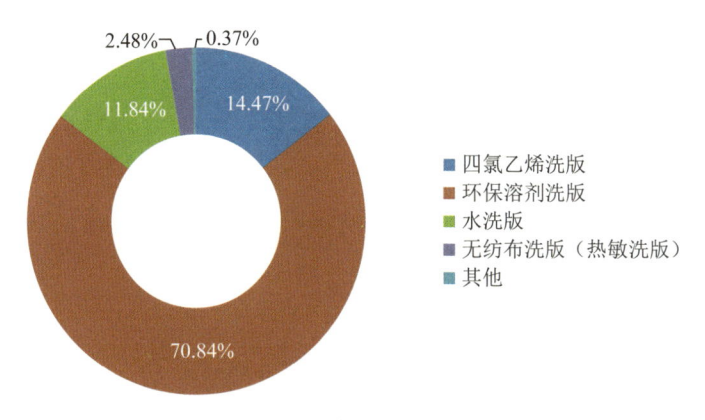

图 1-32 洗版方式的应用比例

在调查的印刷企业和制版企业中，废水、废气处理和溶剂回收设备安装率普遍较高，如图 1-33 所示。其中安装了 VOCs 处理设备的印刷企业和制版企业分别占比 70.86% 和 73.33%，与上一年度的同一调查数据（76.00% 和 79.49%）相比均略有下降；安装了废水处理装置的印刷企业和制版企业分别占比 64.95% 和 28.44%，与上一年度的调查数据（68.20% 和 30.77%）相比略有下降；安装了溶剂回收装置的印刷企业和制版企业分别占比 23.84% 和 68.89%，与上一年度的调查数据（21.60% 和 73.62%）相比，印刷企业安装率略有上升，制版企业安装率小幅下降；23.84% 的印刷企业和 20.00% 的制版企业进行了灯光节能化技术改造，与上一年度的调查数据（24.00% 和 28.08%）相比，印刷企业基本持平，制版企业有所下降；20.53% 的印刷企业和 15.56% 的制版企业进行了设备节能化技术改造，与上一年度的调查数据（24.80% 和 17.82%）相比均略有下降；18.54% 的印刷企业进行了厂房节能化技术改造，与上一年度的调查数据（21.60%）相比略有下降；11.11% 的制版企业进行了厂房节能化技术改造，与上一年度的调查数据（0）相比增幅明显。23.18% 的印刷企业在源头采购和过程控制中实施了环保化措施等，与上一年度的调查数据（29.60%）相比略有减少（注：调查数据的部分变化与本年度调研企业样本数增加等有关）。

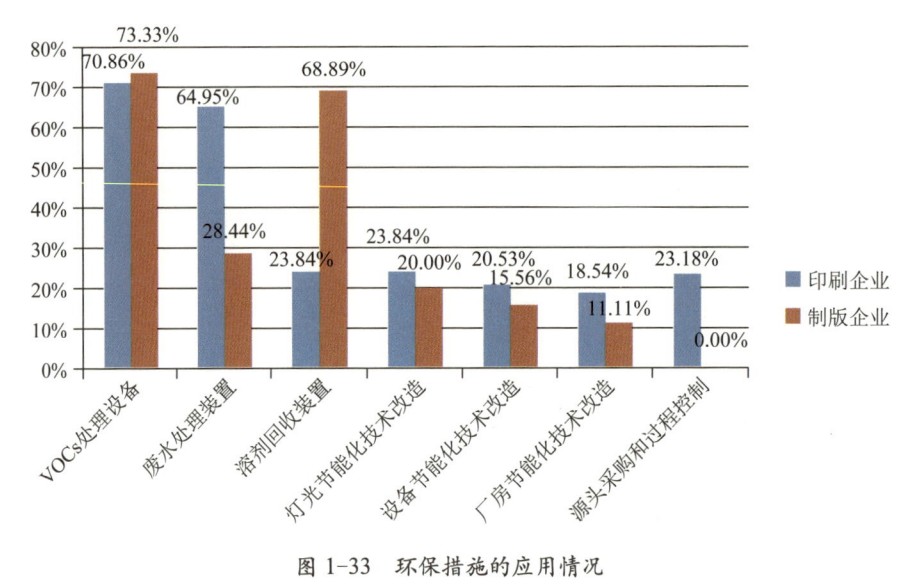

图 1-33 环保措施的应用情况

本次调研中，关于国家环保政策对柔印行业发展的影响强弱程度方面（以最高 10 分计），认为影响程度大于等于 5 的占比 85.49%，如图 1-34 所示，其平均分值约为 6.58，与上一年度的调查数值（6.16）相比略有提升，表明国家环保政策对于行业的影响力度进一步加大。

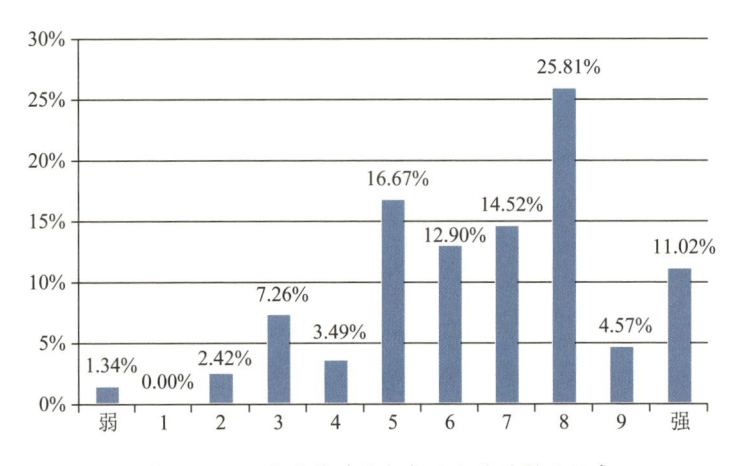

图 1-34 环保政策对柔印行业发展的影响程度

## 三、智能化技术应用情况

智能化是印刷数字化和自动化发展的更高阶段，可在很大程度上提高企业运营效率，降低综合成本，使企业在市场竞争中获取更多优势，同时也是企业加快科技创新，实现高质量、可持续发展的必由之路。印刷过程的标准化、数字化、自动化，以及精益管理等是实现印刷智能化的前提条件和必要基础。

本次调研对柔性版印刷企业的印前处理、主要设备智能化功能、管理信息化系统应用、标准化应用以及智能化车间等情况进行了调查。

在本次调研的印刷企业中，如图 1-35 所示，具有印前处理能力的企业占比 66.23%。其中，拥有印前流程管理系统的企业占比 49.00%，具有智能/自动分色处理能力的企业占比 38.41%，具有智能/自动拼版能力的企业占比 35.10%，与上一年度的调查数据相比均略有增长。

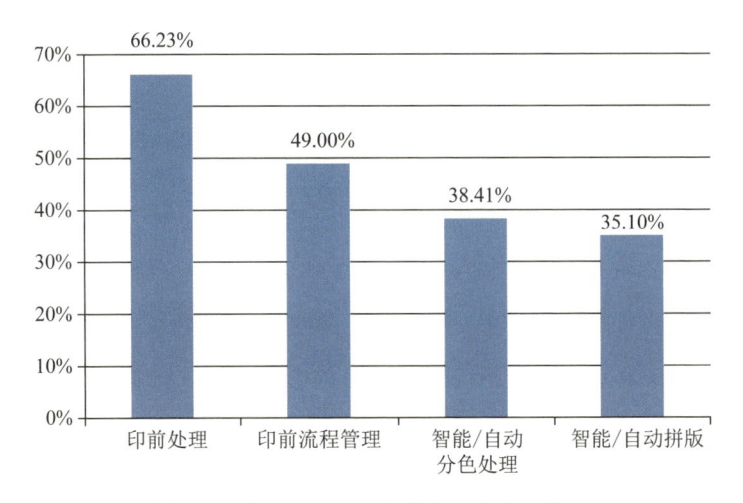

图 1-35　柔印企业具有印前处理能力的情况

在管理信息化系统应用方面，本次调研的印刷企业中拥有 ERP（企业资源管理系统）的企业占比 72.85%，与上一年度的这一调研数据（80.00%）相比有所下降；拥有 OA（办公自动化系统）的企业占比 30.46%，与上一年度的这一调研数据（44.00%）相比有所下降；拥有 MES（制造执行系统）的企业占比 27.15%，与上一年度的这一调研数据（28.00%）相比基本相同；拥有 WMS

（仓库管理系统）的企业占比 19.87%，与上一年度的这一调研数据（28.00%）相比有所降低；拥有 CRM（客户关系管理系统）的企业占比 11.92%，与上一年度的这一调研数据（18.40%）相比有所降低；拥有 SCM（供应链管理系统）的企业占比 10.60%，与上一年度的这一调研数据（12.80%）相比略有增长；拥有 PLM（产品生命周期管理系统）的企业占比 7.95%，与上一年度的这一调研数据（11.20%）相比有所降低，拥有 SCADA（数据采集与监控系统）的企业占比 7.28%，与上一年度的这一调研数据（8.80%）相比有所降低，如图 1-36 所示。

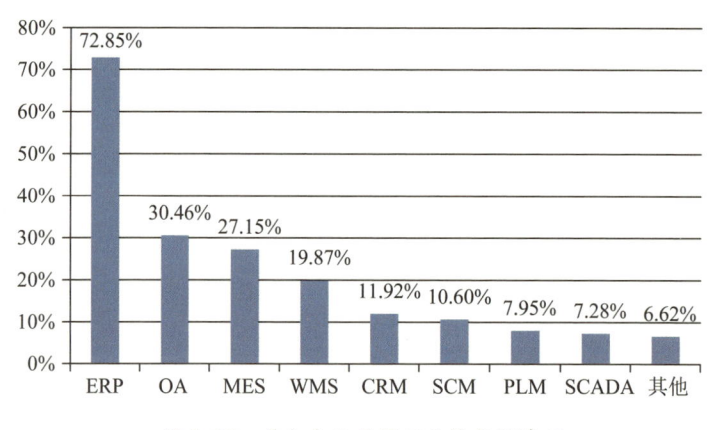

图 1-36 柔印企业的管理系统应用情况

在智能化车间方面，如图 1-37 所示，能够运用条形码或智能标签进行生产追溯的企业占比 33.11%，与上一年度的这一调研数据（39.20%）相比有所下降；能够实现设备与信息系统连接通信的企业占比 31.13%，与上一年度的这一调研数据（38.00%）相比有所下降；能够实现设备之间连接通信的企业占比 27.81%，与上一年度的这一调研数据（20.80%）相比明显增长；能够实现自动工时统计的企业占比 25.17%，与上一年度的这一调研数据（33.60%）相比明显下降。能够实现自动质量数据采集的企业占比 17.22%，与上一年度的这一调研数据（15.40%）相比略有上升；拥有车间物流智能分拣系统（含 AGV）的企业占比 7.95%，与上一年度的这一调研数据（6.00%）相比有所上升。

制约企业智能化的主要瓶颈从高到低依次是：精细化管理程度不够、智能化人才缺乏、数字化/自动化/标准化基础薄弱、部分工序无法实现智能化、软件购置等资金投入巨大、设备智能化程度不高、可以借鉴的成功案例很少等，如图 1-38 所示。与上一年度的调研数据相比，精细化管理程度不够和智能化人才缺乏两个因素始终位列前两位，数字化/自动化/标准化基础薄弱由原来的第四位上升到第三位，说明企业对智能化提升问题有了更深入的认识。

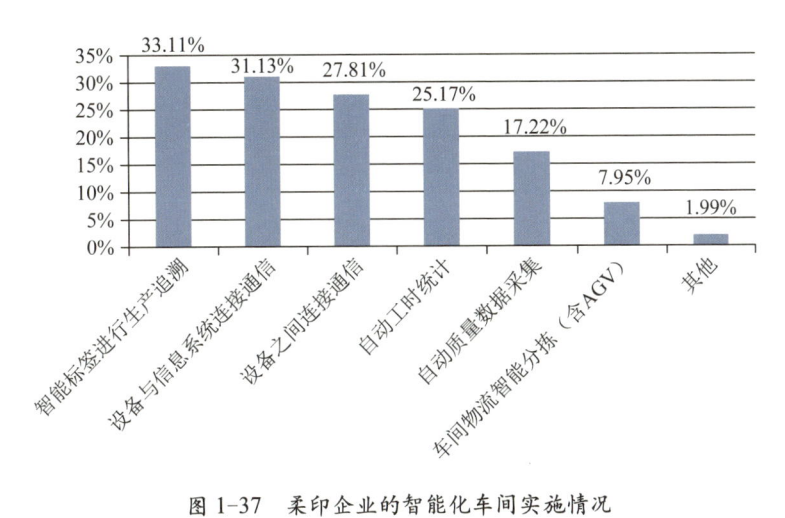

图 1-37　柔印企业的智能化车间实施情况

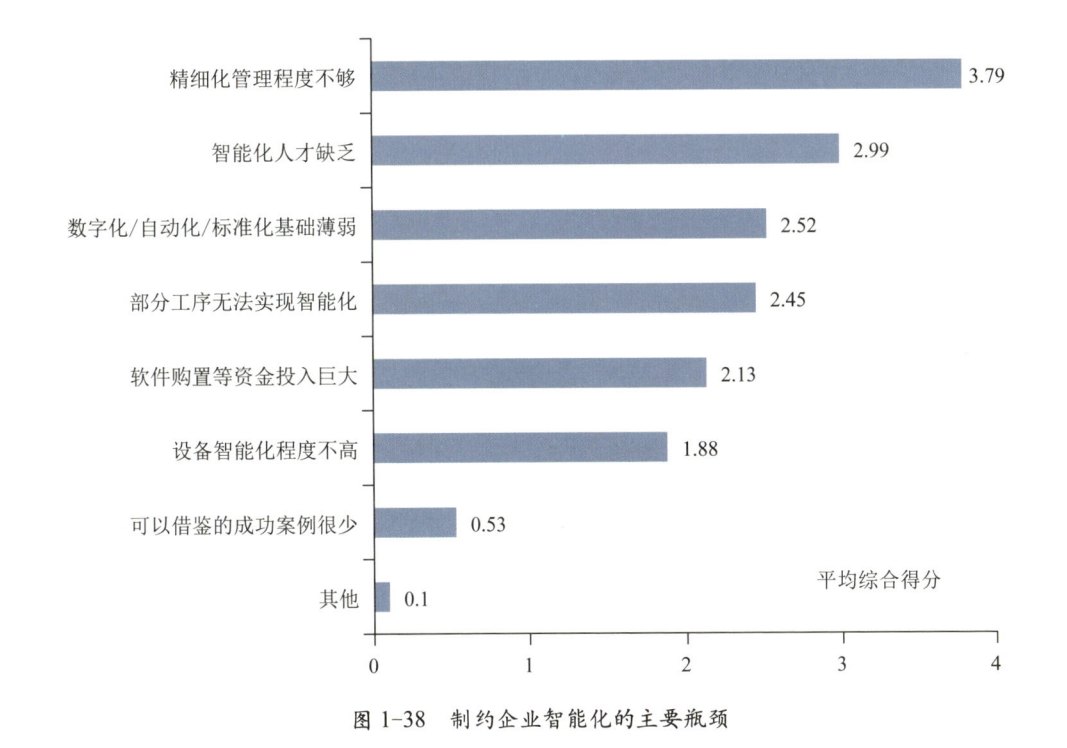

图 1-38　制约企业智能化的主要瓶颈

注：图中横坐标为选项的平均综合得分，由问卷系统根据所有填写者对选项的排序情况自动计算得出。它反映了选项的综合排名情况，得分越高表示综合排序越靠前。

平均综合得分的计算方法为：选项平均综合得分＝（Σ 频数 × 权值）/ 本题填写人次

权值由选项被排列的位置决定。例如，有 3 个选项参与排序，则排在第一个位置的权值为 3，第二个位置权值为 2，第三个位置权值为 1。

例如，一个题目共被填写 12 次，选项 A 被选中并排在第一位置 2 次，第二位置 4 次，第三位置 6 次，那选项 A 的平均综合得分＝（2×3 ＋ 4×2 ＋ 6×1）/12 ≈ 1.67 分。

# 四、发展前景分析

## （一）对本年度经营状况的预期

本报告调查了企业对 2023 年度经营状况的预期情况，如图 1-39 所示。其中，预计 2023 年度经营状况会明显好于上一年度（10% 以上）的占比 24.46%，略好于上一年度（3%～10%）的占比 33.87%，与上一年度基本相当（-3%～3%）的占比 25.81%，略差于上一年度（-10%～-3%）的占比 9.14%，明显差于上一年度（-10% 以上）的占比 6.72%。

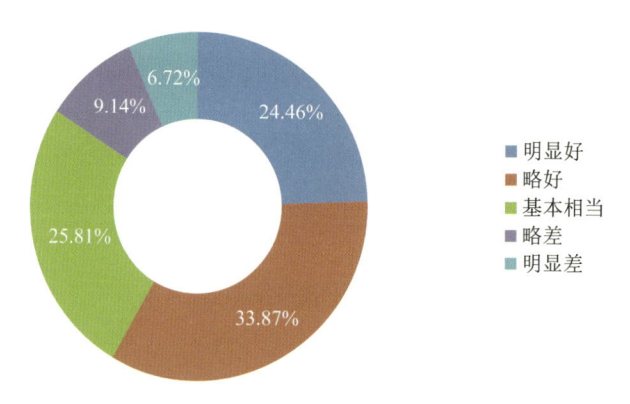

图 1-39　调研企业对 2023 年度经营状况的预期情况

预计2023年度经营状况明显好于或略好于上一年度的企业占比合计58.33%，与上一年度的调研数据（47.10%）相比明显增长；预计2023年度经营状况与上一年度基本相当的企业占比为25.81%，与上一年度的调研数据（22.59%）相比略有增长；预计明显差于或略差于上一年度的企业占比合计为15.86%，与上一年度的调研数据（30.00%）相比大幅减少。以上调研数据表明，调研企业对2023年度经营状况持乐观预期的比例显著上升，而持悲观预期的比例大幅下降，进一步说明尽管当前经济环境仍面临众多挑战，但调研企业对行业发展充满信心，持续恢复。

## （二）细分市场前景

随着柔性版印刷新技术、新工艺、新材料的应用，以及印刷机精度、自动化和智能化程度的提高，柔性版印刷质量显著提升，开始步入高品质印刷工艺的行列。希望随着柔性版印刷水性油墨在薄膜类承印物上工艺的逐步成熟和国家环保管控力度的加强，推动柔性版印刷在软包装印刷市场的应用，从而进一步推动我国柔性版印刷市场的整体发展。

调查发现，要实现我国柔性版印刷市场份额的突破性发展，除了继续巩固并扩大其在瓦楞纸箱、无菌液体包装、纸杯纸袋纸碗、餐巾纸、无纺布等领域的优势地位，稳步扩大在标签印刷和折叠纸盒印刷的市场份额，同时要进入软包装印刷市场，尤其是与食品直接接触的密实袋和自立袋等。

调查结果显示，我国柔性版印刷细分领域中增长从高到低依次为：软包装表印、标签印刷、复合软包装里印、纸袋（食品纸袋/礼品袋）、医药包装、透气膜/无纺布、液体无菌包、纸杯/纸盒、瓦楞纸箱预印、餐巾纸/餐盘纸、工业包装（重包装袋/工业阀门袋）、瓦楞纸箱后印及其他等，其中软包装表印和标签印刷连续多年始终稳居增长最快的领域前列，如图1-40所示。

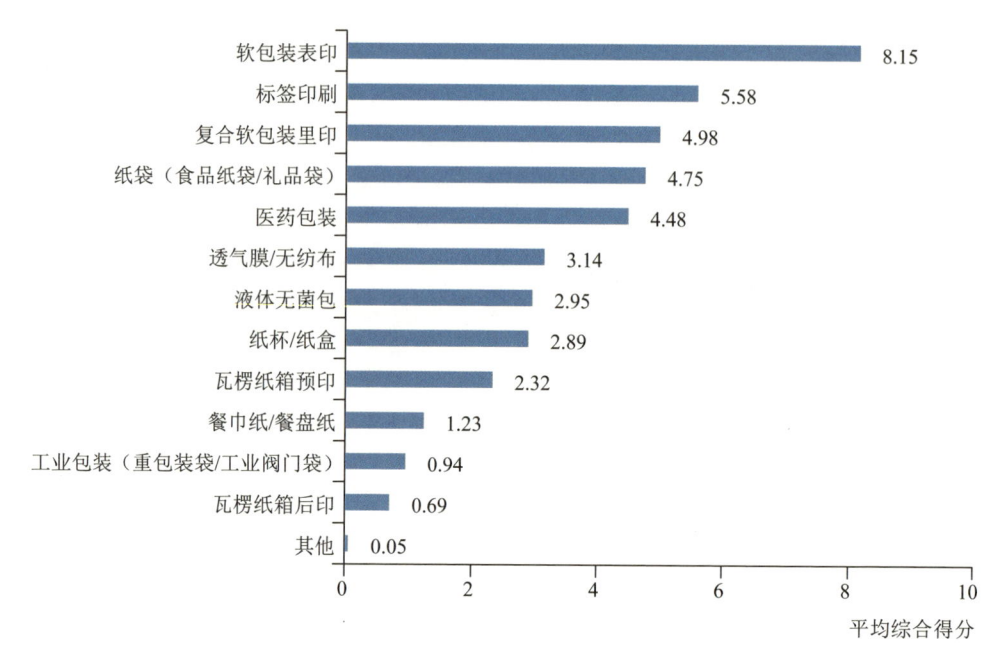

```
软包装表印              8.15
标签印刷          5.58
复合软包装里印       4.98
纸袋（食品纸袋/礼品袋） 4.75
医药包装         4.48
透气膜/无纺布    3.14
液体无菌包      2.95
纸杯/纸盒       2.89
瓦楞纸箱预印   2.32
餐巾纸/餐盘纸  1.23
工业包装（重包装袋/工业阀门袋） 0.94
瓦楞纸箱后印  0.69
其他          0.05
```

图 1-40　我国柔性版印刷细分领域中增长最快的领域

注：图中横坐标为选项的平均综合得分，由问卷系统根据所有填写者对选项排序情况自动计算得出，计算方法同前。它反映了选项的综合排名情况，得分越高表示综合排序越靠前。

## （三）主要制约因素

调研发现，制约行业发展的主要影响因素如图 1-41 所示。调研企业普遍认为柔性版印刷的印刷成本是制约行业发展的第一影响因素，反映出在各种成本高企的背景下，整个行业的经营持续承压，成本成为不可忽视的最主要影响因素。专业技术人才短缺在制约因素中排名第二，连续五年位列制约因素前三名，说明柔印专业人才短缺现象依然严重，需要进一步加大人才培养力度。

排名第三和第四的影响因素分别是柔印工艺标准化程度和印刷质量，与近两年的调研数据基本相同，说明柔印的工艺标准化程度和印刷质量对行业发展都具有重要影响，且影响程度不相上下。

此外，技术培训、生产效率、供应链的稳定性、生产过程自动化程度、工作流程数字化程度、印刷工厂智能化程度等分别位列第五至第十位，其综合得分比较接近，但技术培训、生产效率和供应链的稳定性等影响稍微靠前，说明大多数企业当前的关注点略有变化。

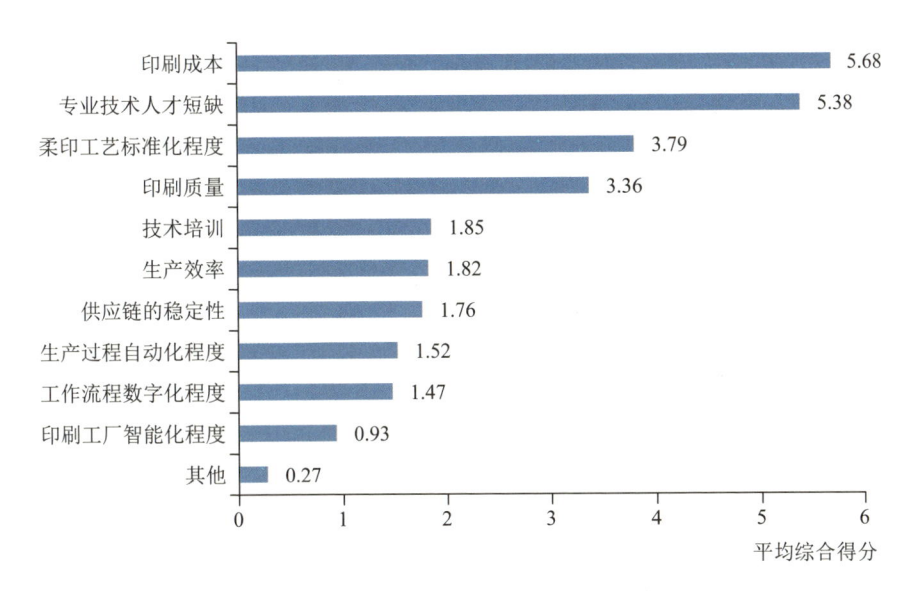

| 因素 | 平均综合得分 |
| --- | --- |
| 印刷成本 | 5.68 |
| 专业技术人才短缺 | 5.38 |
| 柔印工艺标准化程度 | 3.79 |
| 印刷质量 | 3.36 |
| 技术培训 | 1.85 |
| 生产效率 | 1.82 |
| 供应链的稳定性 | 1.76 |
| 生产过程自动化程度 | 1.52 |
| 工作流程数字化程度 | 1.47 |
| 印刷工厂智能化程度 | 0.93 |
| 其他 | 0.27 |

图 1-41　制约行业发展的主要因素

注：图中横坐标为选项的平均综合得分，由问卷系统根据所有填写者对选项排序情况自动计算得出，计算方法同前。它反映了选项的综合排名情况，得分越高表示综合排序越靠前。

在进一步调研中，影响成本的主要因素如图 1-42 所示。其中人工成本依然位列第一，与上一年度调研数据相同，且其平均综合得分遥遥领先；版材与制版成本和纸张/薄膜等材料价格的影响分列第二、第三位，与上一年度调研数据相比位次发生互换，但得分比较接近；设备价格、网纹辊等配套部件价格及油墨价格的因素分别位列第四至第六位，与上一年度调查数据相比位次有所变化，但其平均综合得分差别不大。

本次调研中认为提高柔印印刷质量需要改善的方面，排第一位的依然是高性能版材，排位与上一年度调研数据相同，但其平均综合得分数值有较大上升；位列第二的依然是印刷设备稳定性，排位与上一年度调研数据相同；位列第三和第四分别是印刷工艺及其标准化和适合薄膜印刷的高性能水性油墨，与上一年度调研数据相比位次发生了互换，但其平均综合得分数值相差不大；紧随其后的依次是印前加网技术、网纹辊线数及其匹配性、在线质量检测（套印、色彩、缺陷等）和其他等，如图 1-43 所示。

| 影响成本因素 | 平均综合得分 |
|---|---|
| 人工成本 | 4.77 |
| 版材与制版成本 | 3.01 |
| 纸张/薄膜等材料价格 | 2.83 |
| 设备价格 | 1.89 |
| 网纹辊等配套部件价格 | 1.74 |
| 油墨价格 | 1.51 |
| 其他 | 0.04 |

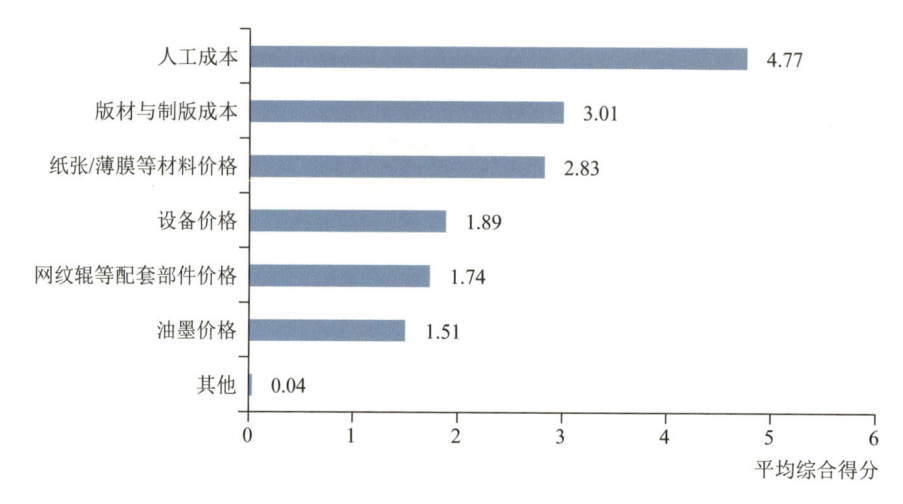

图 1-42  影响成本的主要因素

注：图中横坐标为选项的平均综合得分，由问卷系统根据所有填写者对选项排序情况自动计算得出，计算方法同前。它反映了选项的综合排名情况，得分越高表示综合排序越靠前。

| 影响印刷质量因素 | 平均综合得分 |
|---|---|
| 高性能版材 | 4.96 |
| 印刷设备稳定性 | 3.94 |
| 印刷工艺及其标准化 | 3.46 |
| 适合薄膜印刷的高性能水性油墨 | 3.11 |
| 印前加网技术 | 2.87 |
| 网纹辊线数及其匹配性 | 2.45 |
| 在线质量检测（套印、色彩、缺陷等） | 1.62 |
| 其他 | 0.16 |

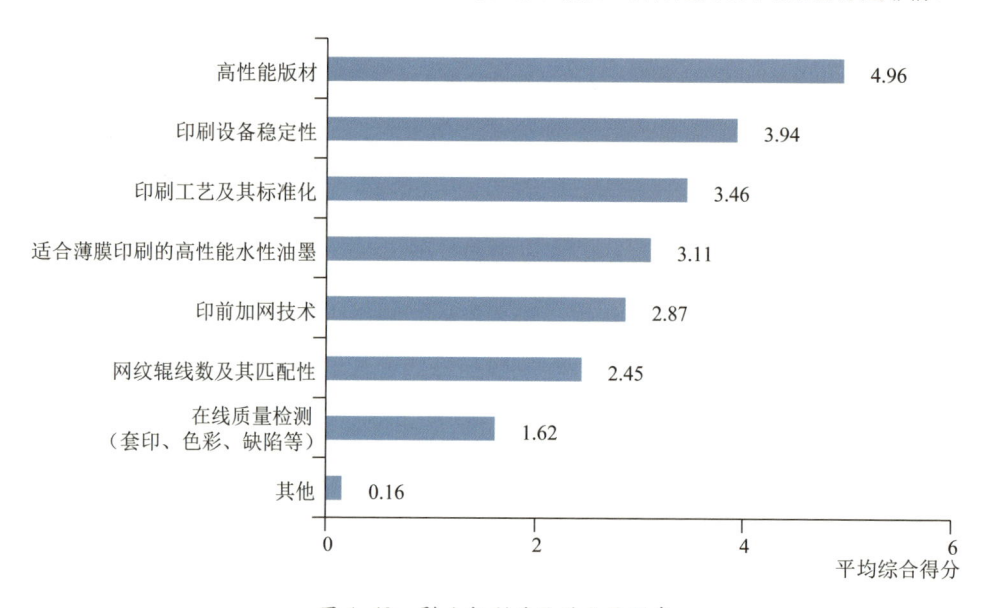

图 1-43  影响印刷质量的主要因素

注：图中横坐标为选项的平均综合得分，由问卷系统根据所有填写者对选项排序情况自动计算得出，计算方法同前。它反映了选项的综合排名情况，得分越高表示综合排序越靠前。

企业当前面临的主要困难如图1-44所示。由图可知，在企业当前的主要困难中排位第一依然是市场订单，与上一年度的调查数据排位相同，但其平均综合得分数值大幅上升，遥遥领先其他困难因素。排位第二和第三位与上一年度调查数据相比发生了互换，分别是技术人才和原材料成本；排名第四、第五位的分别是业务推广和用工成本；产能不足和融资渠道等分别位于第六和第七位，且平均综合得分较低。

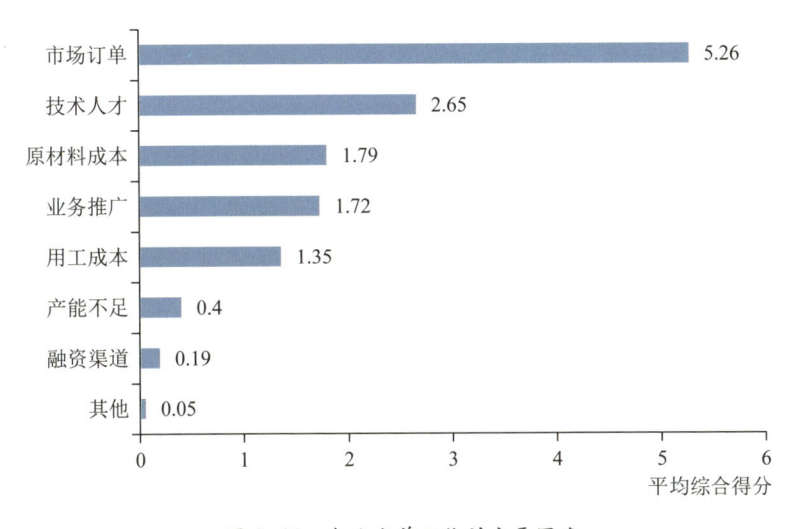

| 困难因素 | 平均综合得分 |
| --- | --- |
| 市场订单 | 5.26 |
| 技术人才 | 2.65 |
| 原材料成本 | 1.79 |
| 业务推广 | 1.72 |
| 用工成本 | 1.35 |
| 产能不足 | 0.4 |
| 融资渠道 | 0.19 |
| 其他 | 0.05 |

图1-44　企业当前面临的主要困难

注：图中横坐标为选项的平均综合得分，由问卷系统根据所有填写者对选项排序情况自动计算得出，计算方法同前。它反映了选项的综合排名情况，得分越高表示综合排序越靠前。

## 五、结论与建议

### （一）基本结论

**1. 柔印行业受经济大环境影响增速放缓，但良好发展趋势没有改变**

2022年初，国际环境严峻复杂，疫情反复延宕，需求收缩、供给冲击、预期转弱三重压力持续显现，我国印刷企业和其他工业企业同样承受了巨大下行压力。柔性版印刷凭借其绿色环保特性，在经济由高速向高质量转化过程中经受住了考验，显现出独特的优势。调研数据显示，调研企业柔性版印刷业务平均增长率虽然与上一年度相比有较大降低，但柔印行业良好发展趋势没有改变，继续保持了远高于印刷行业平均水平的较高增长率。

调研数据同时表明，尽管当前经济环境仍面临众多挑战，但随着国家各项政策和措施效力的持续显现，持乐观预期的企业比例大幅上升，企业对行业发展的信心明显持续恢复。

**2. 柔性版印刷市场占有率稳步增长，行业和社会认可度持续提升**

随着柔印新技术创新发展，水性油墨应用比例的逐步扩大，UV 油墨向更加环保的 LED-UV 油墨转换，环保型溶剂洗版、水洗版和热敏制版等各种绿色制版技术广泛应用，以及在印刷和制版过程中废水、废气处理和溶剂回收等环保设备普遍安装等，柔性版印刷在全生产流程中正变得更加绿色低碳化，柔性版印刷的环保特性更加凸显。各种高分辨率网点再现技术、平顶网点技术、实地加网技术、高线数陶瓷网纹辊技术等新技术的出现与应用推广，以及印刷机精度和自动化程度提高，柔性版印刷质量显著提升，正式步入高品质印刷行列，市场应用范围和规模持续扩大。

目前，我国柔性版印刷除了在瓦楞纸印刷领域始终占据绝对优势地位，在标签、无菌液体包装、纸杯纸袋纸碗、餐巾纸、无纺布等领域的优势地位也在不断巩固，在透气膜、折叠纸盒等领域的应用拓展迅速，在薄膜类软包装领域的应用也在逐步发展。其中在标签领域的应用充分体现了柔性版印刷在 175lpi 及以上线数的高品质印刷能力以及软包装领域的开疆拓土，将进一步展示柔性版印刷的包装属性和技术属性。在印刷智能化建设和实践方面，多家柔性版印刷企业也走在印刷行业的前列，《2022 年中国印刷包装企业百强排行榜》中超过四分之一的企业从事或包含有柔性版印刷业务，其中排名前 10 的企业中至少有 8 家从事或拥有柔性版印刷业务。

**3. 柔性版制版技术不断迭代创新，市场竞争加剧，企业出现分化趋势**

"七分印前，三分印刷"是对柔性版印前技术重要性的一个形象描述。柔性版制版具有较高的技术含量，在整个柔性版印刷流程中处于十分关键的位置，也是技术创新最活跃的领域之一。近年来，柔性版印刷质量的显著提高在很大程度上得益于制版技术的快速迭代和不断创新，注重提高柔性版制版技术水平和服务到位与差异化，实现规模效应。

调查表明，80% 左右的柔性版印刷企业完全依赖专业制版公司完成制版工作，制版企业绝大多数为民营企业，且规模普遍较小。随着市场竞争日益激烈，制版企业呈现出两极分化的趋势，部分制版企业的印前技术中心采取了规模化和集约化发展模式，在多地布局就近开设的分公司通过互联网等手段共享印前技术中心，在提高服务客户技术能力的同时也提高服务客户响应速度。

**4. 柔性版印刷设备自动化技术进步显著，智能化技术得到重视**

调研的柔性版印刷设备企业在伺服传动、伺服离合压、走辊枕印刷、印刷压力自动预调整、在线套印检测、自动印刷压力调节、在线印品检测与调整、墨路自动清洗以及油墨的黏度、温度及流量的在线监测与调整等自动化技术方面均有显著进步。国产柔性版印刷设备正逐步进入中高端行列，凭借较高的性价比占据了 90% 左右的国内市场份额，对柔性版印刷快速发展提供了重要的装备保障。同时，2022 年柔性版印刷设备在出口台数下降 42.91% 的情况下，出口金额增长了 36.41%，出口额首次超过 1.0 亿美元，出口设备平均单价大幅提高。

但柔性版印刷设备的智能化技术尚有待提高，主要表现在尽管大部分设备均具有远程通信、远程诊断与维护、互联网接入、状态监控与自检等功能，但具有预测性维护和计划性维护功能，以及与 ERP、 MES 等系统接口的设备还不多，且不同印刷设备厂家的接口标准不统一、开放性不够，对设备与设备互联（包括不同厂家印刷设备之间、印刷设备与印前/印后设备之间互联）、设备与管理系统互联等带来很大困难，严重制约了柔性版印刷行业的智能化发展。

## （二）建议

**1. 加大政策扶持力度，强化推动落实，提振投资信心**

政府应继续保持并加大宏观政策力度，加大对实体经济、中小微企业的支持，加强投资、消费等领域的激励措施，优化营商环境，落实税费优惠政策，加快恢复和扩大消费需求，持续提振经营主体信心，有效扩大社会投资，激活经济增长新动能。

我们曾建议：政府继续加强政策引导，制定国家环保标准《环境标志产品技术要求 柔性版印刷》，建立柔性版绿色印刷示范工程，推广示范企业的成功经验。同时，政府加大扶持力度，将柔性版印刷列入分类统计内容。希望能得以落实实施，在具体操作实施上，可以选择在有条件的省、市先行试点。

### 2. 加强生态保护宣传，倡导绿色消费，转变消费观念

为落实党的二十大提出的推动绿色发展，促进人与自然和谐共生的发展理念，国家出台了一系列法律法规和政策、标准等，全行业应坚定走绿色可持续发展之路，认真贯彻落实各项法律法规和政策、标准，加快发展方式绿色转型，不断优化产业结构，让绿色成为高质量发展的底色，在减少废水和废气等污染物排放的同时，减少碳排放，坚定走印刷业绿色可持续发展之路，实现印刷行业碳达峰和碳中和的战略目标。

同时，全社会的绿色消费观念转变非常重要，需要依托主流新闻媒体加大生态文明建设和绿色消费的宣传，提高社会生态意识和社会责任，培育倡导绿色消费理念，增强社会绿色消费的内在驱动，尽快实现向绿色印刷消费的有效转型，推动柔性版印刷绿色环保属性的进一步彰显。

### 3. 组织关键技术攻关，解决瓶颈问题，扩大软包装领域应用

我国软包装领域市场规模巨大。尽管近年来柔性版印刷在软包装领域应用取得一定发展，但占比仍然较小。随着国家一系列环保政策的出台和实施，以及人们环保观念的不断提高，柔性版印刷在软包装领域的发展潜力巨大，此次调查中，近七成接受调研的企业对"凹转柔"的前景持乐观态度，也佐证了这一判断。

软包装柔印是柔印的薄弱领域，业界应通力合作，久久为功，开展技术攻关，提升印刷质量和降低综合成本并举，改变软包装柔印市场份额过于低微的局面。要想在软包装领域应用获得更大突破，需要集中产业上下游力量组织技术攻关，研发符合国家环境标志产品技术要求的适用于软包装柔印的高色浓度薄膜水

墨，并在印刷设备、工艺等方面下功夫，着力解决高速印刷时在高线数网纹辊条件下色密度的饱和度、高线数印版条件下最小网点的堵版问题，以及由此产生频繁停机擦版等现象。解决软包装柔性版印刷的技术瓶颈问题，提升印刷效率，提高印刷质量，提增印刷成品率，降低印刷成本，不断提高柔性版印刷在软包装领域的竞争力。

**4. 补强短板薄弱环节，推进智能化建设，提高盈利能力**

印刷智能化是柔印行业升级发展的必要手段和发展方向，对于提高柔印企业的生产效率、优化生产流程、降低生产成本、提高产品品质等具有重要作用，正日益受到行业的广泛关注。近年来，印前自动化、柔印智能装备、ERP/MES/WMS等信息化管理软件快速发展和应用，为印刷智能化改造提供了一定必要条件，也涌现出了部分柔性版印刷智能车间典型示范企业，但对大部分柔印企业来说，管理精细化、生产流程数字化、印刷工艺标准化、生产过程自动化等实施智能化印刷的基础条件还比较薄弱，成功实施印刷智能化的企业还不多。

实施智能化是一项非常艰巨的任务，需要予以高度重视，要结合企业的实际，对企业运营管理、设备情况、技术能力、市场营销等客观情况认真评估和诊断，扎扎实实强基础补短板，苦练内功，优化管理流程，在夯实精益管理基础上，主动运用新技术、新手段和新理念，有计划、有步骤、分阶段地提高生产自动化、数字化和智能化水平，做好智能化建设。同时培育一批数字化、网络化、智能化发展标杆企业，及时总结有效经验，发挥示范引导作用，推动企业走智能化发展之路。

**5. 完善人才培养体系，多种形式并举，培养专业人才**

专业技术人才短缺始终是位列前三大制约柔印发展的重要影响因素，这表明柔性版印刷专业人才短缺一直是行业发展中的一个重要问题，需要进一步加大人才培养力度，随着我国柔性版印刷行业的持续快速发展，对专业人才的需求大量增加。由于柔性版印刷工艺的独特性，原来的平版胶印和凹印专业人才无法达到柔性版印刷专业要求，需要进行较长时间的培训和培养，柔性版印刷进入新的发展阶段，对人才的需求也呈现出新的特点，除了专业的印前处理、设计制作、印刷工艺、设备操作、生产管理、质量管理等专业人才，在印刷智能化升级背景下，熟悉印刷行业知识的软件工程、自动化、人工智能、信息工程、机器人工程方向的复合型专业人才更为紧缺。

培养合格的专业人才，需要各方共同努力。国内相关院校应积极应对行业发展的新变化，主动担负起培养柔性版印刷专业人才的责任，加强与行业企业紧密合作，不断调整和优化相关专业课程设置，建立更多产学研合作基地，快速培养适合行业发展需要的专业人才。同时，企业也应积极开展职业技能培训和竞赛活动。建议政府将相关培训和竞赛纳入补贴范围，提高企业职工的业务能力和技术水平，探索建立多层次人才培养体系，尽快培养更多符合产业发展需求的专业人才。

综上，我国柔性版印刷行业正步入稳步快速发展的新阶段，绿色优势越发明显，应用领域不断扩大，智能化发展方兴未艾，发展前景十分广阔。我们深信，在各方的共同努力推动下，我国柔性版印刷正迎来最好的发展时期，产业实现新一轮的发展目标前景可期。

## 参考文献

[1] 习近平.高举中国特色社会主义伟大旗帜 为全面建设社会主义现代化国家而团结奋斗——在中国共产党第二十次全国代表大会上的报告[M].北京：人民出版社，2022.

[2] 国家统计局网站.2022年全国规模以上工业企业利润下降4.0%[EB/OL]. http：//www.stats.gov.cn/sj/zxfb/202302/t20230203_1901735.html，2023-01-31.

[3] 中国印刷公众号.2022年1—12月国内印刷品、印刷装备、印刷器材进出口动态[EB/OL].https：//mp.weixin.qq.com/s/BpV2nlRnlNKJ47m_4kQCuw，2023-01-30.

[4] 陈斌，杨爱玲，乔俊伟，罗尧成.2022中国柔性版印刷发展报告[M].北京：文化发展出版社，2022.

[5] 陈斌，杨爱玲，乔俊伟，罗尧成.2021中国柔性版印刷发展报告[M].北京：文化发展出版社，2021.

[6] 陈斌，周国明，乔俊伟，罗尧成.2020中国柔性版印刷发展报告[M].北京：文化发展出版社，2020.

[7] 陈斌，曾忠，顾凯，乔俊伟．2019 中国柔性版印刷发展报告 [M]. 北京：文化发展出版社，2019.

[8] 陈斌．中国柔印发展现状与未来趋势 [J]. 印刷杂志，2022（10）：1-5.

[9] 周建宝．砥砺奋进 硕果累累——中国柔印产业四十年 [J]. 印刷杂志，2022（10）：6-12.

[10] 施建屏．2022 年中国卫星式柔印机市场销售调查报告 [J]. 印刷杂志，2023（2）：1-6.

[11] 王廷婷．2022"柔性版印刷在中国"装机量调查报告 [J]. 印刷技术，2022（5）：1-4.

[12] 乔俊伟，罗尧成．2022 中国柔印设备与器材制造发展调研报告 [J]. 印刷杂志，2022（6）：20-24.

[13] 王丽杰．2022 印刷业经营态势及应对之策 [J]. 印刷经理人，2023（1）：33-39.

[14] 王丽杰．2021 中国印刷业发展现状及未来趋势 [J]. 印刷经理人，2022（1）：53-60.

[15] 王丽杰．2020 中国印刷业发展现状及趋势分析 [J]. 印刷经理人，2020（6）：46-51.

[16] 郑其红．中国软包装柔印发展展望 [J]. 印刷杂志，2020（S2）：10-12.

[17] 郑其红．柔性版印刷的特征属性 [J]. 印刷杂志，2021（6）：5-7.

[18] 蔡成基．柔印产业链要做大做强的几个关键细节 [J]. 印刷杂志，2023（2）：7-16.

[19] 蔡成基．从第十二届"石梅杯"获奖产品探索国内柔印发展趋势 [J]. 印刷杂志，2022（10）：36-46.

[20] Dreher M，李玉山．柔印 30 年光辉岁月 [J]. 印刷杂志，2023（2）：21-24.

# 第二部分
行业产业报告

本部分包含了中国柔印油墨行业发展报告、中国标签产业发展报告、中国柔性版印刷机销售情况调查报告、中国柔版印刷设备及版材进出口数据分析报告。

"中国柔印油墨行业发展报告"采用了中国日用化工协会油墨分会和国家统计局的"油墨及类似产品制造"统计数据、国家海关总署公开发布的油墨进出口数据。中国日用化工协会油墨分会统计分析中心的统计结果显示，用于印刷类的油墨2022年销售总量为525 591.3吨，同比下降3.27%；其中统计的13家柔印油墨生产企业同比增长2.29%。这表明柔印油墨行业是持续发展的，其中水性油墨发展较快，占柔印油墨的比例也较大，水性油墨、能量固化油墨、生物质基油墨是企业未来发展的重点投入方向。

"中国标签产业发展报告"从问卷的数据着手，分析了柔版标签印刷的发展现状、面临的挑战及未来发展趋势。报告显示，柔性版印刷已经成为标签印刷行业的主流工艺之一，拥有柔版印刷机的企业数量在逐年增加。超过80%的企业预计2023年标签销售收入会有不同程度的增长，超过70%的企业预计2023年标签利润会有不同程度的增长，对2023年柔性版标签印刷经营情况持续看好。报告指出喷墨数字印刷、组合式柔印、组合防伪技术、RFID技术在标签上的应用等值得关注。

"中国柔性版印刷机销售情况调查报告"采用文献分析、企业调研、专家咨询等调研方式，对我国2022年的机组式和卫星式柔性版印刷机市场销售情况做了统计分析。此报告对机组式和卫星式柔印机的销售情况进行了详细的分析，报告显示国产柔印机针对国内市场情况不断创新与进步，受到市场欢迎，获得很高的市场占有率。

"中国柔版印刷设备及版材进出口数据分析报告"根据国家海关总署发布的统计数据，对柔印设备和柔印版材等进出口情况进行分析。报告显示，我国柔印设备进口规模不断萎缩，商品结构高端化显著；柔印设备出口规模不断扩大，商品结构优化明显；柔印版材进口有所下降、出口基本没有发生变化。报告还得出亚洲是柔印设备和版材的最大出口市场，同时在欧洲的知名度也在不断提升的结论。

展望2023年，经济逐步复苏，但国际形势仍然复杂多变，国内需求仍显不足。对于柔性版印刷企业而言，提振发展信心，稳住基本盘，在复杂多变的竞争环境中保持创新活力，增强应变能力，用差异化塑造品牌竞争力，将成为2023年柔性版印刷企业发展的主旋律。

# 中国柔印油墨行业发展报告

尚玉梅　田全慧

2022年党的二十大顺利召开，在习近平新时代中国特色社会主义思想建设中国式现代化的号召下，全国经济开启发展的新航程。回顾2022年，中国柔印油墨行业发展继续保持稳步前进的态势，并呈现一定的新特色。

对本报告的几点说明：

（1）本报告中油墨行业生产经营基本情况，以及进出品的数据来源于国家统计局与中国日用化工协会油墨分会统计分析中心。

（2）本报告除引用以上数据，其他数据同时来源于上海出版印刷高等专科学校、中国日用化工协会油墨分会、中国印刷技术协会柔性版印刷分会共同发起的柔印油墨生产企业情况问卷调查。

（3）本次调查虽然对全国部分柔印油墨生产企业的销售与生产数据进行了收集与分析，达到具有代表性样本数量要求，但仍为部分统计，希望在后续企业的反馈中可以不断完善，也希望能有更多的企业参与调查，让相关的调查统计研究分析更加全面和准确。

## 一、2022 年全国油墨行业总体情况

### （一）2022 年油墨行业生产经营基本情况

2022 年国家统计局披露"油墨及类似产品制造"规模以上企业数量为 395 家，行业总资产 498.31 亿元，较 2021 年增长 4.79%；行业营业收入 561.31 亿元，同比增长 2.44%；行业营业成本 458.69 亿元，同比增长 2.94%；利润总额 33.35 亿元，同比下降了 5.70%。亏损企业达到 55 家，亏损额为 1.54 亿元，亏损企业亏损额同比增长 26.48%。

国家统计局的数据中除了油墨产品，还涵盖了油墨类似产品，如各类功能性添加剂，此部分所包括的内容较为广泛。中国日用化工协会油墨分会根据油墨行业统计分析中心的数据，对 2022 年油墨行业完成情况进行统计分析，并结合全国油墨生产分布的情况及油墨行业几年来发展客观现状与发展趋势等，综合各方面信息，认为 2022 年全国油墨大类产品产量约为 83 万吨，较 2021 年下降了 2.35%。通过油墨协会统计分析中心的统计结果显示，受多种因素影响，行业各项经营指标均有不同程度的下降，油墨销售量下降 3.27%，销售收入下降 0.23%，利润下降 12.13%。

### （二）我国油墨进出口情况

据国家海关总署统计，2022 年油墨出口量为 29592.6 吨，同比增长 22.00%；油墨出口金额 16507.2 万美元，同比增长 30.47%。进口油墨 8878.2 吨，同比下降 17.16%；油墨进口金额 26041.10 万美元，同比下降 14.38%。详见表 2-1。

表 2-1  2022 年我国油墨进出口情况

| | 内容 | 2021 年 | 2022 年 | 同比 |
|---|---|---|---|---|
| 油墨出口 | 出口量 / 吨 | 24255.7 | 29592.6 | 22.00% |
| | 出口金额 / 万美元 | 12651.8 | 16507.2 | 30.47% |
| 油墨进口 | 进口量 / 吨 | 10716.8 | 8878.2 | -17.16% |
| | 进口金额 / 万美元 | 30415.8 | 26041.1 | -14.38% |

## （三）2022 年油墨产量与产品结构统计情况

产品结构方面，根据油墨分会统计分析中心结果显示 2022 年油墨产品结构分布如表 2-2 所示，分布如图 2-1 所示（此产品结构占比情况根据当年度油墨分会统计分析中心的实际占比为依据分析所得）。

表 2-2  2022 年油墨大类产品占比情况统计

| 产品名称 | 胶印油墨 | 柔印油墨 | 凹印油墨 | 网印油墨 | 喷墨墨水 | 油墨辅助剂、光油及其他油墨 |
|---|---|---|---|---|---|---|
| 2022 年占总量比例 | 27.52% | 11.49% | 46.07% | 6.13% | 3.79% | 5.00% |

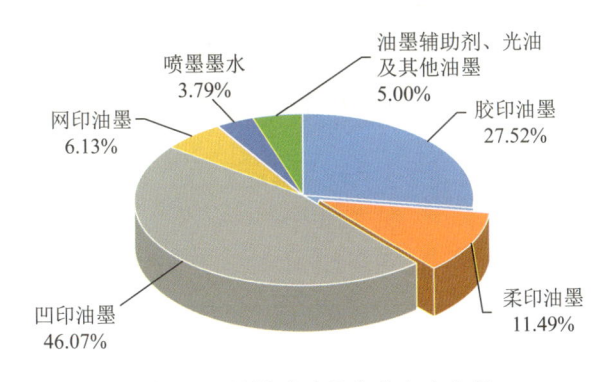

图 2-1  2022 年油墨大类占比分布

## 二、调查企业的信息统计结果

本报告的调查主要依托中国日用化工协会油墨分会、中国印刷技术协会柔性版印刷分会，调查的企业为主要从事柔印油墨生产的企业。参与本次调查的企业2022年油墨产量总计约42.21万吨，约占全国油墨大类产品产量（83万吨）的50.86%。

### （一）调查统计企业的地域分布情况

本次调查的企业从地域分布如图2-2所示，其中，40.00%位于珠三角产业带，35.00%位于长三角产业带，6.00%位于京津冀产业带，19.00%位于三大产业带以外的其他地区。2020—2022年，调查企业的地域分布情况如表2-3所示，其中长三角与珠三角产业带的企业占比相对稳定，京津冀产业带的企业占比有所下降。

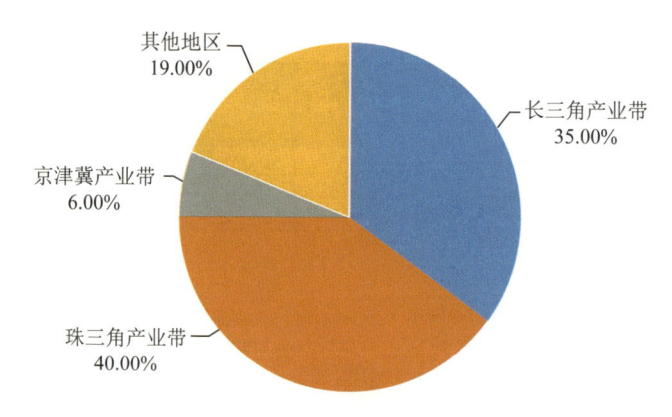

图2-2 调查企业地域分布

表2-3 调查企业的地域分布情况

| 调查企业分布区域 | 2020年占比/% | 2021年占比/% | 2022年占比/% |
| --- | --- | --- | --- |
| 珠三角产业带 | 42.00 | 35.00 | 40.00 |
| 长三角产业带 | 25.00 | 35.00 | 35.00 |
| 京津冀产业带 | 18.00 | 25.00 | 6.00 |
| 其他地区 | 15.00 | 5.00 | 19.00 |

## （二）调查企业基本情况分析

本次调查的企业性质占比情况如表 2-4 和图 2-3 所示。从本次的调查样本企业数据，结合中国日用化工协会油墨分会会员企业的数据分析，柔印油墨生产企业的民营企业占了绝大多数，同时 2022 年有 1.96% 的国有企业参与了本次调研。

表 2-4　调查企业性质

| 调查企业性质 | 2020 年占比 /% | 2021 年占比 /% | 2022 年占比 /% |
| --- | --- | --- | --- |
| 民营企业 | 77.00 | 65.85 | 74.51 |
| 外商独资企业 | 8.00 | 5.00 | 11.77 |
| 上市公司 | 4.00 | 9.76 | 5.88 |
| 中外合资企业 | 4.00 | 4.88 | 3.92 |
| 国有企业 | 0 | 0 | 1.96 |
| 港、澳、台资企业 | 4.00 | 4.88 | 1.96 |

图 2-3　调查企业性质分析

本次调查的企业 2022 年销售规模情况如表 2-5 和图 2-4 所示，2022 全年油墨销售总额在 10 亿元以上的企业占比 10.42%，较 2021 年度略有增长；销售总额在 2 亿～10 亿元的企业占比 12.50%，销售总额在 1 亿～2 亿元的企业占比明显提升，为 27.08%；销售总额在 5000 万～1 亿元的企业占比 12.50%，以及销售总额在 5000 万以下的企业占比 37.50%。总体来看，2022 年企业销售规模较 2021 年有所提高，特别是 1 亿～10 亿元的销售额的企业占比与 2021 年相比提升了 7.08%。

表 2-5　企业年销售规模情况

| 公司年度销售额 | 2021 年占比情况 /% | 2022 年占比情况 /% |
| --- | --- | --- |
| 5000 万元以下 | 37.50 | 37.50 |
| 5000 万～1 亿元 | 20.00 | 12.50 |
| 1 亿～2 亿元 | 17.50 | 27.08 |
| 2 亿～10 亿元 | 18.00 | 12.50 |
| 10 亿元以上 | 10.00 | 10.42 |

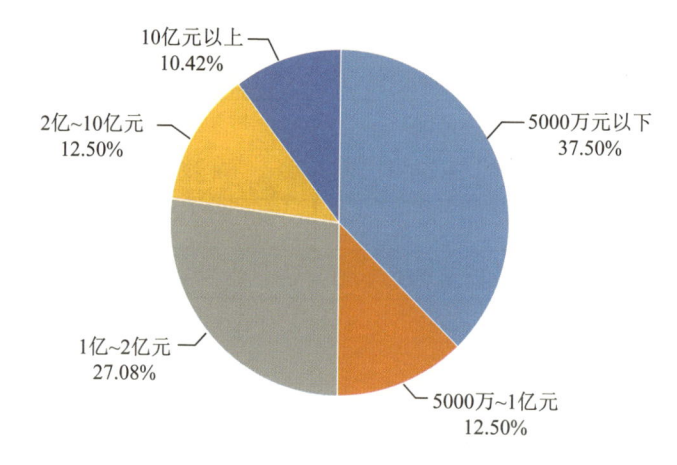

图 2-4　调查企业 2022 年油墨销售规模

从上市公司与外商独资企业占比增大和企业销售规模分析，本年度调查企业经营规模总体上大于上一年度。

## （三）本次调查油墨企业油墨类别

在油墨类型结构方面，如表 2-6 和图 2-5 所示，本报告调查的油墨企业中以生产柔印油墨为主要产品的企业占比 77.08%，以凹印油墨为主要产品的企业占比 14.58%，以胶印油墨为主要产品的企业占比 4.17%，其他油墨类型为主要产品的企业占比同为 4.17%。

表 2-6  2022 年度调查企业主要油墨产品结构

| 主要油墨类别 | 占比情况 /% |
| --- | --- |
| 柔印油墨 | 77.08 |
| 凹印油墨 | 14.58 |
| 胶印油墨 | 4.17 |
| 其他油墨 | 4.17 |
| 凸印油墨 | 0.00 |
| 网印油墨 | 0.00 |
| 喷墨墨水 | 0.00 |

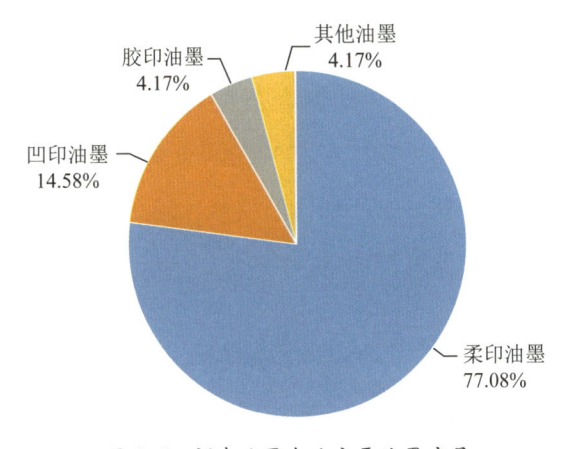

图 2-5  调查油墨企业主要油墨产品

## （四）本次调查企业生产柔印油墨的产量和产品结构

### 1. 2022 年调查油墨企业柔印油墨产品情况

本报告分析了调查企业 2022 年柔印油墨的主要产品类型生产占比情况，主要包括了水性柔印油墨、溶剂型柔印油墨、UV 柔印油墨，以及其他（底油、光油等）类型油墨，各调研企业柔印油墨主要产品类型占比情况如图 2-6 所示。根据调查统计数据，生产柔印油墨企业中有 81.25% 的企业生产水性柔印油墨；同时有占比 52.08% 的企业生产其他（底油与光油等）类型油墨；生产 UV 柔印油墨与溶剂型柔印油墨的企业占比均为 35.42%。

水性柔印油墨　81.25%

其他（底油、光油等）　52.08%

UV柔印油墨　35.42%

溶剂型柔印油墨　35.42%

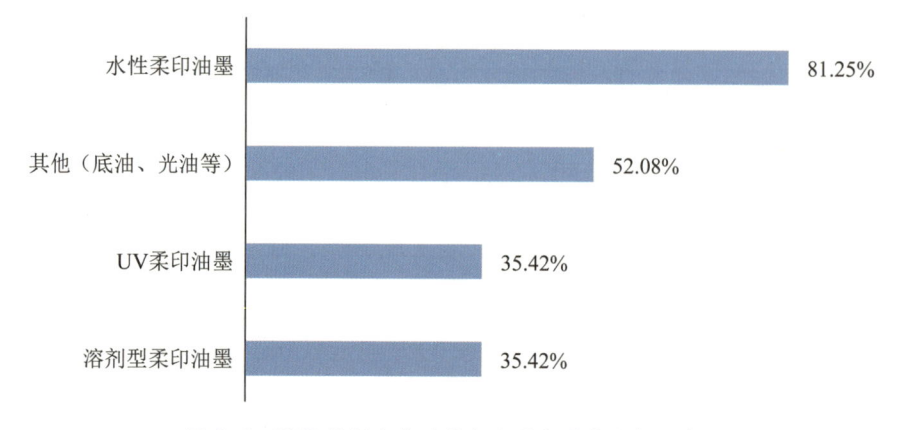

图 2-6　2022 年调查企业柔印油墨主要产品占比情况

### 2. 2022 年调查油墨企业柔印油墨销售情况

根据调查企业反馈，43.75% 的调查企业柔印油墨生产在增长；39.58% 的调查企业柔印油墨产量基本不变；16.67% 的调查企业柔印油墨产量在减少，如图 2-7 所示。同时，对于今后生产规模的调整，68.09% 的企业准备扩大规模，31.91% 的企业认为目前需要维持现状。

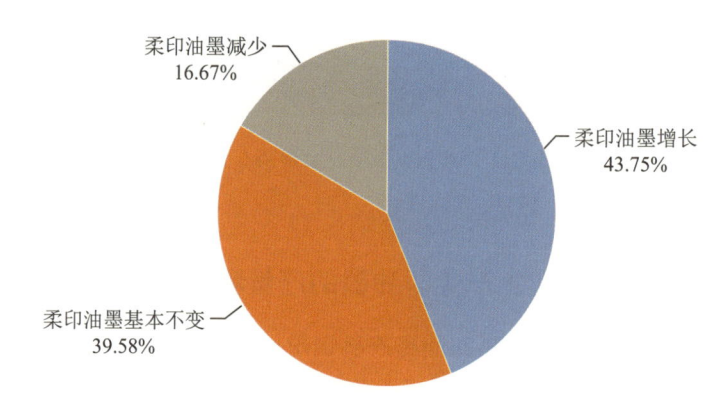

柔印油墨减少 16.67%
柔印油墨增长 43.75%
柔印油墨基本不变 39.58%

图 2-7　2022 年调查油墨企业柔印油墨销售情况

## 三、对柔印油墨行业发展趋势的几点看法

**1. 技术创新柔印油墨企业的发展驱动力，也是提振市场信心的源泉**

保持技术创新的能力是企业良性发展的驱动力，注重研发人员的培养，加大研发的投入，让新产品研发与升级变成企业生命力的源泉。在本次调查中，87.50%的企业将会续投入新产品研发与升级，较2021年调研数据上升了5个百分点。75.00%的企业在拓展市场与营销渠道方面投入更多，较2021年下降了5个百分点。45.83%的企业认为需要在生产流程管理的数字化与智能化改造进行投入。16.67%的企业认为未来仍需要进一步针对环保的改造，该数据较2021年调研数据下降了4个百分点（如图2-8所示）。

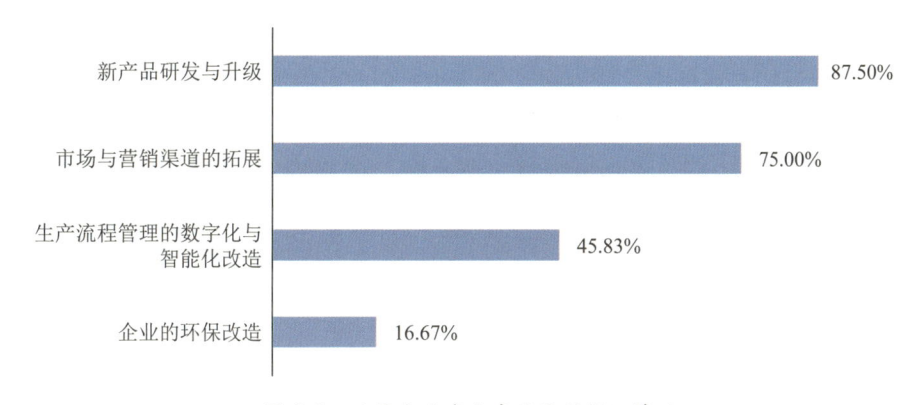

图2-8 油墨企业在未来发展的投入情况

对于下一年度企业经济效益预估，绝大多数企业对于经济效益的持续增长信心满满。如图2-9所示，12.51%的企业认为企业经济效益将明显优于上一年度（10%以上），39.58%的企业认为比上一年度略好（3%～10%），39.58%的企业认为与上一年度基本相当（-3%～3%），8.33%的企业认为略差于上一年度（-10%～-3%），没有企业认为明显差于上一年度（-10%以上），这一数据较2022年调研数据下降了15个百分点，充分体现油墨企业对于柔印油墨市场的信心。

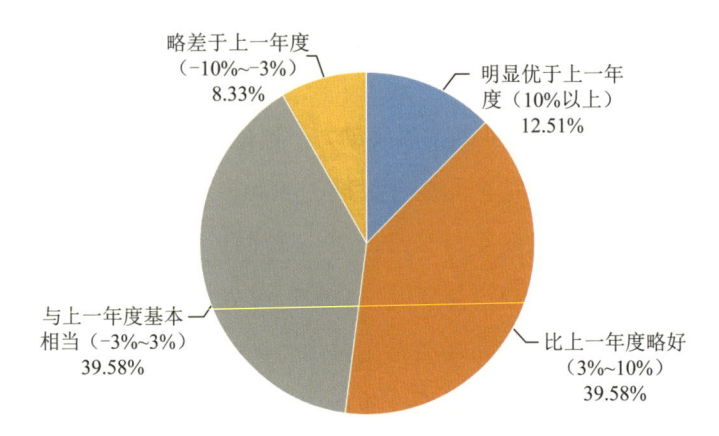

图 2-9　对下一年度企业经济效益预估情况

在国家科技兴国国策的不断推动下，本次调查的企业中，普遍认为技术与产品的创新与研发是企业创新发展的基石，同时对未来的发展充满信心和期待。

**2. 市场开拓与商业模式成为限制柔印油墨企业发展的瓶颈**

本次调查从市场订单、原材料成本、技术人才、业务推广、用工成本、融资渠道、产能不足等方面设置了选项，通过平均综合评分的分析方式，得出了制约企业自身发展的因素，如表 2-7 所示。

表 2-7　制约企业发展的因素

| 选项 | 平均综合得分* |
| --- | --- |
| 市场订单 | 5.19 |
| 原材料成本 | 4.58 |
| 技术人才 | 3.52 |
| 业务推广 | 3.08 |
| 用工成本 | 2.02 |
| 融资渠道 | 0.88 |
| 产能不足 | 0.58 |

*平均综合得分是由在线调查系统根据所有填写者对选项的排序情况自动计算得出，计算方法为：选项平均综合得分＝（Σ 频数 × 权值）/ 本题填写人次，频数为选项个数，权值由选项被排列的位置决定。

从表2-7可以看出，综合平均得分最高的因素是市场订单，而2021年综合平均得分最高的因素是原材料成本，可见随着市场的变化企业认为拓展市场与营销渠道，实现产品的销售规模的扩大，获得更多的订单是目前企业发展的最重要影响因素。

**3. 提升柔印油墨的可持续发展能力，拓展应用领域**

近些年，国家环保政策逐渐完善，中国日用化工协会油墨分会在《油墨行业"十二五"规划》中明确提出水性油墨、能量固化油墨、生物质基油墨作为油墨行业未来发展的主要方向，引领行业向绿色、环保、低碳方向前进。柔印油墨同时具备绿色、环保和低碳特征，具备持续发展的潜力和前景。

未来，应以环保型柔印油墨为根本出发点，不断地对产品技术进行创新升级，不断拓展柔印油墨的应用领域，尤其是水性油墨在软包装柔印方面进行技术攻关。

我国已进入了"十四五"发展阶段，在建设中国式现代化的政策指引下，中国印刷业将更加聚焦科技创新推动行业进步，柔印油墨企业只有不断在自主研发创新中不断投入，发展自主品牌与科技研发，才能形成自身特色，确保企业优质发展。

# 中国标签产业发展报告

王红国[①]

本报告以抽样调查数据为基础,通过对调研样本和调研结果进行分析,结合当前产业形势和行业热点,从企业群像、经营运行态势、面临困境与挑战、创新发展举措等多个视角,向大家呈现当年标签印刷行业的发展态势,为标签产业各方提供决策参考。2023 年,《标签技术》编辑部继续沿用以往在线调查方法,针对 2022 年从事标签印刷的企业进行了问卷调查。希望这份报告能够帮助行业从业者明晰发展态势,及时调整经营策略。

## 一、样本企业概况

### 1. 地域分布

按照通常的行政大区分类方法,参与本次业情调查的样本企业地域分布如图 2-10 所示。其中,华东占比 33.85%,华南占比 30.77%,华北占比 16.92%,华中占比 7.69%,西南占比 6.15%,东北占比 3.08%,西北占比 1.54%。

---

① 原载于 2023 年第 2 期《标签技术》,有改动。

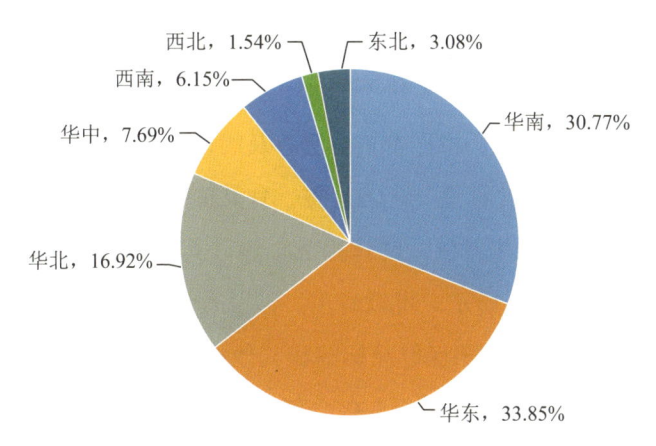

图 2-10 样本企业地域分布

西北，1.54%  东北，3.08%
西南，6.15%
华中，7.69%
华南，30.77%
华北，16.92%
华东，33.85%

## 2. 人员规模

参与本次业情调查的样本企业，小微企业（人数规模在 100 人以下）占比最多，为 61.54%；中型企业（人数规模在 100～200 人）占比 20.00%，大型企业（人数规模在 200 人以上）占比 18.46%，如图 2-11 所示。

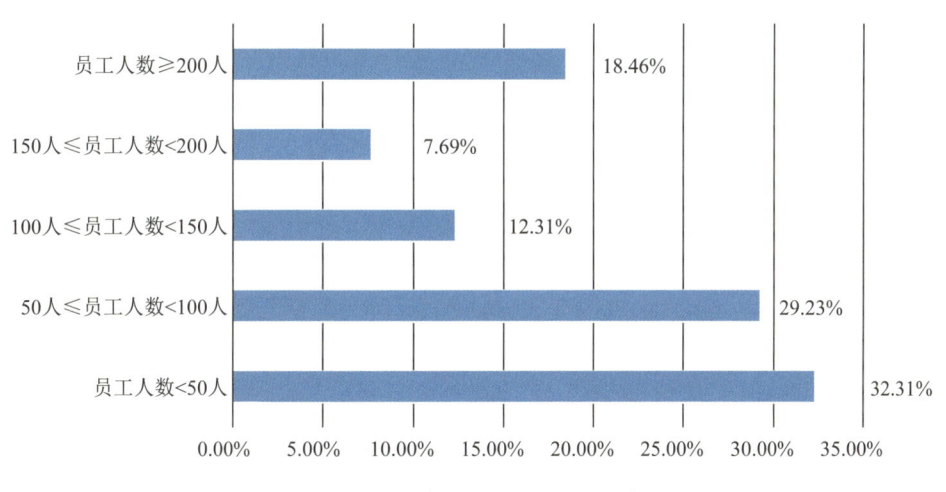

员工人数≥200人　18.46%
150人≤员工人数<200人　7.69%
100人≤员工人数<150人　12.31%
50人≤员工人数<100人　29.23%
员工人数<50人　32.31%

图 2-11 样本企业人员规模分布

## 3. 业务领域

样本企业的业务范畴涵盖了标签、纸盒/纸箱、软包装、其他包装、票证卡、其他商业印刷等几大领域。调查数据显示，在企业整体业务中标签印刷业务占比 50% 以上的企业为 86.15%（其中，专门从事标签印刷的企业占比 40.00%），标签印刷业务占比 50% 以下的企业仅有 13.85%。

与往年相同，本次调查仍将样本企业所涉及的标签细分领域定位于化妆品标签、医药保健品标签、日化标签、化工标签、食品饮料标签、酒标签、电子电器标签、物流标签、服装鞋帽标签、文体用品标签、其他标签共 11 类市场，各细分市场分布情况如图 2-12 所示。可以看出，涉及食品饮料标签业务的企业占比最多，为 72.31%；其次为医药保健品标签和其他标签，分别占比 56.92%；酒标签和日化标签紧随其后，分别占比 55.38% 和 53.85%；化妆品标签、电子电器标签、化工标签各占比 40.00%、35.38% 和 26.15%。

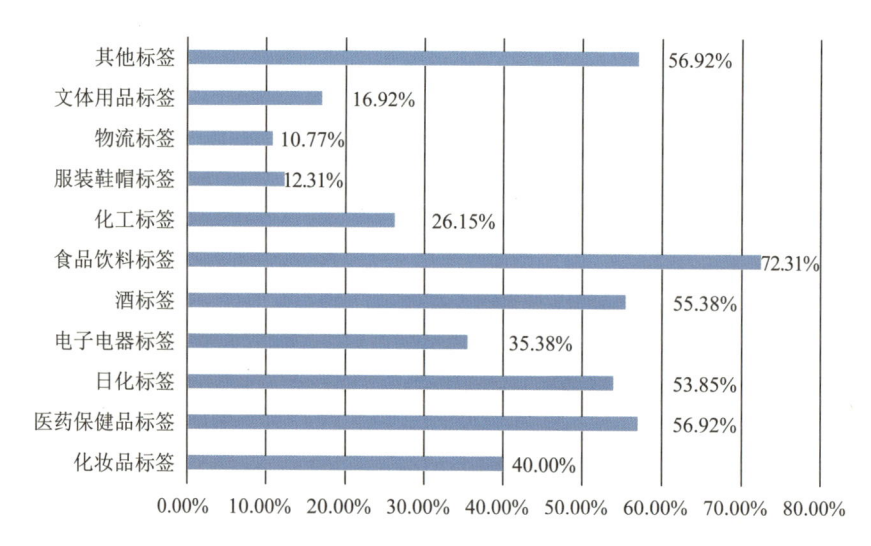

| 标签类型 | 占比 |
| --- | --- |
| 其他标签 | 56.92% |
| 文体用品标签 | 16.92% |
| 物流标签 | 10.77% |
| 服装鞋帽标签 | 12.31% |
| 化工标签 | 26.15% |
| 食品饮料标签 | 72.31% |
| 酒标签 | 55.38% |
| 电子电器标签 | 35.38% |
| 日化标签 | 53.85% |
| 医药保健品标签 | 56.92% |
| 化妆品标签 | 40.00% |

图 2-12　样本企业标签细分领域业务分布情况

**4. 业务营收**

从印刷业务整体营业收入来看，8000 万元以上的企业占比 32.30%（其中，营收超过 1 亿元的企业占比 26.15%），5000 万～8000 万元的企业占比 18.46%，5000 万元以下的企业占比 49.23%。

从标签印刷业务营业收入来看，8000 万元以上的企业占比 26.16%（其中，营收超过 5 亿元的企业占比 4.62%，超过 1 亿元的企业占比 13.85%），5000 万～8000 万元的企业占比 9.23%，5000 万元以下的企业占比 64.61%，如图 2-13 所示。

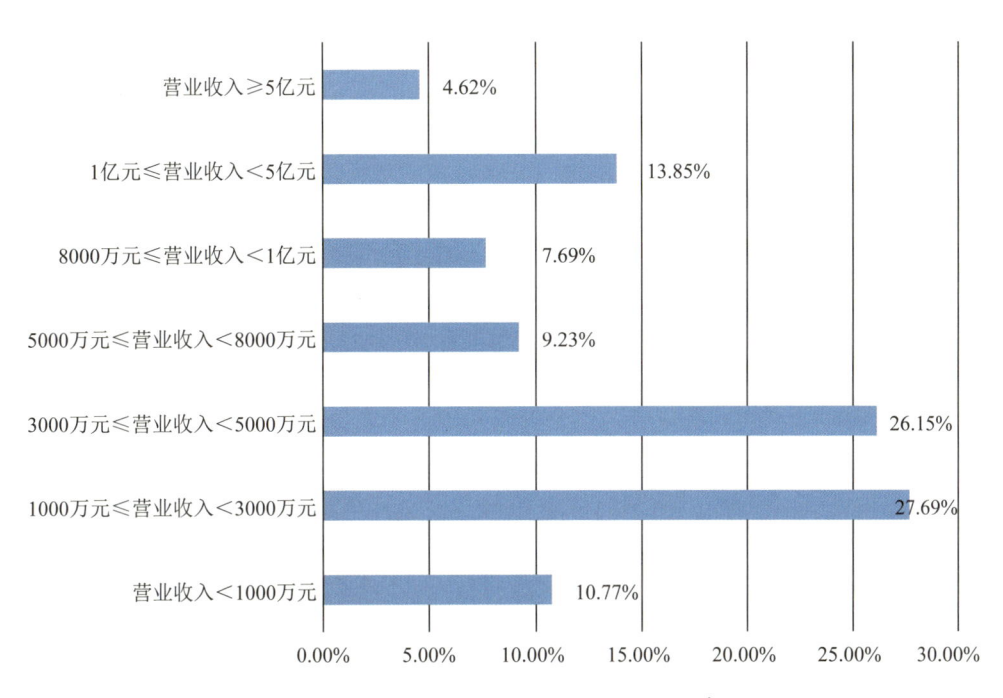

| 营业收入区间 | 占比 |
| --- | --- |
| 营业收入≥5亿元 | 4.62% |
| 1亿元≤营业收入<5亿元 | 13.85% |
| 8000万元≤营业收入<1亿元 | 7.69% |
| 5000万元≤营业收入<8000万元 | 9.23% |
| 3000万元≤营业收入<5000万元 | 26.15% |
| 1000万元≤营业收入<3000万元 | 27.69% |
| 营业收入<1000万元 | 10.77% |

图 2-13 样本企业标签印刷业务营业收入情况

综上，我们试图勾勒下参与本次调查的样本企业群像：

（1）以市场需求为导向的标签产业集群仍然呈现"南强北弱、东多西少"的局面，且标签营收5000万元以上企业华东、华南地区居多（占比82.61%），优势突出特色明显，持续再现集聚效应。

（2）标签行业整体仍以中小微企业数量居多，抗风险能力有待进一步加强，"扩面、增量、降本、提质"仍是标签企业关注的重点。

（3）八成以上的样本企业业务主要集中在标签印刷领域，其中专门从事标签印刷的样本企业占四成。除标签印刷业务外，软包装、票证卡、其他商业印刷业务较受企业青睐。

（4）样本企业业务分布更加多元化，市场敏感度加强，防伪标签布局、差异化竞争优势凸显。其中，食品饮料标签、医药保健品标签、酒标签市场仍是样本企业涉足较多的领域，位居前三，涉足防伪标签业务的企业占比六成。

## 二、经营运行态势

2022 年，受原材料价格高企、疫情扰动、国际形势不稳定、市场需求疲软等因素影响，我国标签印刷行业面临较大的生存压力，标签行业景气度处于收缩区间。那么，企业生存境况究竟如何？对 2023 年经营有着怎样的预期？下面，可以借助几组数据进行系统梳理。

### 1. 2022 年企业经营运行态势回顾

（1）2022 全年开工率

如图 2-14 所示，在过去的 2022 年，实现满负荷开工的企业占比 13.85%，开工率在 80% 以上的企业占比 47.69%，处于 60%～80% 的企业占比 32.31%，4.62% 的样本企业开工率处于 50%～60%，仅有 1.54% 的企业开工率不足 50%。

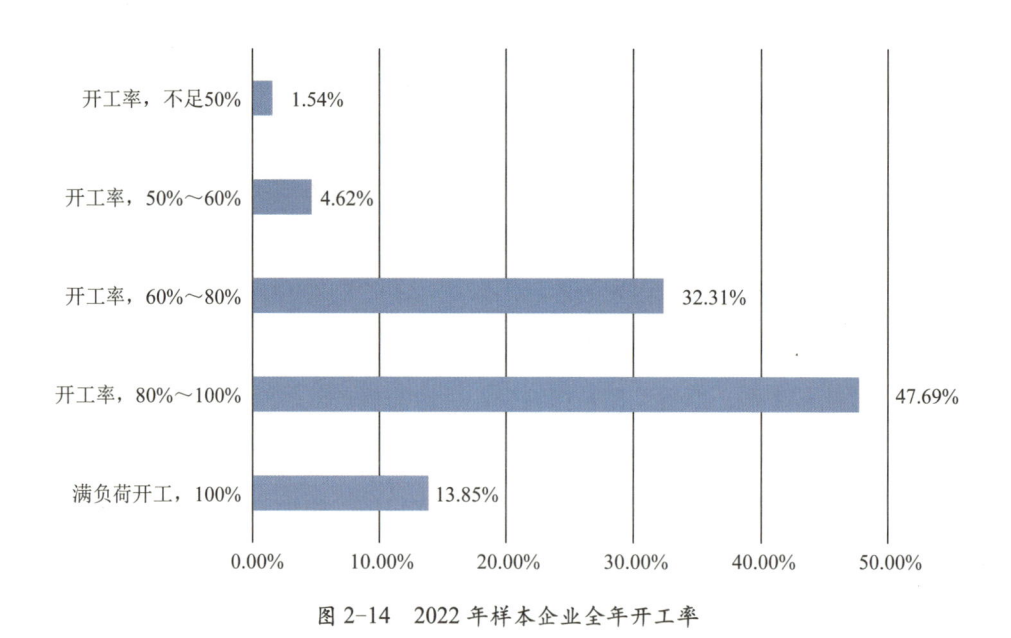

图 2-14　2022 年样本企业全年开工率

（2）2022 年标签销售收入增长情况

如图 2-15 所示，2022 年仅有 40.00% 的企业标签销售收入同比 2021 年有了不同程度的增长，其中，仅有 4.62% 的企业同比 2021 年标签销售收入实现了

20%以上的较大增长。30.77%的企业标签销售收入与2021年基本持平，29.24%的企业出现了不同程度的下滑趋势。

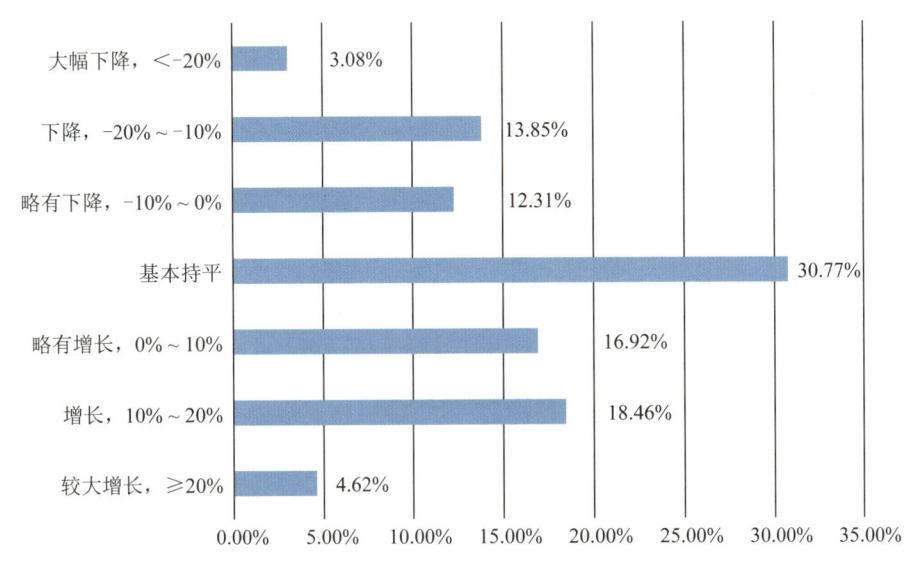

| 增长情况 | 占比 |
|---|---|
| 大幅下降，<-20% | 3.08% |
| 下降，-20%～-10% | 13.85% |
| 略有下降，-10%～0% | 12.31% |
| 基本持平 | 30.77% |
| 略有增长，0%～10% | 16.92% |
| 增长，10%～20% | 18.46% |
| 较大增长，≥20% | 4.62% |

图2-15　2022年样本企业标签销售收入增长情况

（3）2022年标签业务利润增长情况

2022年，仅有27.69%的企业标签利润同比2021年有了不同程度的增长，增长幅度均在20%以内。此外，30.77%的企业做到了与2021年基本持平，41.54%的企业出现了不同程度的下滑趋势，其中，3.08%的企业甚至出现了20%以上的大幅下降趋势，如图2-16所示。

可以看出，2022年标签企业的利润下降幅度远大于销售收入的下降幅度，原因可能出在成本与营收两个方面，即营收下降的幅度大于成本的降幅，又或者成本的上升幅度没有降低，但是营收的增长幅度却有所减少。

综合以上各项数据来看，综观2022年，受国际形势、国内疫情、高温干旱等多重超预期因素反复冲击，标签行业受到了成本端持续高位，需求端低迷的双重压力，使得标签企业的整体盈利能力较2021年同期水平小幅下滑，标签行业整体运行态势偏弱，整体景气度较2021年明显回落，落入偏冷区间。然而，随着 2022 年 12 月疫情防控政策的优化调整，标签行业整体景气表现出了较好的韧性发展态势。

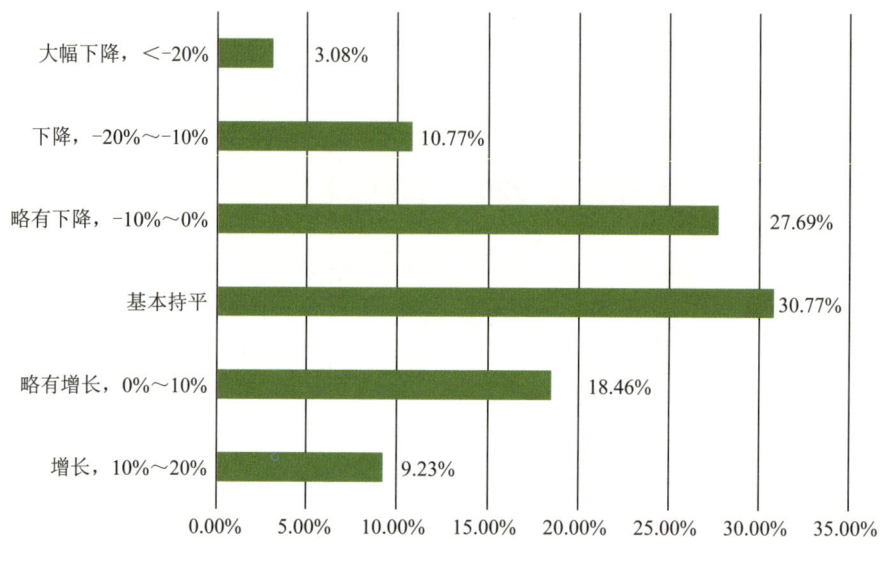

| 区间 | 占比 |
| --- | --- |
| 大幅下降，<-20% | 3.08% |
| 下降，-20%~-10% | 10.77% |
| 略有下降，-10%~0% | 27.69% |
| 基本持平 | 30.77% |
| 略有增长，0%~10% | 18.46% |
| 增长，10%~20% | 9.23% |

图 2-16　2022 年样本企业标签业务利润增长情况

**2. 2023 年企业经营运行态势预测**

（1）2023 全年开工率预测

在开工率方面，约 80% 的样本企业持较为乐观的态度。其中，29.23% 的企业预计 2023 年会实现全年满负荷开工；46.15% 的企业预计开工率在 80% 以上；24.62% 的企业预计开工率处于 60%～80%，如图 2-17 所示。

（2）2023 年标签销售收入增长预测

83.07% 的企业预计 2023 年标签销售收入会实现不同程度的增长，比 2022 年标签销售收入实际增长情况增加 43 个百分点；1.54% 的企业预计 2023 年会出现轻微的下滑趋势，比 2022 年实际下降情况减少 27 个百分点，如图 2-18 所示。

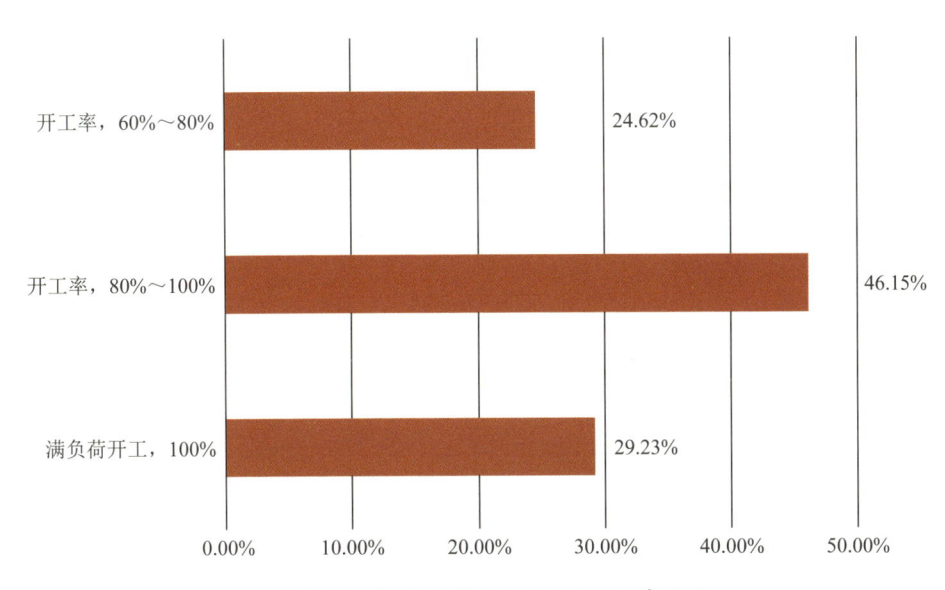

图 2-17　2023 年样本企业全年开工率预测

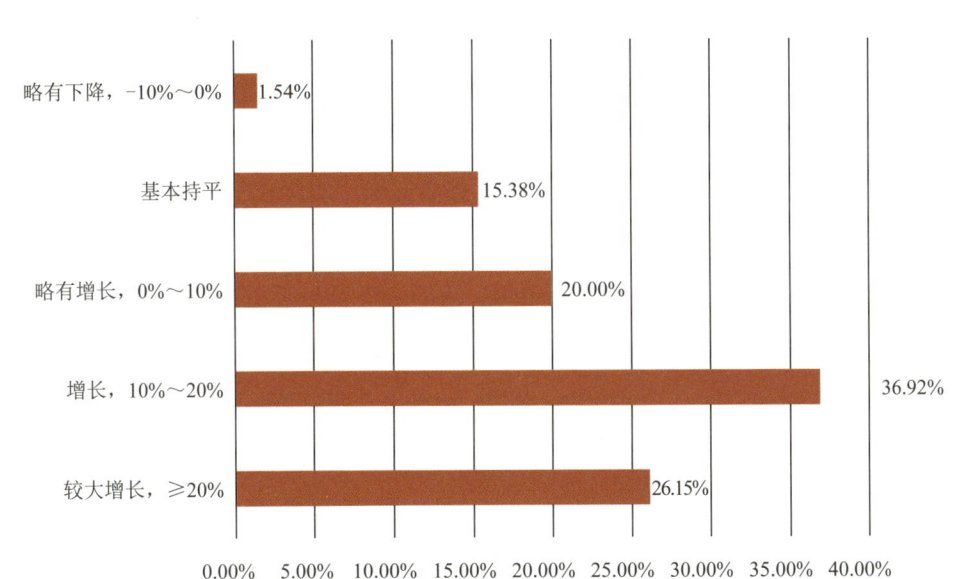

图 2-18　2023 年样本企业标签销售收入增长预测

（3）2023 年标签业务利润增长预测

73.85% 的企业预计 2023 年标签利润会实现不同程度的增长，比 2022 年实际利润增长情况增加 46 个百分点；6.16% 的企业预计 2023 年标签利润会出现下降趋势，与 2022 年实际利润下降情况减少 35 个百分点，如图 2-19 所示。

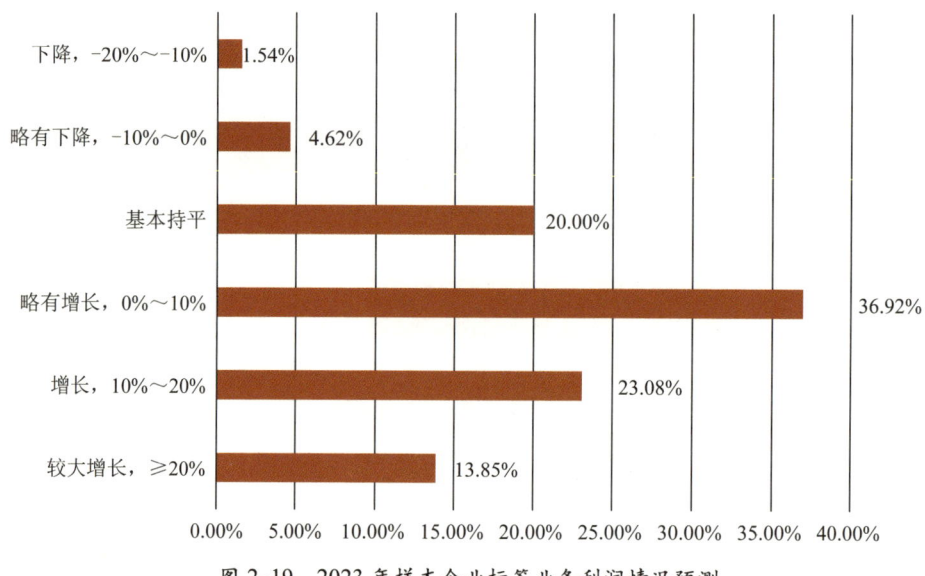

| 区间 | 百分比 |
| --- | --- |
| 下降，-20%~-10% | 1.54% |
| 略有下降，-10%~0% | 4.62% |
| 基本持平 | 20.00% |
| 略有增长，0%~10% | 36.92% |
| 增长，10%~20% | 23.08% |
| 较大增长，≥20% | 13.85% |

图 2-19　2023 年样本企业标签业务利润情况预测

从以上数据可以看出，无论是开工率，还是标签销售、盈利情况，标签企业对 2023 年的整体预测相比 2022 年实际完成情况相对比较乐观，一方面是因为 2022 年的实际完成基数较低，实现一定程度的增长并不具有太大挑战性；另一方面是因为国内疫情防控政策的优化调整，各行各业都处于企稳回升态势。但也有部分样本企业表示，即便疫情结束，这次冲击对企业的影响也远远超过预估，订单不饱和、客户市场不稳定、同行竞争激烈、市场需求疲软等不利因素或将在较长一段时间内持续影响行业的发展速度。这些样本企业谨慎的态度背后是一种理性，这种理性是应对外部环境不确定性的一种手段，也是回应时代要求的一种态度。

## 三、面临困境与挑战

### 1. 设备应用分析及使用痛点

目前，为了满足客户交货周期、产品多样化等变化需求，越来越多的标签印刷企业开启了多元化的工艺配置策略，其中，柔性版印刷已经成为标签印刷行业的主流工艺之一，拥有柔版印刷机的企业数量在逐年增加。从本次疫情调查反馈的数据情况来看，配置柔版印刷机的企业数量以 66.15% 的占比优势位居首位；配置凸版印刷机的企业数量居于次位，占比 60.00%；平（胶）版印刷机、数字印刷机分别位居第三、第四位，占比分别为 53.85% 和 52.31%，如图 2-20 所示。

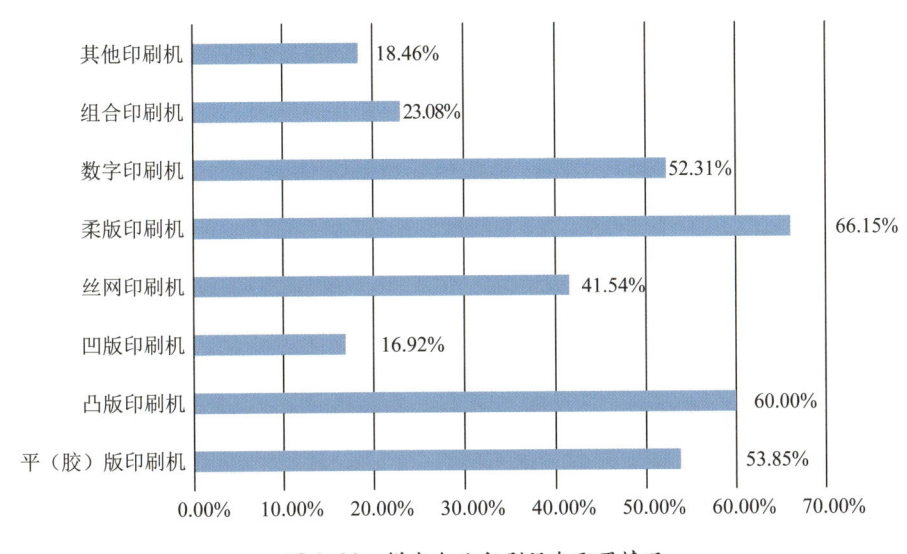

| 设备类型 | 占比 |
| --- | --- |
| 其他印刷机 | 18.46% |
| 组合印刷机 | 23.08% |
| 数字印刷机 | 52.31% |
| 柔版印刷机 | 66.15% |
| 丝网印刷机 | 41.54% |
| 凹版印刷机 | 16.92% |
| 凸版印刷机 | 60.00% |
| 平（胶）版印刷机 | 53.85% |

图 2-20 样本企业印刷设备配置情况

在标签印刷领域，柔版印刷机能够超越凸版印刷机，成为生产"主力军"，绝非一日之功，这主要得益于：一是经过多年的技术沉淀，柔性版印刷机和各种相关的耗材都有了很大的改进，这些机械方面的进步给柔印带来了更快的准备时间、更少的材料浪费，以及更多的可预测性和色彩等元素的一致性，使柔性版印刷拥有了广阔的应用前景和发展空间；二是随着消费升级和理念革新，以"柔印＋其他印刷工艺"为主的连线多工艺组合在柔印生产线上得到了较为广泛的应用和发展。可以预测在未来一段时间，柔印和其他印刷工艺的组合应用在标签领域的发展仍将处于上升阶段。

此外，数字印刷机作为近年来标签市场的"当红花旦"，随着国产设备厂商的纷纷加入以及技术的不断更迭，在标签市场掀起了一波购机"小高潮"，配置数字印刷机的企业数量在不断增加，在今年样本企业中的占比增加至 52.31%。可以预测在未来一段时间，标签企业的数字印刷机配置数量仍将持续增长。

在实际生产过程中，设备使用会出现各种各样的问题，长期困扰着不少标签印刷企业。如图 2-21 所示，"维护成本高""开机调试时间长"成为困扰企业最为严重的问题，选择率均达到 38.46%；"材料浪费多"位居第二，选择率为 35.38%；"购机费用高"紧随其后，选择率为 33.85%。以上问题很大程度上与公司设备更新换代，但开机人员的操作水平无法很快同企业新引进设备相匹配有关。希望企业可以继续加强内部员工的岗位技能培训，搭建技能型人才梯队，提升设备操作水平和员工综合竞争力，激发企业创新活力。

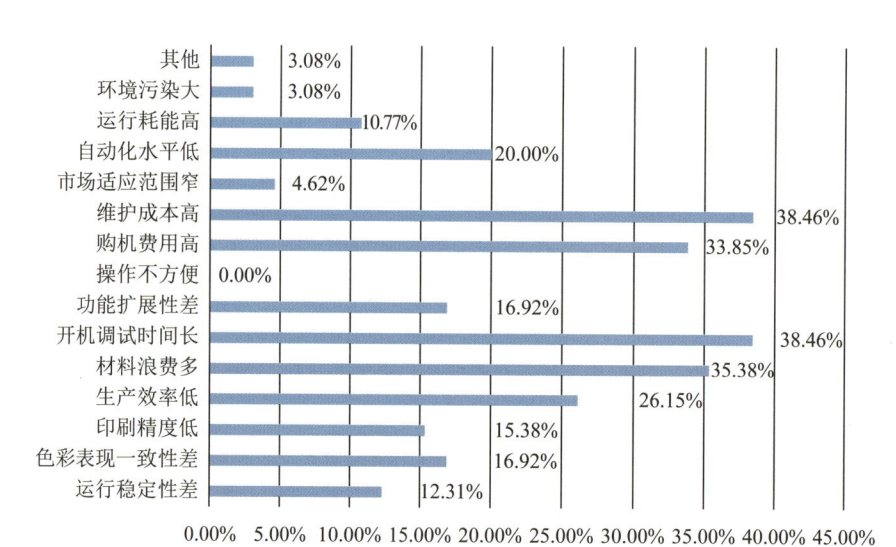

| 问题 | 比例 |
| --- | --- |
| 其他 | 3.08% |
| 环境污染大 | 3.08% |
| 运行耗能高 | 10.77% |
| 自动化水平低 | 20.00% |
| 市场适应范围窄 | 4.62% |
| 维护成本高 | 38.46% |
| 购机费用高 | 33.85% |
| 操作不方便 | 0.00% |
| 功能扩展性差 | 16.92% |
| 开机调试时间长 | 38.46% |
| 材料浪费多 | 35.38% |
| 生产效率低 | 26.15% |
| 印刷精度低 | 15.38% |
| 色彩表现一致性差 | 16.92% |
| 运行稳定性差 | 12.31% |

图 2-21　样本企业在设备使用过程中常见问题统计

### 2. 耗材使用现存问题分析

在版材使用方面，对版材使用问题反馈最多的是"制版费用高"，有 46.15% 的企业不满于此；44.62% 的企业反馈印版的"耐印力低"；21.54% 的企业表示印版"容易堵版"，如图 2-22 所示。

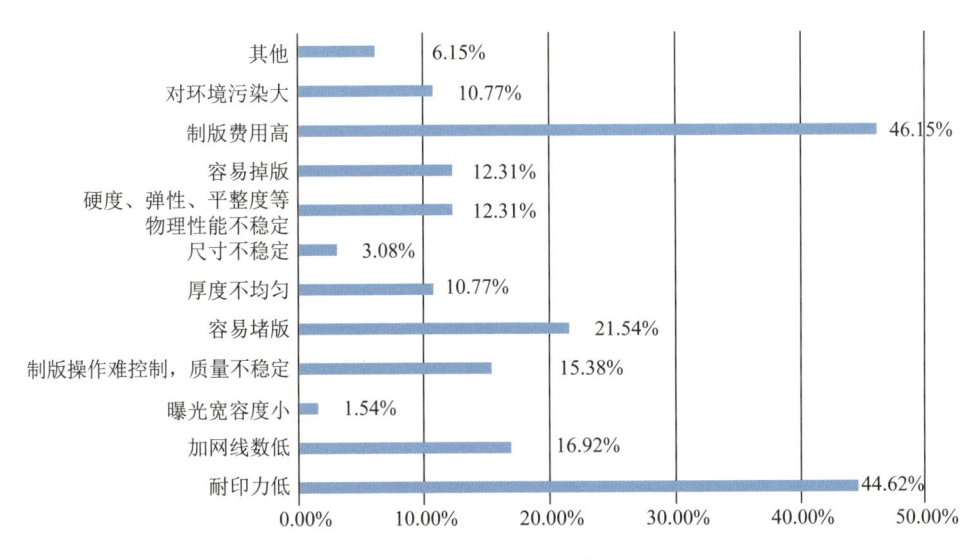

## 图 2-22 版材在使用过程中常见问题分析

- 其他：6.15%
- 对环境污染大：10.77%
- 制版费用高：46.15%
- 容易掉版：12.31%
- 硬度、弹性、平整度等物理性能不稳定：12.31%
- 尺寸不稳定：3.08%
- 厚度不均匀：10.77%
- 容易堵版：21.54%
- 制版操作难控制，质量不稳定：15.38%
- 曝光宽容度小：1.54%
- 加网线数低：16.92%
- 耐印力低：44.62%

在油墨使用方面，"价格高"在本次调查中的呼声最高，选择率达 46.15%；35.38% 的企业反映油墨"气味大""附着力不够"，如图 2-23 所示。

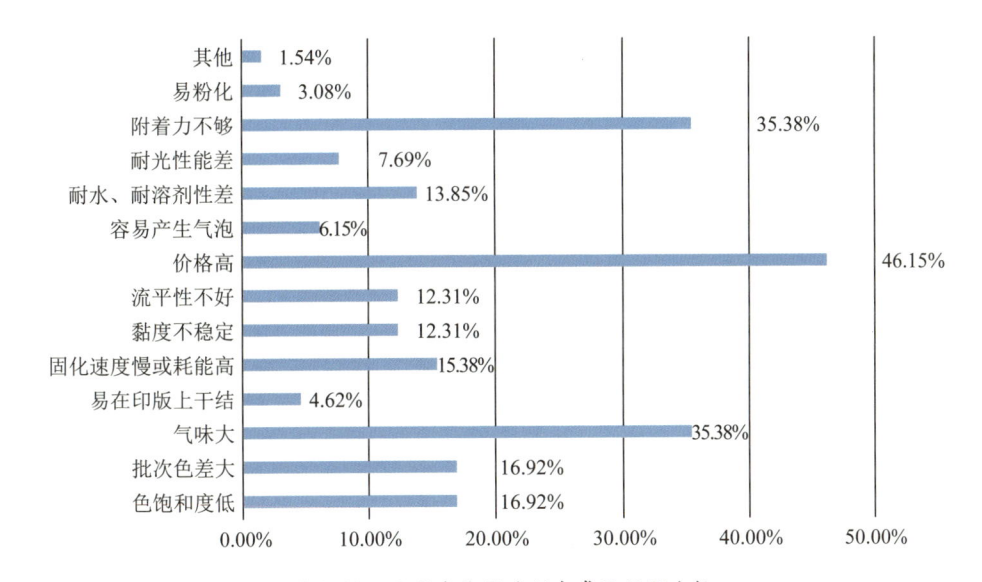

## 图 2-23 油墨在使用过程中常见问题分析

- 其他：1.54%
- 易粉化：3.08%
- 附着力不够：35.38%
- 耐光性能差：7.69%
- 耐水、耐溶剂性差：13.85%
- 容易产生气泡：6.15%
- 价格高：46.15%
- 流平性不好：12.31%
- 黏度不稳定：12.31%
- 固化速度慢或耗能高：15.38%
- 易在印版上干结：4.62%
- 气味大：35.38%
- 批次色差大：16.92%
- 色饱和度低：16.92%

在不干胶材料使用方面，"采购成本高"是企业反馈最为集中的问题，占比56.92%；紧随其后的是"易出现溢胶问题"，55.38%的企业在日常生产中都遇到不干胶标签溢胶问题，如图2-24所示。

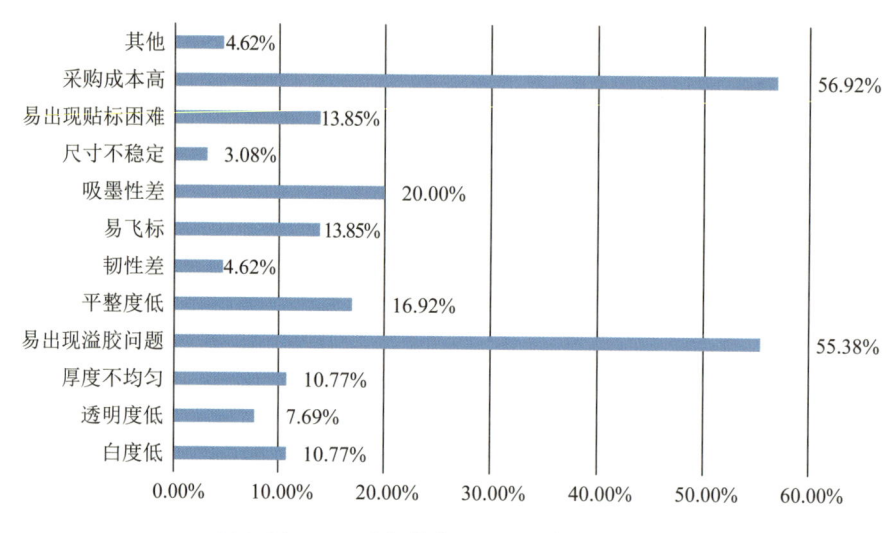

| 项目 | 占比 |
| --- | --- |
| 其他 | 4.62% |
| 采购成本高 | 56.92% |
| 易出现贴标困难 | 13.85% |
| 尺寸不稳定 | 3.08% |
| 吸墨性差 | 20.00% |
| 易飞标 | 13.85% |
| 韧性差 | 4.62% |
| 平整度低 | 16.92% |
| 易出现溢胶问题 | 55.38% |
| 厚度不均匀 | 10.77% |
| 透明度低 | 7.69% |
| 白度低 | 10.77% |

图 2-24　不干胶材料在使用过程中常见问题分析

### 3. 制约标签印刷企业健康发展的主要因素

提及制约标签印刷企业健康发展的因素，样本企业对以下几点反映最大：人工成本高（64.62%）、技术人才短缺（56.92%）、研发创新力不足（40.00 %）、利润率降低（36.92%）、原材料涨价（33.85 %），低价竞争（33.85 %），如图 2-25 所示。

以上瓶颈充分暴露出了标签行业的发展基础总体仍然比较薄弱，有待进一步提高，这就要求企业一方面要转变思想观念，建立一支高素质、有创新能力的技术团队，充分利用现有技术资源，加强技术人员创新能力的培养和制度上的激励机制；另一方面要健全技术创新服务体系，拓展生产可能性边界，开辟更多新的增长点和增长极，增强自身应变能力和适应能力，在微利时代，为实现企业降本增效做出努力。

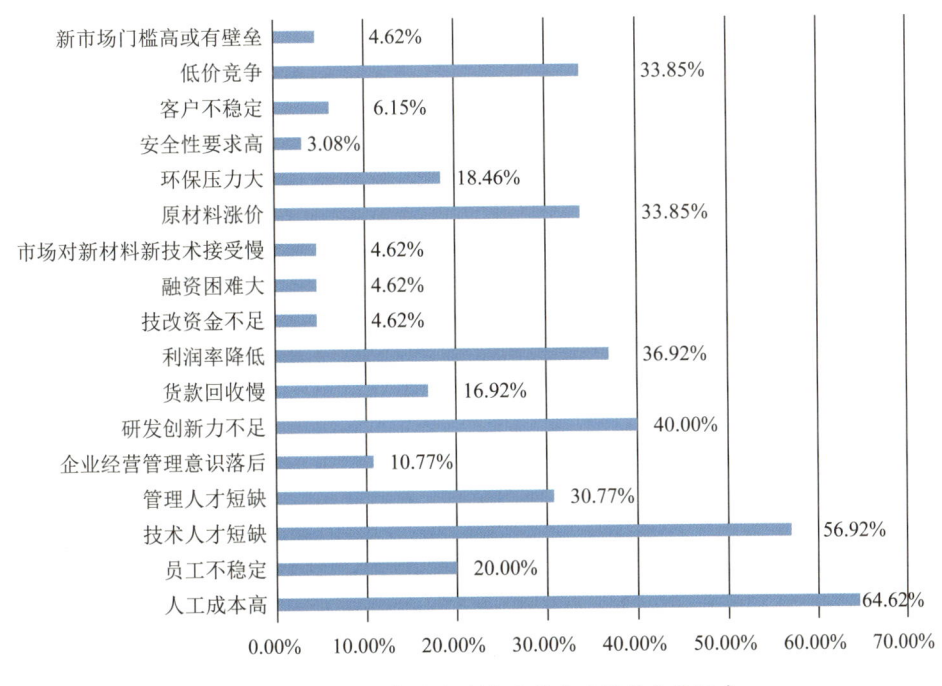

| 制约因素 | 占比 |
|---|---|
| 新市场门槛高或有壁垒 | 4.62% |
| 低价竞争 | 33.85% |
| 客户不稳定 | 6.15% |
| 安全性要求高 | 3.08% |
| 环保压力大 | 18.46% |
| 原材料涨价 | 33.85% |
| 市场对新材料新技术接受慢 | 4.62% |
| 融资困难大 | 4.62% |
| 技改资金不足 | 4.62% |
| 利润率降低 | 36.92% |
| 货款回收慢 | 16.92% |
| 研发创新力不足 | 40.00% |
| 企业经营管理意识落后 | 10.77% |
| 管理人才短缺 | 30.77% |
| 技术人才短缺 | 56.92% |
| 员工不稳定 | 20.00% |
| 人工成本高 | 64.62% |

图 2-25　制约标签印刷企业健康发展的主要因素

## 四、创新发展举措

面对日益激烈的市场竞争，创新已经成为企业生存、发展的关键因素，对于中小微企业居多的标签行业来说更是如此。本次调查，我们从绿色环保、精益生产、智能化提升三个维度分别对样本企业进行了调查，便于了解企业创新发展的一些有效举措。

### 1. 绿色环保实施情况

从原辅材料使用角度来看，"采用水性/UV/大豆类环保油墨/光油"选择率较高，占比58.46%；"采用薄型标签材料""采用通过绿色环保认证的材料"紧随其后，选择率分别为47.69%和46.15%。从工艺升级角度来看，61.54%的企业选择"采用LED-UV固化装置"，56.92%的企业选择"采用柔印技术"。从回收利用角度来看，76.92%的企业"采用废气处理装置"，72.31%的企业选择"废物回收并进行（或交付）专业处理"。样本企业绿色环保措施实施情况如图 2-26 所示。

### (a) 原辅材料应用情况

| 项目 | 比例 |
|---|---|
| 采用水性/UV/大豆类环保油墨/光油 | 58.46% |
| 采用低迁移性油墨 | 27.69% |
| 采用利于贴标回收再利用的材料 | 29.23% |
| 采用通过绿色环保认证的材料 | 46.15% |
| 采用无底纸不干胶标签材料 | 9.23% |
| 采用薄型标签材料 | 47.69% |

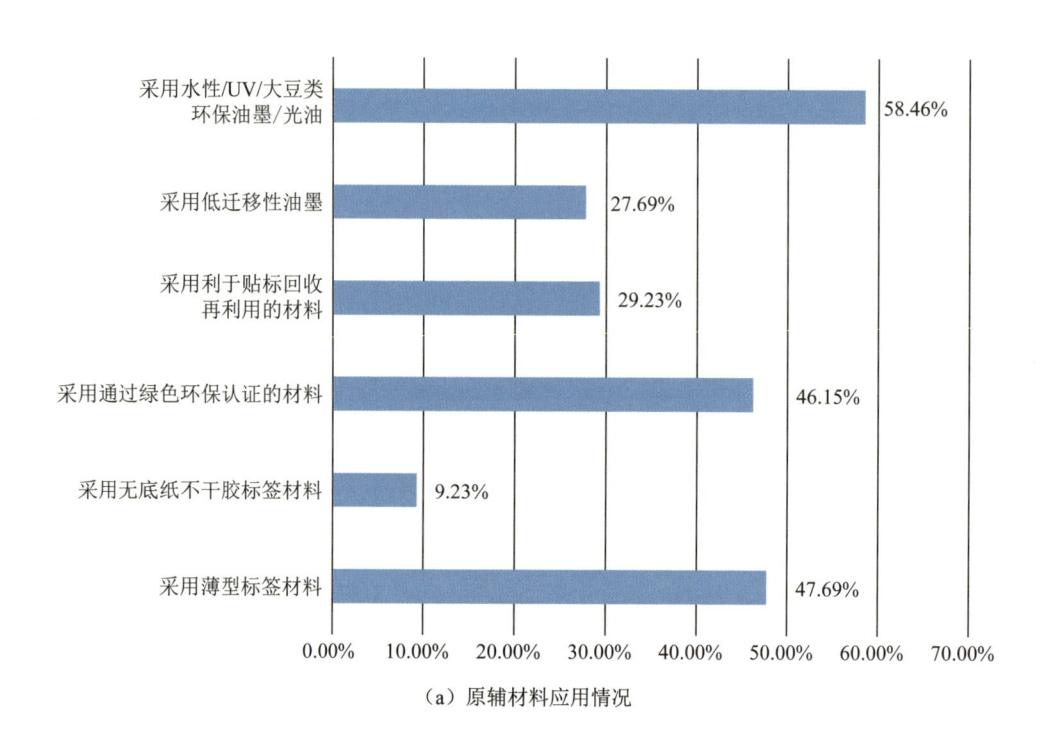

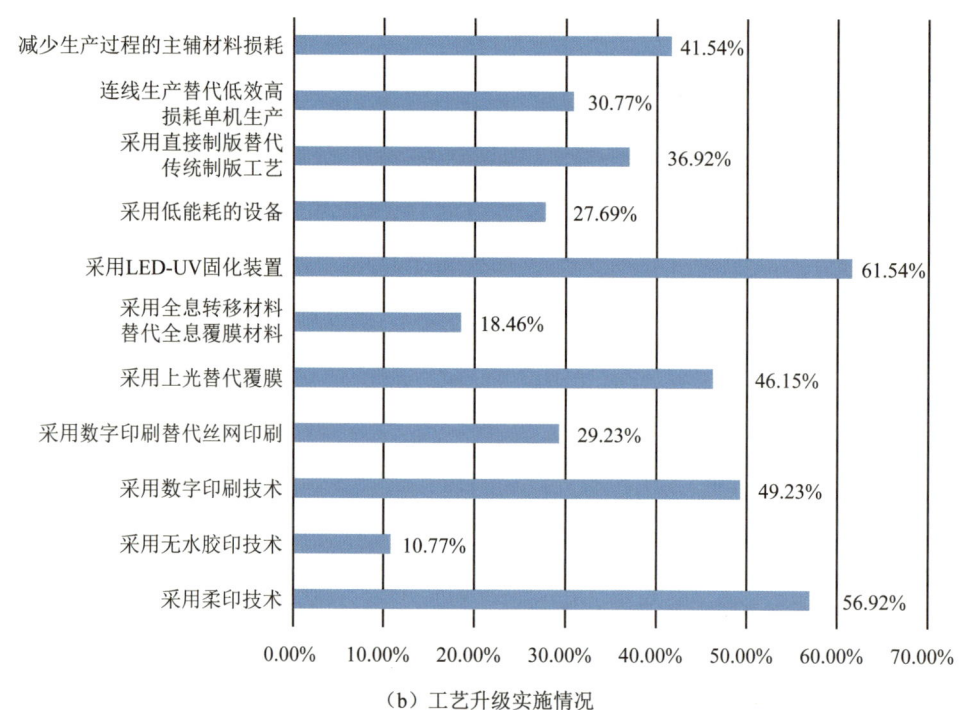

### (b) 工艺升级实施情况

| 项目 | 比例 |
|---|---|
| 减少生产过程的主辅材料损耗 | 41.54% |
| 连线生产替代低效高损耗单机生产 | 30.77% |
| 采用直接制版替代传统制版工艺 | 36.92% |
| 采用低能耗的设备 | 27.69% |
| 采用LED-UV固化装置 | 61.54% |
| 采用全息转移材料替代全息覆膜材料 | 18.46% |
| 采用上光替代覆膜 | 46.15% |
| 采用数字印刷替代丝网印刷 | 29.23% |
| 采用数字印刷技术 | 49.23% |
| 采用无水胶印技术 | 10.77% |
| 采用柔印技术 | 56.92% |

图 2-26　样本企业绿色环保措施实施情况

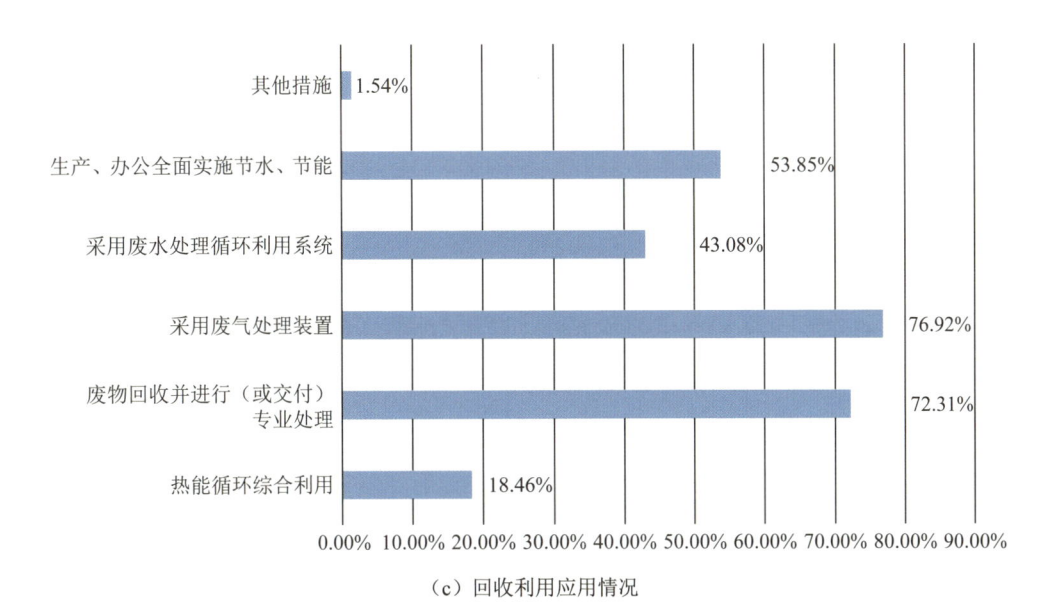

```
其他措施  1.54%
生产、办公全面实施节水、节能  53.85%
采用废水处理循环利用系统  43.08%
采用废气处理装置  76.92%
废物回收并进行（或交付）专业处理  72.31%
热能循环综合利用  18.46%
```

（c）回收利用应用情况

图 2-26　样本企业绿色环保措施实施情况（续）

## 2. 精益生产实施情况

在精益生产方面，我们从企业是否进行工单成本结算分析、材料库存周转周期、成品库存周转周期、设备整体效能四个维度进行了调查，反馈数据如下：

（1）工单成本结算分析。数据显示，83.08% 的样本企业表示进行了工单成本结算分析；16.92% 的样本企业未进行工单成本结算分析。

（2）材料库存周转周期。对于长单（大于等于 5000 米）来说，16.92% 的企业表示材料周转周期可以控制在 3 天以内；36.92% 的企业表示材料周转周期在 3～5 天；对于短单（小于 5000 米）来说，41.54% 的企业表示材料周转周期可以控制在 3 天以内；33.85% 的企业表示材料周转周期在 3～5 天。样本企业材料库存周转周期分布情况如图 2-27 所示。

（3）成品库存周转周期。对于长单（大于等于 5000 米）来说，30.77% 的企业表示成品周转周期在 7 天以上，21.54% 的企业表示成品周转周期在 5～7 天，26.15% 的企业表示成品周转周期在 3～5 天；对于短单（小于 5000 米）来说，43.08% 的企业表示成品周转周期可以控制在 3 天以内，40.00% 的企业表示成品周转周期在 3～5 天。样本企业成品库存周转周期分布情况如图 2-28 所示。

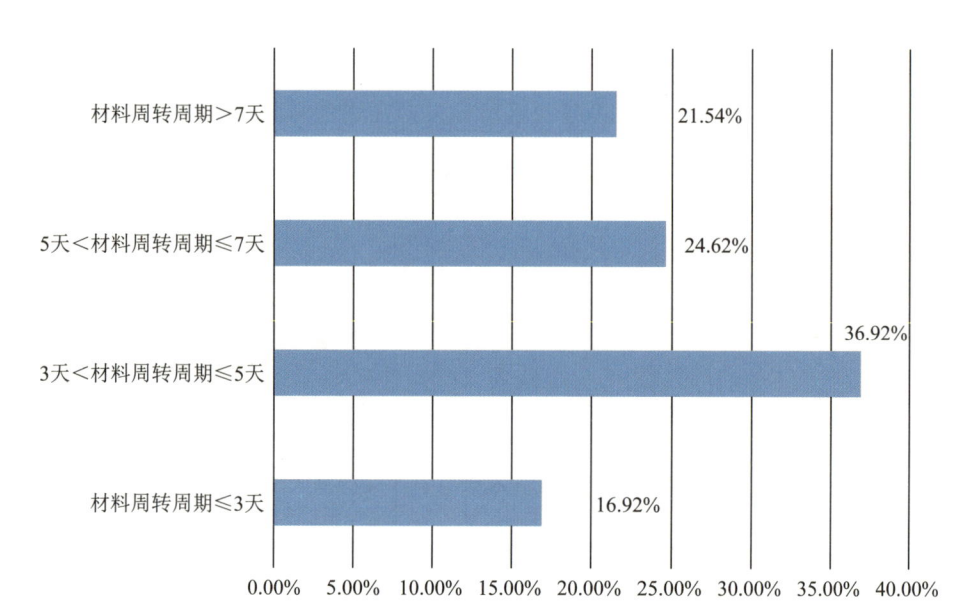

(a)长单（大于等于5000米）材料库存周转周期分布情况

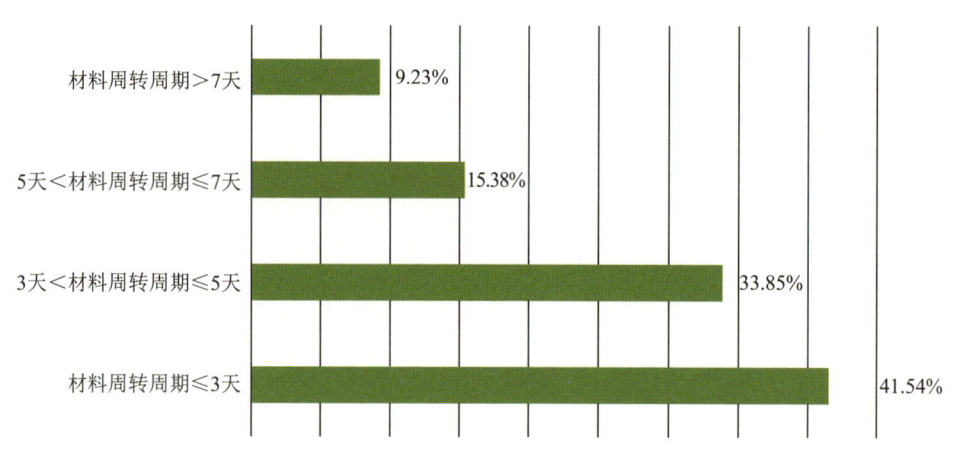

- 材料周转周期＞7天：21.54%
- 5天＜材料周转周期≤7天：24.62%
- 3天＜材料周转周期≤5天：36.92%
- 材料周转周期≤3天：16.92%

(b)短单（小于5000米）材料库存周转周期分布情况

- 材料周转周期＞7天：9.23%
- 5天＜材料周转周期≤7天：15.38%
- 3天＜材料周转周期≤5天：33.85%
- 材料周转周期≤3天：41.54%

图 2-27　样本企业材料库存周转周期分布情况

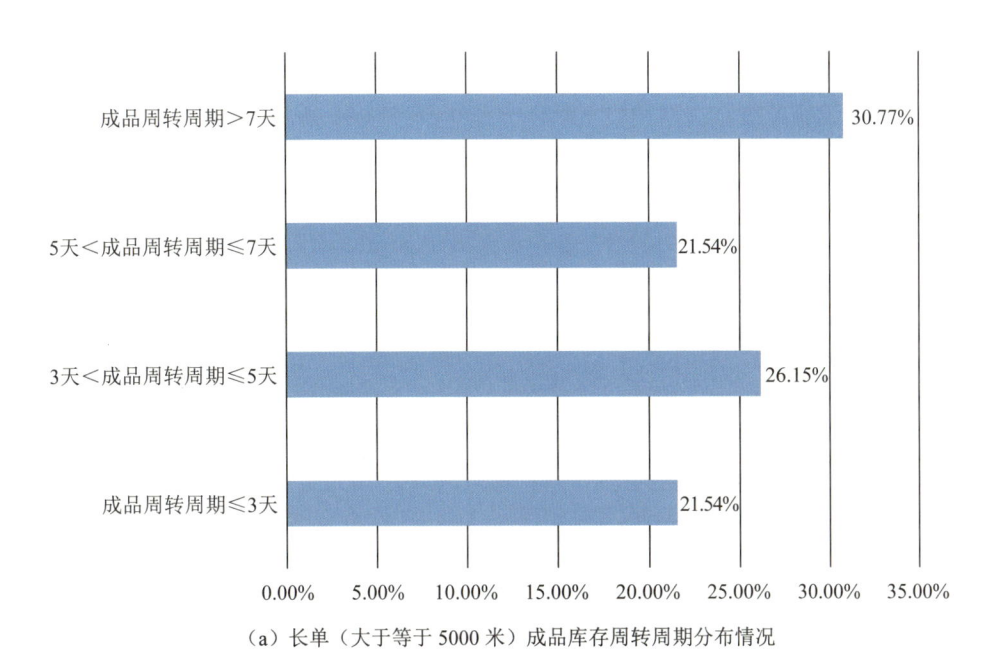

（a）长单（大于等于5000米）成品库存周转周期分布情况

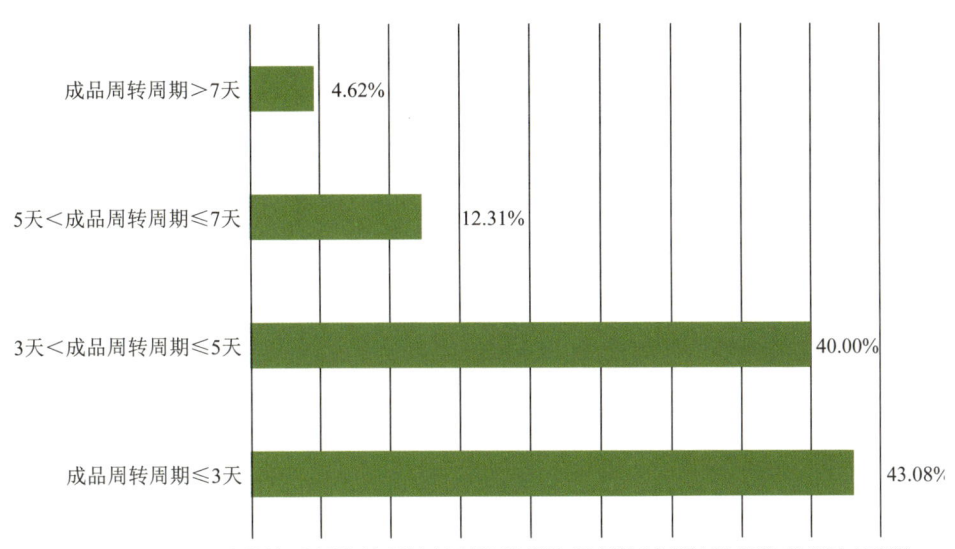

（b）短单（小于5000米）成品库存周转周期分布情况

图 2-28　样本企业成品库存周转周期分布情况

（4）设备整体效能（时间稼动率 × 性能稼动率 × 良品率）。从反馈数据来看，60.00% 的样本企业表示公司的设备整体效能达到了 60% 以上，如图 2-29 所示。

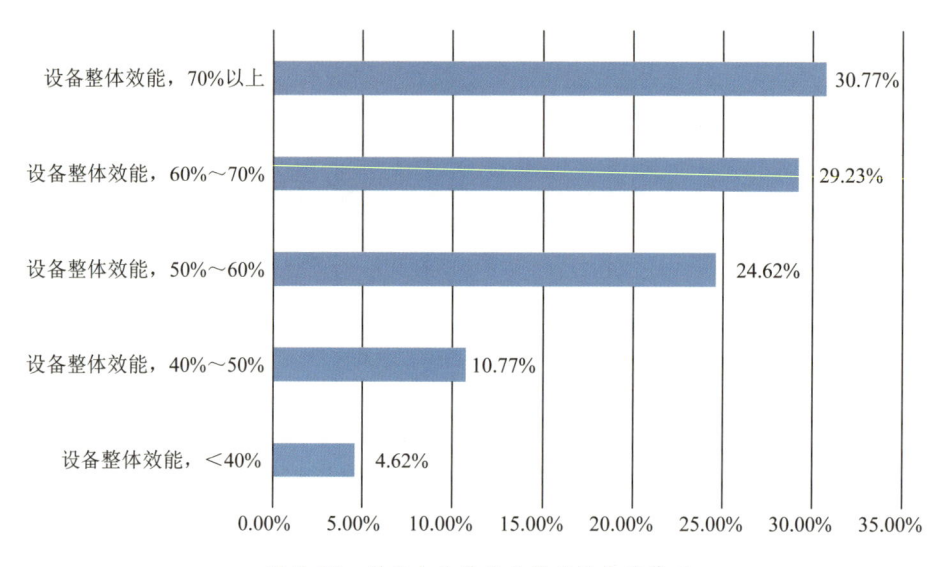

| 设备整体效能区间 | 占比 |
| --- | --- |
| 设备整体效能，70%以上 | 30.77% |
| 设备整体效能，60%～70% | 29.23% |
| 设备整体效能，50%～60% | 24.62% |
| 设备整体效能，40%～50% | 10.77% |
| 设备整体效能，<40% | 4.62% |

图 2-29　样本企业设备整体效能使用情况

如今的市场竞争日益激烈，经济环境充满了不确定性，作为生产型企业，标签企业如何降本增效、提升竞争力尤为重要，而实施精益生产则是有效措施之一。本次调查中，样本企业在精益生产方向上进行了多路径探索，如采用看板管理、做好原材料管控、合理制定库存、做好印前准备解放机长、引入生产执行系统、实施标准化管理、依托 SAP 和 ERP 系统实施数据化管理、导入 6S 管理实行按单成本核算、与第三方精益生产机构合作开展内部精益管理、改装设备等。

### 3. 智能化提升情况

在智能化提升方面，"导入企业资源计划系统（ERP）"在标签企业中应用较为普遍，选择率高达 69.23%；其次是"导入机台数据采集系统（MDC）""导入自动套位系统"，分别占比 30.77%，如图 2-30 所示。

## 中国柔性版印刷发展报告
### 第二部分 行业产业报告

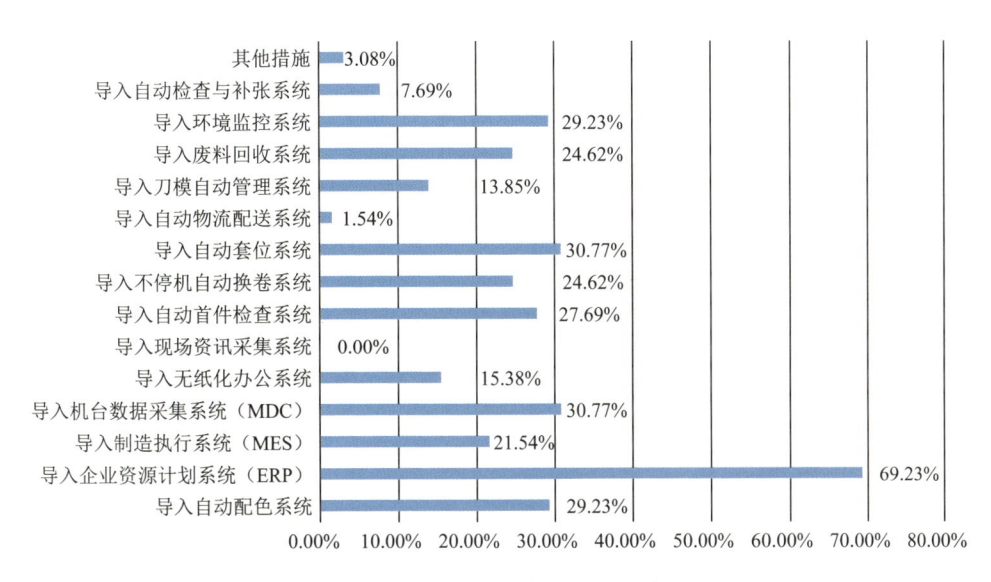

| 措施 | 比例 |
|---|---|
| 其他措施 | 3.08% |
| 导入自动检查与补张系统 | 7.69% |
| 导入环境监控系统 | 29.23% |
| 导入废料回收系统 | 24.62% |
| 导入刀模自动管理系统 | 13.85% |
| 导入自动物流配送系统 | 1.54% |
| 导入自动套位系统 | 30.77% |
| 导入不停机自动换卷系统 | 24.62% |
| 导入自动首件检查系统 | 27.69% |
| 导入现场资讯采集系统 | 0.00% |
| 导入无纸化办公系统 | 15.38% |
| 导入机台数据采集系统（MDC） | 30.77% |
| 导入制造执行系统（MES） | 21.54% |
| 导入企业资源计划系统（ERP） | 69.23% |
| 导入自动配色系统 | 29.23% |

图 2-30 样本企业智能化提升情况

通过以上数据可以看出，虽然标签企业在绿色环保、精益生产、智能化提升方面均取得了不错的成效，但实施措施较为基础，与大印刷行业企业相比仍然存在较大差距，提升空间仍然较大。如何实现创新发展"进阶"，将是推动标签企业高质量、可持续发展的必由之路。

## 六、未来展望

问卷调查最后，我们对 2023 年企业发展调整措施和关注领域也进行了摸底。关于企业发展，如图 2-31 所示，有 58.46% 的企业表示 2023 年会继续加大研发创新投入；50.77% 的企业表示将加大技术人才的引进；46.15% 的企业表示将继续开拓国内市场。在关注领域方面，多数样本企业对喷墨数字印刷，组合式柔印、收缩膜标签市场发展、组合防伪技术应用、RFID 技术在标签上的应用等表现出了浓厚的兴趣，意在获得更多企业发展"筹码"。

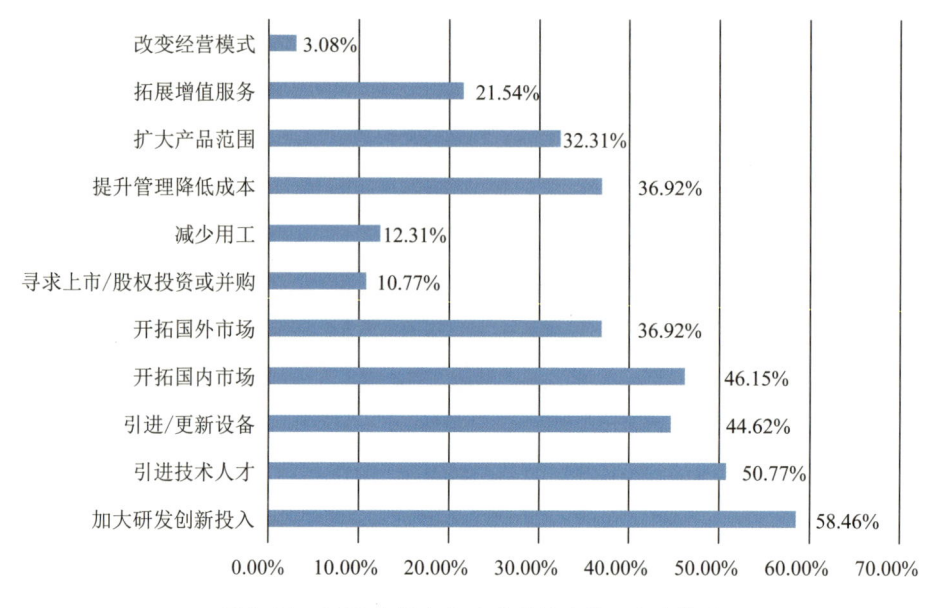

| 措施 | 比例 |
|---|---|
| 改变经营模式 | 3.08% |
| 拓展增值服务 | 21.54% |
| 扩大产品范围 | 32.31% |
| 提升管理降低成本 | 36.92% |
| 减少用工 | 12.31% |
| 寻求上市/股权投资或并购 | 10.77% |
| 开拓国外市场 | 36.92% |
| 开拓国内市场 | 46.15% |
| 引进/更新设备 | 44.62% |
| 引进技术人才 | 50.77% |
| 加大研发创新投入 | 58.46% |

图 2-31　2023 年样本企业改善经营情况实施措施

回顾 2022 年，我国标签行业整体发展承压前行。展望 2023 年，虽然经济进入复苏之年，但国际环境仍在复杂演变，贸易形势不容乐观，且国内需求收缩、供给冲击、预期转弱三重压力仍然较大。对于标签印刷企业而言，提振发展信心，稳住基本盘，在复杂多变的竞争环境中保持创新活力，增强应变能力，用差异化塑造品牌竞争力，成为 2023 年标签印刷企业发展的主旋律。

# 中国柔性版印刷机市场销售情况调查报告

施建屏　金琳

2022年面对严峻的疫情和复杂多变的外部环境，受原材料价格上涨、物流成本上升、经济下行压力加大等多重因素，中国柔性版印刷机制造业承受了巨大的生产经营压力，主要体现在需求端客户订单减少、采购端原材料成本上涨、生产端计划外停减产增加、交付端运输成本上涨。

2022年是充满变化的一年。这一年，国际环境纷繁复杂，国内形势面临诸多挑战，全球经历新型冠状病毒变异、俄乌冲突、美欧通胀等超预期因素冲击，经受住了风高浪急的不确定性风险考验，中国柔性版印刷业在国内外经济增长放缓的大环境下，砥砺前行，危中寻机。

本报告采用文献分析、企业调研、专家咨询等调研方式，对我国2022年的柔性版印刷机市场销售情况进行统计分析。卷筒料柔性版印刷机按照滚筒排列方式，可以分成机组式、卫星式和层叠式三种类型，其中前两种具有较高的生产效率特长，其对制造的要求比较高，因此本报告只对机组式和卫星式柔性版印刷机的销售情况进行分析。

## 一、对本报告的几点说明

（1）本报告中柔性版印刷机装机量的数据来源于《印刷技术》杂志的"2022'柔性版印刷在中国'装机量调查报告"以及《印刷杂志》上中国印刷技术协会柔性版印刷分会所做的"2022年中国卫星式柔印机市场销售调查报告"，

并且咨询行业协会、业内专家、部分参与调查的供应商，对信息进行对比、统计和分析。由于个别公司未能公开销售数据，本报告为不完全统计。

（2）本报告采用的机组式柔性版印刷机（以下简称"机组式柔印机"）销售数据开始时间为 2006 年 1 月 1 日，截至日期为 2022 年 6 月 30 日。本报告采用的卫星式柔性版印刷机（以下简称"卫星式柔印机"）销售数据开始时间为 2014 年 1 月 1 日，截至日期为 2022 年 12 月 31 日。调查和统计的范围是销售到中国内地的柔性版印刷机，未包括销售到中国香港特别行政区、澳门特别行政区、台湾省，以及出口到国外的柔性版印刷机。

（3）本报告调查的卫星式柔印机只统计幅面不小于 800 mm 的四色以上中宽幅机型，未统计用于瓦楞纸直接印刷的柔印机。

## 二、机组式柔印机的销售情况

### 1. 2006—2022 年中国机组式柔印机累计销售量分析

2006 年 7 月 1 日至 2022 年 6 月 30 日，根据调查数据统计共有 3467 台全新的机组式柔印机在中国内地投入使用。基于个别几家供应商对前两年销售数据的重新提供和补充，近 6 年来中国机组式柔印机新增装机量每年均超过 200 台，中国内地机组式柔印机历年累计销售量见图 2-32；从装机量增长率来看，2022 年销售新增 231 台，增长率为 7.14%，比上年下降 1.1 个百分点，整体来看我国柔印行业增速有所下降，主要原因是受疫情影响，市场终端需求减弱，企业投资热情降低。

2016—2022 年国产与进口设备累计销售量及占比详见图 2-33 和图 2-34，2022 年国产销售新增为 217 台，占新增总量的 93.90%，进口销售新增为 14 台，占比 6.10%；进口机开始打破近 5 年来在国内市场销售下滑的趋势。

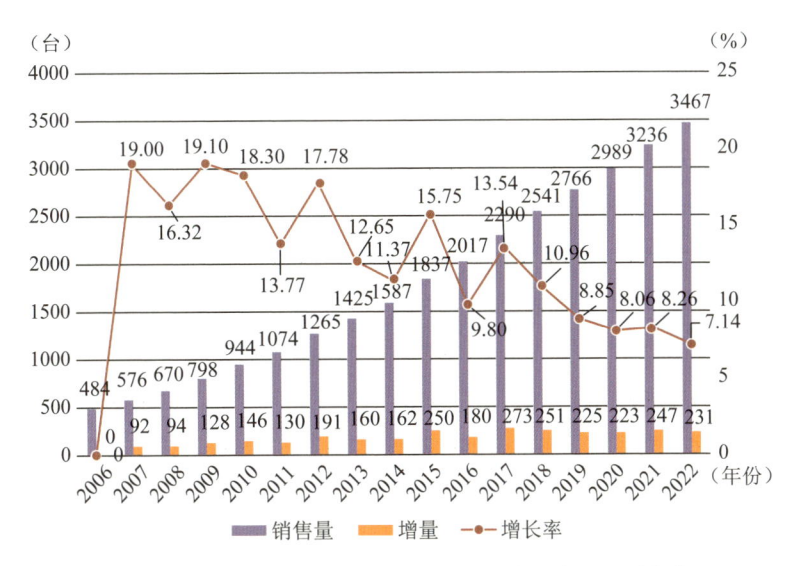

图 2-32　中国内地机组式柔印机历年累计销售量及增长率

图 2-33　2016—2022 年当年销售量中国产机组式柔印机销售及占比

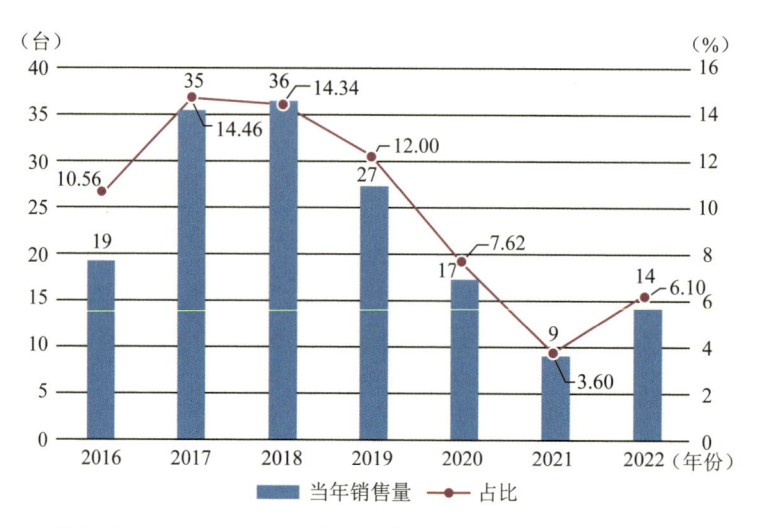

图 2-34　2016—2022 年当年增量中进口机组式柔印机销售及占比

## 2. 2022 年中国机组式柔印机销售区域分布情况

（1）机组式柔印机全国各省市装机量情况分析

在 2006—2022 年列入使用统计中的 3467 台机组式柔印机中，除 496 台设备的销售地区不明确，其余 2971 台设备均有明确地区分布。根据有明确地区分布数据统计，2022 年中国内地机组式柔印机各省、自治区、直辖市的累计销售量、新增销售量情况见表 2-8。

根据表 2-8 数据，31 个省、区、市均已安装过机组式柔印机，从有明确地区分布数据来看，北京、吉林、内蒙古、黑龙江、甘肃、新疆、青海、西藏 8 个省、自治区、直辖市在 2022 年没有新机销售，相比 2021 年减少了陕西、云南、江西、辽宁、海南、山西、宁夏 7 个省、自治区。广东省以 512 台的销售量遥遥领先，占有明确地区分布的销售总量（2971 台）的 17.23%；位列第二的是浙江省，销售量为 407 台，占比为 13.70%；上海紧随其后，销售量为 317 台，占比为 10.67%；江苏省销售量为 268 台，占比为 9.02%；山东省销售量为 248 台，占比为 8.35%。上述 5 个省市的累计销售量均已超过 200 台，特别是广东省累计销售量已超过 500 台，是当之无愧的"第一梯队"。排在区域销售量最后 3 位的是宁夏、青海、西藏，可能与这 3 个地区的环保压力较小有一定关系。

表2-8  各省、市、自治区销售量及排名

| 地区 | 2022新增/台 | 销售总量 | 排名 | 地区 | 2022新增/台 | 销售总量 | 排名 |
|---|---|---|---|---|---|---|---|
| 广东 | 19 | 512 | 1 | 广西 | 2 | 26 | 17 |
| 浙江 | 19 | 407 | 2 | 江西 | 2 | 23 | 18 |
| 上海 | 12 | 317 | 3 | 辽宁 | 1 | 19 | 19 |
| 江苏 | 20 | 268 | 4 | 重庆 | 1 | 19 | 19 |
| 山东 | 13 | 248 | 5 | 贵州 | 2 | 16 | 21 |
| 福建 | 3 | 138 | 6 | 吉林 | 0 | 16 | 22 |
| 安徽 | 6 | 136 | 7 | 内蒙古 | 0 | 14 | 22 |
| 湖北 | 4 | 126 | 8 | 山西 | 2 | 12 | 24 |
| 河南 | 6 | 116 | 9 | 黑龙江 | 0 | 12 | 25 |
| 四川 | 5 | 107 | 10 | 海南 | 1 | 11 | 25 |
| 河北 | 5 | 101 | 11 | 甘肃 | 0 | 10 | 25 |
| 北京 | 0 | 81 | 12 | 新疆 | 0 | 9 | 28 |
| 天津 | 5 | 79 | 13 | 宁夏 | 1 | 5 | 29 |
| 陕西 | 2 | 59 | 14 | 青海 | 0 | 1 | 30 |
| 云南 | 2 | 52 | 15 | 西藏 | 0 | 1 | 30 |
| 湖南 | 1 | 30 | 16 | | | | |
| 销售总量合计 | | 2971 | | 新增合计 | | 134 | |

注：装机量及增量为《印刷技术》杂志根据调查反馈数据所做的统计。

在销售增量方面，2022年江苏省、浙江省、广东省稳居销售增量前茅，且江苏省的销售新增近5年来首次超过浙江省和广东省，由此可见2022年江苏省

柔性版印刷产业发展迅猛。在最近一次调查中，江苏省以新增 20 台的成绩拔得头筹，广东省和浙江省以新增 19 台的成绩并列第二，山东省以新增 13 台的成绩位居第四。广东省和上海市 2022 年的销售增量相比 2021 年有大幅上升，其销售增量分别为 19 台和 12 台。值得注意的是，由销售增量可知，2022 年上海市和江苏省虽然受到疫情影响，但柔印设备的更新却需求量较大。此外，天津市 2022 年的销售增量相比 2021 年有大幅上升，其销售增量为 5 台，可以推测部分从北京疏解到天津的企业，生产运营逐渐稳定，对设备的更新换代有一定的需求。

（2）机组式柔印机三大印刷产业带销售量情况分析

将三大印刷产业带进行对比，2022 年以广东为主体的珠三角地区累计销售量为 512 台，约占有明确地区分布的销售总量（2971 台）的 17.23%；以上海、浙江、江苏为主体的长三角地区累计销售量为 992 台，占比 33.39%；环渤海地区（北京、天津、山东、河北、辽宁）累计销售量为 509 台，占比 17.13%，详见图 2-35。

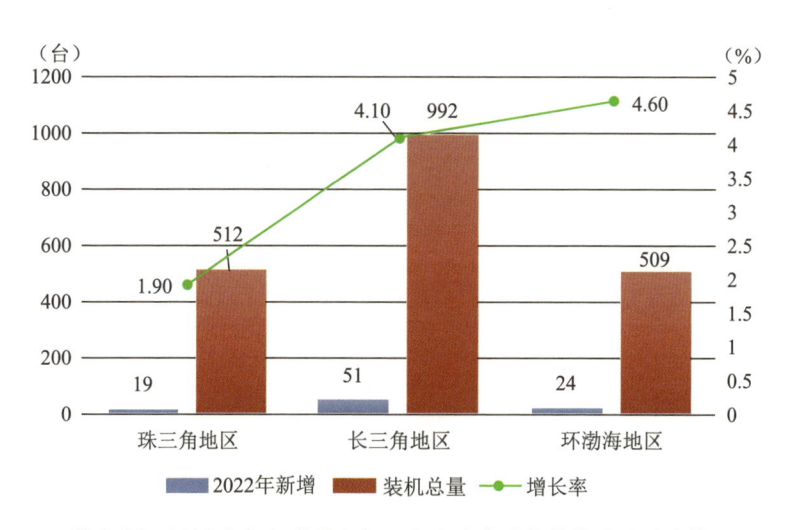

图 2-35　2022 年机组式柔印机三大产业带累计销售量及增量情况

从以上数据可以看出，三大印刷产业带仍以绝对优势继续引领中国内地机组式柔印机市场的发展，尤其是长三角地区以新增 51 台的销售量成绩第 16 次荣登三大印刷产业带销售增量之首，再次显示出了超强的发展潜力。

### (3) 机组式柔印机七大地理区域销售量情况分析

从传统地理区域划分来看，华东地区（上海、江苏、浙江、安徽、江西、山东）仍然排在首位，累计销售量为1399台（以浙江和上海为首，分别为407台和317台）占有明确地区分布的累计销售总数（2971台）的47.09%，销售增量为72台；华南地区（广东、广西、海南、福建）累计销售量为687台（以广东为首，512台），占比23.12%，销售增量为25台；华北地区（北京、天津、河北、山西、内蒙古）累计销售量为287台（以河北为首，101台），占比9.66%，销售增量为12台；华中地区（河南、湖北、湖南）累计销售量为271台（以湖北为首，126台），占比9.12%，销售增量为10台；西南地区（重庆、四川、贵州、云南、西藏）累计销售量为196台（以四川为首，107台），占比6.60%，销售增量11台；西北地区（陕西、甘肃、青海、宁夏、新疆）累计销售量为84台（以陕西为首，59台），占比2.83%，销售增量为3台；东北地区（黑龙江、吉林、辽宁）累计销售量为47台（以辽宁为首，19台），占比1.58%，销售增量为1台。2022年七大地理区域机组式柔印机销售量、增量增速及占比如图2-36和图2-37所示。

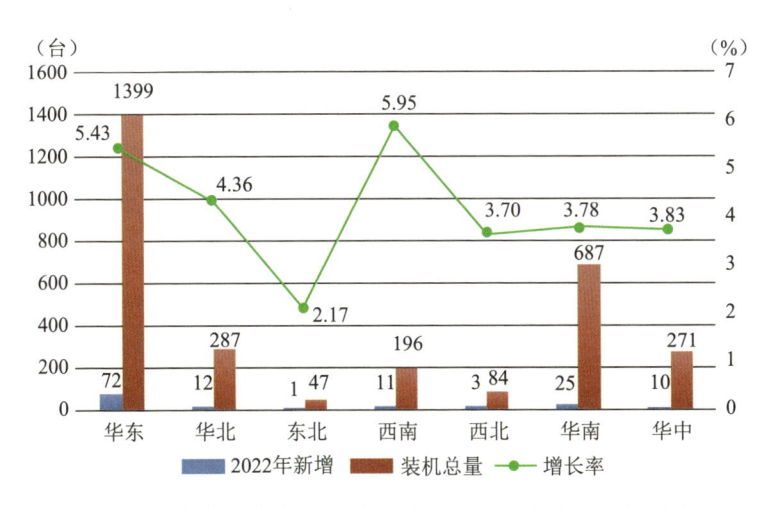

图2-36 2022年七大地理区域机组式柔印机销售量及增量增速情况

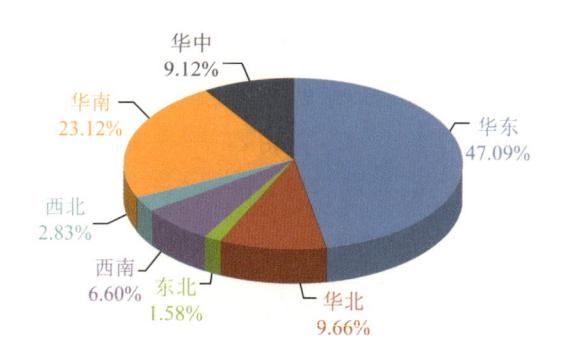

图 2-37　2022 年七大地理区域机组式柔印机销售量占比

由图 2-36 和图 2-37 可知，销售增量最多的是华东地区和华南地区，这说明柔性版印刷机装机量数据与各地区的经济、环保意识和印刷业的发展有着直接关系；此外销售增长率最高的是西南地区和华东地区，可以看出过去一年西南地区和华东地区在柔性版印刷行业表现出蓬勃的发展势头。

## 三、卫星式柔印机的销售情况

### 1. 2014—2022 年中国市场卫星式柔印机销售量总体情况

2014 年 1 月 1 日至 2022 年 12 月 31 日，据统计共有 650 台全新的卫星式柔印机在中国内地投入使用。2017 年起，中国内地卫星式柔印机连续六年实现销售超过 50 台，特别是 2021 年卫星式柔印机实现 192 台的突破性增量，2014—2022 年卫星式柔印机累计销售量和增量见图 2-38；在 650 台累计销售量中，国产机为 624 台，占比 96.00%；进口机为 26 台，占比 4.00%，2014—2022 年卫星式柔印机国产设备和进口设备历年销售量及占比分别详见图 2-39 和图 2-40；可知卫星式柔印机国产机销售占比呈现上升趋势，卫星式柔印机进口机销售占比呈下降趋势。

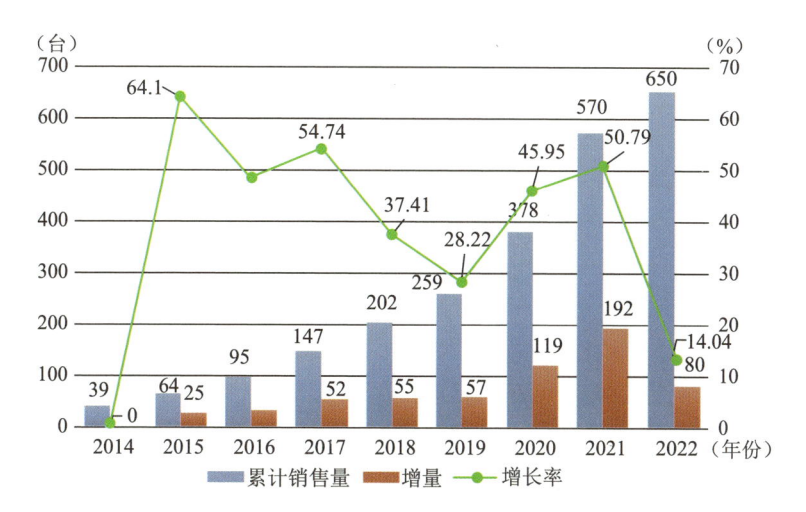

图 2-38　2014—2022 年卫星式柔印机累计销售量和增量

图 2-39　2014—2022 年卫星式柔印机国产设备历年销售量及占比

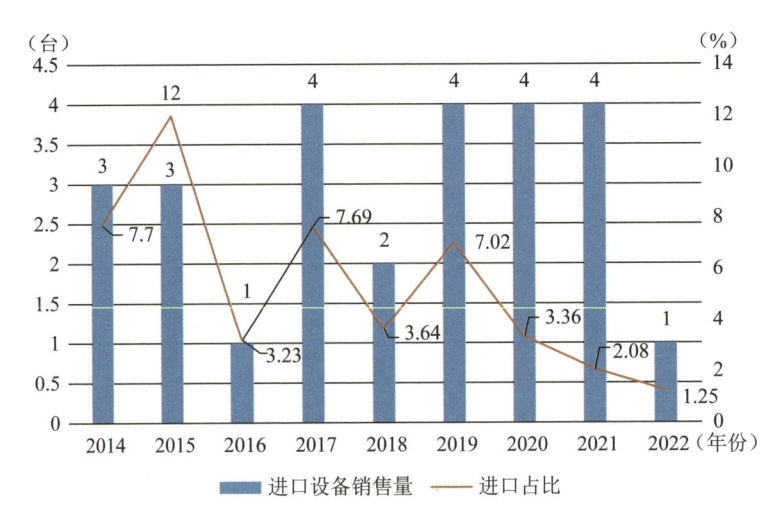

图 2-40　2014—2022 年卫星式柔印机进口设备历年销售量及占比

## 2. 2022 年中国市场卫星式柔印机销售区域分布情况

（1）卫星式柔印机全国各地区装机量情况分析

根据调研企业反馈的数据，2022 年国内销售新增的 80 台卫星式柔印机的地区分布如表 2-9 所示。

表 2-9　2022 年全国部分省（自治区、直辖市）卫星式柔印机装机量情况

| 地区 | 2022 年新增合同 / 台 | 排名 |
| --- | --- | --- |
| 广东 | 15 | 1 |
| 福建 | 13 | 2 |
| 安徽 | 10 | 3 |
| 浙江 | 9 | 4 |
| 江西 | 6 | 5 |
| 江苏 | 5 | 6 |
| 四川 | 5 | 6 |
| 云南 | 5 | 6 |
| 山东 | 3 | 9 |
| 湖北 | 3 | 9 |
| 新疆 | 2 | 11 |

续表

| 地区 | 2022年新增合同/台 | 排名 |
|---|---|---|
| 天津 | 1 | 12 |
| 湖南 | 1 | 12 |
| 内蒙古 | 1 | 12 |
| 海南 | 1 | 12 |
| 共计 | 80 | |

从 2022 年销售情况来看，广东新增 15 台，位列第一；福建新增 13 台，位列第二；安徽新增 10 台，位列第三。除广东继续保持领先地位，福建入围前三，可以推测福建省印刷企业对柔印工艺越来越重视，对设备更新换代有更多需求；结合安徽（10 台）、浙江（9 台）、江西（6 台）、江苏（5 台）的销售量可以推测，因上海受疫情影响较严重，当地的柔印业务可能被迫转移至安徽、浙江、江西、江苏等地，该地区的企业面临着设备更新换代的需求。

（2）卫星式柔印机三大印刷产业带销售量情况分析

将三大印刷产业带进行对比，2022 年珠三角地区销售量为 15 台，占 2022 年国内总销售量的 18.75%；长三角地区销售量为 26 台，占比 32.50%；环渤海地区销售量为 4 台，占比 5.00%，其他地区销售量为 35 台，占比 43.75%（见图 2-41）。从整体来看，三大印刷产业带的销售量共计 45 台，占有明确地区分布的销售量的 56.25%。从以上数据可以看出，三大印刷产业带以过半的优势继续引领中国内地卫星式柔印机市场的发展，长三角地区以 26 台销售量荣登榜首。

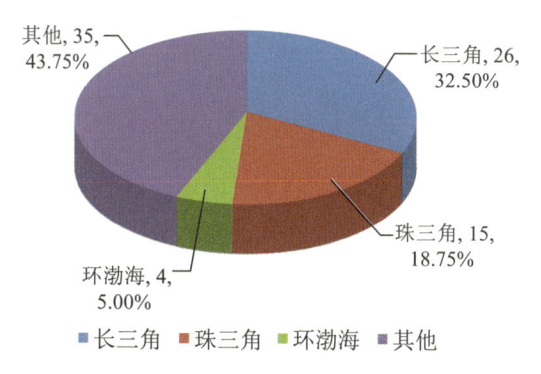

图 2-41 2022 年三大产业带卫星式柔印机销售量及占比

（3）卫星式柔印机七大地理区域销售量情况分析

从传统地理区域划分来看，华东地区（安徽、浙江、江西、江苏、山东、上海、福建）仍然排在首位，销售量为 46 台（以福建为首，13 台），占销售总量的 57.50%；华南地区（广东、海南、广西）销售量为 16 台（以广东为首，15 台），占比 20.00%；华北地区（天津、内蒙古、北京、河北、山西）销售量为 2 台（天津、内蒙古各 1 台），占比 2.50%；西南地区（四川、云南、重庆、贵州、西藏）销售量为 10 台（四川、云南各 5 台），占比 12.50%；华中地区（湖北、湖南、河南）销售量为 4 台（以湖北为首，3 台），占比 5.00%；西北地区（新疆、陕西、甘肃、青海、宁夏）销售量为 2 台（以新疆为首，2 台），占比 2.50%；东北地区（黑龙江、吉林、辽宁）销售量为 0，如图 2-42 所示。

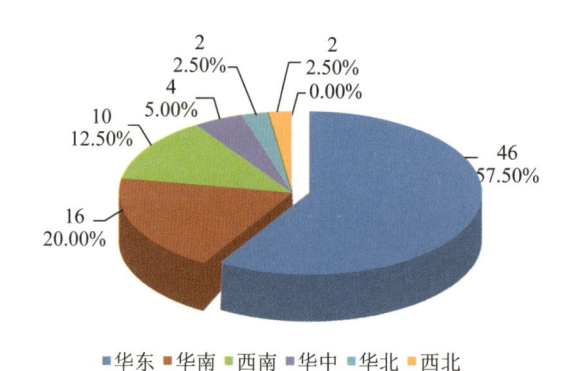

图 2-42　2022 年七大地理区域卫星式柔印机销售量及占比

## 四、结语

《印刷工业大气污染物排放标准》（GB 41616—2022）是 2022 年 10 月 22 日发布，2023 年 1 月 1 日实施的国家强制性标准，归口于生态环境部。该标准规定了印刷工业大气污染物排放控制要求、监测和监督管理要求，适用于现有印刷工业企业或生产设施的大气污染物排放管理，以及印刷工业建设项目的环境影响评价、环境保护设施设计、竣工环境保护验收、排污许可证核发及其投产后的大气污染物排放管理。

2023年2月7日，山东省政府新闻办举行新闻发布会，介绍山东生态环境保护高质量发展等有关情况。为助力企业纾难解困，加快推进山东省在涂装行业和印刷业的原辅材料替代工作，山东省生态环境厅印发了《低挥发性原辅材料替代企业豁免挥发性有机物末端治理实施细则（试行）》。为落实生态环境部《重点行业挥发性有机物综合治理方案》（环大气〔2019〕53号）和《2020年挥发性有机物治理攻坚方案》（环大气〔2020〕33号）关于低挥发性原辅材料替代的鼓励政策，加快推进山东省原辅材料替代工作，规范了企业申请豁免政策的具体条件，明确了企业申请豁免政策的途径，助力了企业纾难解困，减少了污染物排放。这是全国首个率先在省级层面细化豁免挥发性有机物末端治理的具体办法，更有利于国家环保政策和标准的执行。

进入2023年，中共中央、国务院印发了《质量强国建设纲要》，要求各地区各部门结合实际认真贯彻落实。为深入推进质量强国建设，加强对质量工作的组织领导和统筹协调，凝聚工作合力，国务院决定成立国家质量强国建设协调推进领导小组，国务院办公厅还发布《关于成立国家质量强国建设协调推进领导小组的通知》（国办函〔2022〕88号）。为推动经济质量效益型发展、增强产业质量竞争力、加快产品质量提档升级、增加优质服务供给、增强企业质量和品牌发展能力、构建高水平质量基础设施、推进质量治理现代化等指明了方向。

2023年是全面贯彻落实党的二十大精神开局之年，是实施"十四五"规划承上启下的关键一年。党的二十大的胜利召开给国内经济环境注入了"强心剂"，虽然国际环境依然不确定，也不乐观，我们需要更好地统筹发展，全面深化改革开放，大力提振市场信心，把实施扩大内需战略同深化供给侧结构性改革有机结合起来，突出做好稳增长、稳就业、稳物价工作，有效防范化解重大风险，努力实现经济运行整体好转和社会大局稳定。中国印刷业将更加聚焦科技创新推动行业进步，奋力开创绿色化、数字化、智能化、融合化和高质量发展的新格局。只要我们坚持稳字当头、稳中求进、创新发展，充满韧性的柔性版印刷行业必将披荆斩棘，在不确定中继续坚持科技创新与绿色发展，迎来更为广阔的发展前景，卫星式柔性版印刷机制造业要抓住机遇，不断开拓和适应市场的需求，寻找新的战略维度和方向，推动产业发展再上一个新的台阶。

# 中国柔版印刷设备及版材进出口数据分析报告

张建民

根据国家海关总署发布的统计数据，2022年国内柔印设备及柔印版材进出口总值为1.89亿美元。其中，进口6381.88万美元、出口1.25亿美元。国内柔印设备和柔印版材进出口贸易顺差为6086.27万美元。

同期，国内印刷装备和印刷器材进出口66.54亿美元。其中，印刷装备进出口50.02亿美元、印刷器材进出口16.52亿美元。柔印设备及柔印版材进出口占国内印刷装备和印刷器材进出口总值的比重、柔印设备进出口占国内印刷装备进出口的比重以及柔印版材进出口占国内印刷器材进出口的比重均为3%。

## 一、2022年国内柔印设备进出口基本情况

2022年国内柔印装备进出口1.31亿美元，与去年同期相比增长37%。其中，柔印设备进口3052.31万美元、同比增长38%，柔印设备出口1.00亿美元、同比增长37%。

### 1. 柔印设备进口

2022年国内柔印设备进口金额3052.31万美元、进口数量42台。按照设备进口金额排序，2022年国内柔印设备进口额超过100万美元的来源国家/地区有5个（如表2-10所示）。

表 2-10  2022 年国内柔印设备进口额超过 100 万美元的来源国家/地区

| 序号 | 国家/地区 | 进口金额/万美元 | 进口数量/台 |
| --- | --- | --- | --- |
| 1 | 意大利 | 1242.44 | 11 |
| 2 | 德国 | 720.57 | 5 |
| 3 | 丹麦 | 673.17 | 1 |
| 4 | 西班牙 | 178.11 | 1 |
| 5 | 中国台湾 | 108.12 | 14 |

2022 年进口柔印设备在国内的安装分布为，江苏（14 台）、湖北（9 台）、上海（6 台）、浙江（6 台）、广东（4 台）、安徽（1 台）、北京（1 台）、山东（1 台）。

2. 柔印设备出口

2022 年国内柔印设备出口金额 1.00 亿美元、出口数量 1357 台。按照设备出口金额划分，2022 年国内柔印设备出口额超过 100 万美元的目的地有 26 个，其中居前 10 位的国家如表 2-11 所示。

表 2-11  2022 年国内柔印设备出口额超过 100 万美元的目的地

| 序号 | 国家/地区 | 出口金额/万美元 | 出口数量/台 |
| --- | --- | --- | --- |
| 1 | 越南 | 1,622.74 | 127 |
| 2 | 印度 | 758.21 | 195 |
| 3 | 俄罗斯 | 743.52 | 71 |
| 4 | 土耳其 | 475.18 | 79 |
| 5 | 英国 | 453.30 | 13 |
| 6 | 马来西亚 | 362.90 | 18 |
| 7 | 阿联酋 | 307.80 | 24 |
| 8 | 美国 | 302.64 | 23 |
| 9 | 韩国 | 294.69 | 20 |
| 10 | 意大利 | 287.48 | 13 |

同期，国内柔印设备出口在全球各大区域市场的分布及同比增速为，亚洲 5791.00 万美元（同比增长 48%）、欧洲 2338.96 万美元（同比增长 65%）、南美洲 806.20 万美元（同比增长 2%）、非洲 687.08 万美元（同比下降 37%）、北美洲 407.42 万美元（同比增长 270%）、大洋洲 1.30 万美元（同比下降 27%）。

## 二、2022 年国内柔印版材进出口基本情况

2022 年国内柔印版材进出口 5765.77 万美元，与去年同期相比下降 10%。其中，柔印版材进口 3329.57 万美元，同比下降 16%；柔印版材出口 2436.19 万美元，同比下降 1%。

### 1. 柔印版材进口

2022 年国内柔印版材进口金额 3329.57 万美元、进口数量 65.83 万平方米。按照版材进口金额排序，2022 年国内柔印版材进口额超过 100 万美元的来源国 / 地区有 4 个，如表 2-12 所示。

表 2-12　2022 年国内柔印版材进口额超过 100 万美元的来源国 / 地区

| 序号 | 国家 / 地区 | 进口金额 / 万美元 | 进口数量 / 万平方米 |
| --- | --- | --- | --- |
| 1 | 德国 | 1,359.83 | 23.12 |
| 2 | 日本 | 992.88 | 20.84 |
| 3 | 美国 | 752.91 | 15.70 |
| 4 | 中国台湾 | 208.04 | 5.94 |

### 2. 柔印版材出口

2022 年国内柔印版材出口金额 2436.197 万美元、出口数量 57.40 万平方米。按照出口金额排序，2022 年国内柔印版材出口额超过 100 万美元的目的地有 8 个，如表 2-13 所示。

表 2-13  2022 年国内柔印版材出口额超过 100 万美元的目的地

| 序号 | 国家 / 地区 | 出口金额 / 万美元 | 出口数量 / 万平方米 |
| --- | --- | --- | --- |
| 1 | 俄罗斯 | 357.00 | 9.91 |
| 2 | 越南 | 262.36 | 5.46 |
| 3 | 新加坡 | 220.36 | 4.67 |
| 4 | 印度尼西亚 | 140.91 | 3.22 |
| 5 | 泰国 | 129.79 | 1.95 |
| 6 | 比利时 | 129.58 | 3.81 |
| 7 | 印度 | 128.97 | 3.84 |
| 8 | 土耳其 | 107.29 | 3.74 |

同期，国内柔印版材出口在全球各大区域市场的分布及同比增速为，亚洲 1409.58 万美元（同比增长 1%）、欧洲 644.50 万美元（同比增长 19%）、南美洲 214.08 万美元（同比下降 30%）、非洲 90.42 万美元（同比下降 16%）、大洋洲 61.61 万美元（同比下降 25%）、北美洲 16.00 万美元（同比下降 32%）。

## 三、观察与思考

### （一）柔印设备进口规模持续萎缩，其商品结构高端化显著

近年来，国内柔印设备进口呈现出波动起伏、持续下降的态势，如图 2-43 所示。2017—2022 年期间，国内柔印设备年进口总值从 4168.30 万美元下降到 3052.31 万美元、规模缩小超过四分之一，其年平均复合增长率为 -6%。受到疫情的影响，2020 年国内柔印设备进口急速增长（48%），不仅造成 2021 年进口规模的大幅萎缩，也使得 2022 年国内柔印设备进口表现出高增长（38%）。从国内柔印设备进口的变化态势看，2022 年国内柔印设备进口开始恢复常态。

图 2-43　2017—2022 年国内柔印设备进口和出口变化趋势

与此同时，国内柔印设备的进口结构则在悄然发生改变。按进口来源国设备平均进口单价划分，2017—2022 年国内进口柔印设备中，平均单价超过 100 万美元设备的进口金额占柔印设备当年进口总金额的比重由期初的 62%，提升到期末的 79%；而平均进口单价介于 50 万～100 万美元设设备的进口金额占柔印设备当年进口总金额的比重，则从 2017 年的 30% 下降到 2022 年的 8%。国内柔印进口设备高端化的趋势十分明显。

## （二）柔印设备出口规模持续扩大，商品结构不断优化

2022 年国内柔印设备出口金额与去年同比增长 37%。这是 2020 年之后连续两年的大幅增长。如果说，2021 年的增长（15%）与前一年的基数较低有关，那么 2022 年的增长则是国内柔印设备的出口规模回归常态的表现。2017—2022 年，国内柔印设备出口规模从 5568.45 万美元提升到 1.00 亿美元，其年平均复合增长率达 12%。国内柔印设备出口呈现出持续增长的态势。

按设备平均出口单价划分，2022 年国内出口柔印设备平均单价超过 100 万美元的出口额占柔印设备出口总金额的比重为 8%；平均出口单价在 50 万～100 万美元的设备出口金额占国内柔印设备出口总金额的比重为 21%；平均出口单价低于 50 万美元的设备出口金额占国内柔印设备出口总金额的比重为 71%。五年前，国内出口柔印设备的平均单价的三个区间（大于 100 万美元、50 万～100

万美元和低于 50 万美元）的出口金额占国内当年柔印设备出口总金额的比重分别为，0%、13%、87%。尽管国内柔印设备出口以中低端商品为主，但其设备结构的优化是显著的。国内柔印设备出口结构的提升任重道远。

## （三）国内柔印版材进口波动起伏、出口增长缓慢，相关市场需求增长乏力是主因

2022 年国内柔印版材进口同比下降 24%，出口同比下降 1%。柔印版材进口如此大的降幅与 2021 年国内进口的高基数有关；考虑到美元汇率的变化及出口数量的增长，2022 年国内柔印版材出口保持了与去年基本持平或略有增长的水平。

通过观察 2017—2022 年国内柔印版材的进出口数据发现，前些年国内柔印版材进口和出口呈现出的增长态势正在发生变化，如图 2-44 所示。从国内柔印版材进口的轨迹看，其版材进口的最低点在 2017 年，进口金额 29037685 美元（48.05 万平方米），进口的最高值在 2021 年，进口金额 39735332 美元（75.67 万平方米）。其余四年的进口金额在 3190 万～3330 万美元。柔印版材出口的情况则不同。除 2018 年的出口最低点，2017—2020 年国内柔印版材出口基本在 2100 万美元上下波动，最近两年才提升到 2400 万美元的水平。

图 2-44 2017—2022 年国内柔印版材进口和出口变化趋势

国内柔印版材进口起伏波动和出口增长缓慢与本土柔印版材品种提升有关，更是相关市场需求疲软的直接影响。

## （四）国内柔印设备和柔印版材最大的出口市场在亚洲，其在欧洲市场的大幅增长让业界刮目相看

2022 年国内出口到亚洲地区各国的柔印设备金额达 5791.00 万美元（同比增长 48%）、柔印版材金额 1409.58 万美元（同比增长 1%），两者占国内柔印设备出口总金额和柔印版材出口总金额的比重均为 58%。亚洲是国内柔印设备和柔印版材最大的出口市场，是支撑国内柔印设备和柔印版材出口增长的主要的贡献者。

欧洲是国内柔印设备和柔印版材出口的第二大市场。2022 年国内柔印设备出口欧洲 2338.96 万美元（同比增长 65%）、柔印版材出口欧洲 644.50 万美元（同比增长 19%），其占国内柔印设备和柔印版材出口总值的比重分别为 23% 和 26%。国内柔印设备出口欧洲的主要国家是俄罗斯、英国、意大利、希腊、捷克、德国和荷兰，而俄罗斯、比利时、西班牙、芬兰、法国、意大利和希腊是国内柔印版材出口欧洲的主要国家。国内柔印设备和柔印版材在欧洲市场的双增长表明，相关商品在欧洲市场的竞争力在不断提升。

当前，全球经济复苏总体乏力，主要市场需求不振，国内外贸下行压力不减，柔印设备和柔印版材进出口的环境仍然严峻复杂。国内柔印设备和柔印版材进出口规模代表了中国柔印相关产业链的开放程度和国际化水平，对促进其健康可持续发展至关重要。不管未来营商环境如何变化，国内柔印设备和柔印版材的进出口规模在产需匹配、技术升级的道路上仍将砥砺前行、勇创佳绩！

# 第三部分
# 行业政策与标准

本部分聚焦目前柔性版印刷行业企业所关注的环保政策、国家标准等内容。该部分主要汇编收录了2019年至2023年发布的国家政策、国家标准、行业标准和地方标准，以及行业专家的标准解读，供读者学习交流。

在国家政策方面，主要收录了与绿色低碳、快递包装绿色转型、绿色技术创新体系、环保装备、废气监测、印刷工业污染防治、印刷业绿色化发展等相关政策。自2019年至2023年发布并实施的国家标准、行业标准和地方标准主要是围绕印刷包装行业的废气、废水、固废的排放与治理，绿色印刷、印刷生产的质量控制与检测，印刷智能工厂的构建等方面引导各地企业依法依规进行实际生产，也有益于企业根据自身经营特点制定应对思路和解决方案。行业专家对行业标准CY/T 252—2022的解读能为企业在进行印刷智能化ERP系统的构建提供依据。

受限于编者水平和本书篇幅要求，本部分仅收录部分国家和地方政策，共计15条；部分国家标准，共计56项；标准解读1篇，未能将柔性版印刷行业相关的政策、标准一一涵盖，还请读者见谅。

# 2019 年至 2023 年发布的部分行业政策索引

1. 国务院《关于支持山东深化新旧动能转换推动绿色低碳高质量发展的意见》

国发〔2022〕18 号

2. 国家知识产权局办公室关于印发《绿色低碳技术专利分类体系》的通知

国知办函规字〔2022〕1044 号

3. 国家发展和改革委员会　国家能源局　《关于完善能源绿色低碳转型体制机制和政策措施的意见》

发改能源〔2022〕206 号

4. 国家发展和改革委员会　科技部印发《关于进一步完善市场导向的绿色技术创新体系实施方案（2023—2025 年）》的通知

发改环资〔2022〕1885 号

5. 国家新闻出版署《关于做好 2022 年印刷发行重点管理工作的通知》

国新出发〔2022〕3 号

6. 生态环境部　关于印发《国家重点推广的低碳技术目录（第四批）》的通知

环办气候函〔2022〕484 号

7. 国务院关于加快建立健全绿色低碳循环发展经济体系的指导意见

国发〔2021〕4 号

8. 工业和信息化部　科学技术部　生态环境部关于印发《环保装备制造业高质量发展行动计划（2022－2025 年）》的通知

工信部联节〔2021〕237 号

9. 国务院办公厅转发国家发展改革委等部门《关于加快推进快递包装绿色转型意见》的通知

国办函〔2020〕115 号

10. 生态环境部　关于发布国家环境保护标准《印刷工业污染防治可行技术指南》的公告

公告 2020 年 第 4 号

11. 生态环境部　关于印发《固定污染源废气中非甲烷总烃排放连续监测技术指南（试行）》的通知

环办监测函〔2020〕90 号

12. 生态环境部关于印发《2020 年挥发性有机物治理攻坚方案》的通知

环大气〔2020〕33 号

13. 国家新闻出版署　国家发展和改革委员会　工业和信息化部　生态环境部 市场监管总局印发《关于推进印刷业绿色化发展的意见》的通知

国新出发〔2019〕29 号

14. 生态环境部关于印发《重点行业挥发性有机物综合治理方案》的通知

环大气〔2019〕53 号

15. 山东省生态环境厅印发《低挥发性原辅材料替代企业豁免挥发性有机物末端治理实施细则（试行）》

鲁环发〔2023〕6 号

# 2019年至2023年发布的部分行业标准索引

## 一、2023年发布或实施的相关标准

1. GB/T 25679—2023《机组式柔性版印刷机》，国家市场监督管理总局、国家标准化管理委员会，2023年5月23日发布，2023年5月23日起实施。

2. DB11/1201—2023《印刷工业大气污染物排放标准》，北京市生态环境局、北京市市场监督管理局，2023年4月24日发布，2024年1月1日起实施。

3. DB32/4438—2022《印刷工业大气污染物排放标准》，江苏省生态环境厅、江苏省市场监督管理局、中国标准出版社，2022年12月18日发布，2023年3月28日起实施。

## 二、2022年发布或实施的相关标准

1. GB 41616—2022《印刷工业大气污染物排放标准》，国家市场监督管理总局、国家标准化管理委员会，2022年12月29日发布，2023年1月1日起实施。

2. GB/T 41598—2022《印刷技术 彩色打样用显示器 性能指标》，国家市场监督管理总局、国家标准化管理委员会，2022年10月12日发布，2022年10月12日起实施。

3. GB/T 41468—2022《印刷技术 印前数据交换 阶调调整曲线》，国家市场监督管理总局、国家标准化管理委员会，2022年4月15日发布，2022年11月1日起实施。

4. GB/T 41467—2022《印刷技术 专色阶调值的测量与计算》，国家市场监督

管理总局、国家标准化管理委员会，2022年4月15日发布，2022年11月1日起实施。

5. CY/T 258—2022《瓦楞纸箱印刷质量要求》，国家新闻出版署，2022年6月28日发布，2022年8月1日起实施。

6. CY/T 256—2022《绿色印刷 食品类纸包装印刷品生产过程控制要求》，国家新闻出版署，2022年6月28日发布，2022年8月1日起实施。

7. CY/T 255—2022《柔性版预印瓦楞纸箱印制过程控制要求》，国家新闻出版署，2022年6月28日发布，2022年8月1日起实施。

8. CY/T 252—2022《印刷智能工厂企业资源计划（ERP）构建指南》，国家新闻出版署，2022年6月28日发布，2022年8月1日起实施。

9. CY/T 251—2022《印刷智能仓储系统构建指南》，国家新闻出版署，2022年6月28日发布，2022年8月1日起实施。

10. HJ 1246—2022《排污单位自行监测技术指南 印刷工业》，生态环境部，2022年4月27日发布，2022年7月1日起实施。

11. DB34/T 4230.20—2022《重点行业挥发性有机物治理环境管理技术规范 第20部分：印刷和记录媒介复制业》，安徽省市场监督管理局，2022年6月29日发布，2022年7月22日起实施。

12. DB34/T 4230.19—2022《重点行业挥发性有机物治理环境管理技术规范 第19部分：塑料包装印刷业》，安徽省市场监督管理局，2022年6月29日发布，2022年7月22日起实施。

13. DB34/T 4230.18—2022《重点行业挥发性有机物治理环境管理技术规范 第18部分：纸包装印刷业》，安徽省市场监督管理局，2022年6月29日发布，2022年7月22日起实施。

## 三、2021年发布或实施的相关标准

1. GB/T 39966—2021《废弃资源综合利用业环境绩效评价导则》，国家市场

监督管理总局、国家标准化管理委员会，2021年3月9日发布，2021年10月1日起实施。

2. GB/T 17934.1—2021《印刷技术 网目调分色版、样张和生产印刷品的加工过程控制 第1部分：参数与测量方法》，全国印刷标准化技术委员会，2021年5月21日发布，2021年12月1日起实施。

3. CY/T 250—2021《绿色印刷 转移接装纸印制过程控制要求》，国家新闻出版署，2020年9月22日发布，2021年11月1日起实施。

4. CY/T 245—2021《印刷产品智能设计与仿真指南》，国家新闻出版署，2021年9月22日发布，2021年11月1日起实施。

5. CY/T 244—2021《印刷智能工厂 制造执行系统（MES）功能体系结构》，国家新闻出版署，2021年9月22日发布，2021年11月1日起实施。

6. CY/T 243—2021《印刷智能工厂构建规范》，国家新闻出版署，2021年9月22日发布，2021年11月1日起实施。

7. CY/T 242—2021《印刷智能工厂参考模型》，国家新闻出版署，2021年9月22日发布，2021年11月1日起实施。

8. CY/T 241—2021《印刷智能制造术语》，国家新闻出版署，2021年9月22日发布，2021年11月1日起实施。

9. HJ 1240—2021《固定污染源废气 气态污染物（$SO_2$、NO、$NO_2$、CO、$CO_2$）的测定 便携式傅立叶变换红外光谱法》，生态环境部，2021年12月30日发布，2022年6月1日起实施。

10. HJ653—2021《环境空气颗粒物（PM10和PM2.5）连续自动监测系统技术要求及检测方法》，生态环境部，2021年12月30日发布，2022年6月1日起实施。

11. HJ 1179—2021《涂料油墨工业污染防治可行技术指南》，生态环境部，2021年5月21日发布，2021年5月21日起实施。

12. HJ 1163—2021《包装印刷业有机废气治理工程技术规范》，生态环境部，2021年4月30日发布，2021年4月30日起实施。

13. HG/T 5969—2021《水性油墨废水的处理处置方法》，全国废弃化学品处置标准化技术委员会，工业和信息化部，2021年8月21日发布，2022年2月1日起实施。

14. DB61/T 1456—2021《卷筒料机组式柔版印刷机维护保养技术规程》，陕西省印刷机械标准化技术委员，陕西省市场监督管理局，2021年4月30日发布，2021年5月30日起实施。

## 四、2020年发布或实施的相关标准

1. GB/T 38925—2020《废复合包装分选质量要求》，国家市场监督管理总局、国家标准化管理委员会，2020年6月2日发布，2021年1月1日起实施。

2. GB/T 39198—2020《一般固体废物分类与代码》，国家市场监督管理总局、国家标准化管理委员会，2020年10月11日发布，2021年5月1日起实施。

3. GB/T 39197—2020《一般固体废物物质流数据采集原则和要求》，国家市场监督管理总局、国家标准化管理委员会，2020年10月11日发布，2021年5月1日起实施。

4. GB/T 27610—2020《废弃资源分类与代码》，国家市场监督管理总局、国家标准化管理委员会，2020年11月19日发布，2021年6月1日起实施；

5. GB 18599—2020《一般工业固体废物贮存和填埋污染控制标准》，生态环境部、国家市场监督管理总局，2020年11月26日发布，2021年7月1日起实施。

6. CY/T 226.1—2020《化妆品类包装印刷品质量控制要求及检验方法 第1部分：纸包装》，国家新闻出版署，2020年11月16日发布，2021年2月1日起实施。

7. CY/T 226.2—2020《化妆品类包装印刷品质量控制要求及检验方法 第2部分：软管包装》，国家新闻出版署，2020年11月16日发布，2021年2月1日起实施。

8. CY/T 130.3—2020《绿色印刷 通用技术要求与评价方法 第 3 部分：纸质柔性版印刷》，国家新闻出版署，2020 年 11 月 16 日发布，2021 年 2 月 1 日起实施。

9. CY/T 130.4—2020《绿色印刷 通用技术要求与评价方法 第 4 部分：塑料柔性版印刷》，国家新闻出版署，2020 年 11 月 16 日发布，2021 年 2 月 1 日起实施。

10. CY/T 227—2020《柔性版印刷紫外光固化油墨使用要求及检验方法》，国家新闻出版署，2020 年 11 月 16 日发布，2021 年 2 月 1 日起实施。

11. CY/T 222—2020《柔性版制版过程控制要求及检测方法》，国家新闻出版署，2020 年 11 月 16 日发布，2021 年 2 月 1 日起实施。

12. CY/T 210—2020《瓦楞纸板柔性版印刷过程控制要求》，国家新闻出版署，2020 年 11 月 16 日发布，2021 年 2 月 1 日起实施。

13. CY/Z 22—2020《印刷标准体系表》，国家新闻出版署，2020 年 11 月 16 日发布，2021 年 2 月 1 日起实施。

14. HJ1089—2020《印刷工业污染防治可行技术指南》，生态环境部，2020 年 1 月 8 日发布，2020 年 1 月 8 日起实施。

15. HJ 1087—2020《排污单位自行监测技术指南 涂料油墨制造》，生态环境部，2020 年 1 月 6 日发布，2020 年 4 月 1 日起实施。

16. DB42/ 1538—2019《印刷工业挥发性有机物排放标准》，河南省生态环境厅、河南省市场监督管理局，2020 年 5 月 13 日发布，2020 年 6 月 1 日起实施。

## 五、2019 年发布或实施的相关标准

1. GB 37822—2019《挥发性有机物无组织排放控制标准》，生态环境部、国家市场监督管理总局，2019 年 5 月 24 日发布，2019 年 7 月 1 日起实施。

2. GB 37824—2019《涂料、油墨及胶粘剂工业大气污染物排放标准》，生态

环境部、国家市场监督管理总局，2019 年 5 月 24 日发布，2019 年 7 月 1 日起实施。

3. GB/T 30329.5—2019《印刷技术 四色印刷油墨颜色和透明度 第 5 部分：柔性版印刷》，国家市场监督管理总局、国家标准化管理委员会，2019 年 12 月 31 日发布，2020 年 7 月 1 日起实施。

4. CY/Z 28—2019《包装印刷标准体系表》，国家新闻出版署，2019 年 11 月 28 日发布，2020 年 1 月 1 日起实施。

5. CY/T 199—2019《包装印刷通用设计规范》，国家新闻出版署，2019 年 11 月 28 日发布，2020 年 1 月 1 日起实施。

6. CY/T 195—2019《绿色印刷 书刊柔性版印刷过程控制要求及检验方法》，国家新闻出版署，2019 年 11 月 28 日发布，2020 年 1 月 1 日起实施。

7. HJ 1066－2019《排污许可证申请与核发技术规范 印刷工业》，生态环境部，2019 年 12 月 10 日发布，2019 年 12 月 10 日起实施。

8. DB42/ 1538—2019《湖北省印刷行业挥发性有机物排放标准》，湖北省生态环境厅、湖北省市场监督管理局，2019 年 12 月 24 日发布，2020 年 7 月 1 日起实施。

9. DB42/ 1538—2019《印刷业挥发性有机物排放标准》，辽宁省生态环境厅、辽宁省市场监督管理局，2019 年 6 月 30 日发布，2019 年 12 月 30 日起实施。

10. DB42/ 1538—2019《挥发性有机物排放标准 第 1 部分：印刷业》，江西省生态环境厅、江西省市场监督管理局，2019 年 7 月 17 日发布，2019 年 9 月 1 日起实施。

# 以 ERP 构建指南助力印刷企业智能化建设

刘琳琳　刘胜杰　王锦文

智能制造，标准先行。为了落实中央宣传部印刷发行局有关工作要求，加快印刷产业智能化发展，2019 年 12 月起，在全国印刷标准化技术委员会（SAC/TC170）指导下，深圳印智互联信息技术有限公司、西安理工大学等单位承担了面向智能工厂的 ERP 行业标准的起草工作。

历时两年的时间里，课题组就印刷智能工厂 ERP 标准的起草工作共召开了预研会议、起草会议和送审稿反馈意见修改会议达 11 次，于 2021 年 11 月顺利完成了《印刷智能工厂企业资源计划（ERP）构建指南》，（以下简称"ERP 构建指南"）顺利通过标委会审核，于 2022 年 6 月正式发布，并自 2022 年 8 月 1 日起实施。

## 一、ERP 构建指南编制原则与依据

在编制该标准时，秉持"高起点、严要求、适用性与可操作性结合"的原则。其中，"高起点"是指制定该 ERP 标准应尽量与国内或国际最新的 ERP 标准构建技术相适应；"严要求"是指在该标准的制定时，必须严格按照 GB/T1.1—2020《标准化工作导则 第 1 部分：标准化文件的结构和起草规则》和相关法律法规的要求进行编写；"适用性与可操作性"是指在该标准的制定过程中，应充分考虑国内印刷企业 ERP 系统的应用现状、特征以及实施过程中存在的难点及痛点问题进行剖析，并对该标准的适用对象、范围和行业属性进行详细描

述，以增强其指导意义和可操作性。

在该标准的编制过程中，涉及的专业术语及定义部分参考了 GB/T 25109.1—2010《企业资源计划 第 1 部分：ERP 术语》、GB/T 25109.2—2010《企业资源计划 第 2 部分：ERP 基础数据》、GB/T 25109.4—2010《企业资源计划 第 4 部分：ERP 系统体系结构》、GB/T 25485—2010《工业自动化系统与集成制造执行系统功能体系结构》等标准，依据已有的其他行业标准进行剖析，并将印刷行业属性和印刷智能工厂 ERP 系统应具备的特性进行分析与改写，使其更加符合印刷行业特点。

其中，关于印刷智能工厂企业资源计划（ERP）的构建要素及构建原则条款的描述，借鉴了《中国印刷业智能化发展报告（2018）》中关于数字化与智能化含义的解读，并结合国内印刷行业的 ERP 应用实际情况，参考了国内外部分软件供应商的智能 ERP 系统构建方案，同时，又为未来 ERP 系统关键技术的进一步发展，预留了充足的空间。

## 二、ERP 构建指南核心内容概述

根据《印刷智能工厂企业资源计划（ERP）构建指南》中涉及 ERP 构建指南可以划分为构建原则、单组织印刷企业 ERP 构建指南、多组织印刷企业 ERP 构建指南三个核心部分。

### 1. 构建原则

ERP 系统构建原则可以细分为目标性原则、基础齐备性原则、实用性原则、统一性原则、可靠性原则、扩展性原则。其中，目标性原则可以描述为：以数字化数据库为基础，以标准化生产为主线，以一体化财务为核心，实现印刷企业经营的相关资源信息（如人力、物流、资金、时间等）的自动获取；以信息化异构系统、各子系统间的数字化信息无缝交互为基础，实现对印刷企业经营（如产品管理、业务流程、生产流程、财务管理）等相关资源信息的数字化集成管控；以标准化业务流程、数字化信息挖掘整理、自动化反馈体系为基础，自动感知数据变化，主动触发相关工作流，实现印刷企业经营相关资源信息的智能化管理。

### 2. 单组织印刷企业 ERP 构建指南

单组织印刷企业 ERP 构建指南主要针对独立生产和经营结算的印刷企业，是印刷企业 ERP 构建中最基础的类型，至少应包括以下功能模块：基础数据管理、产品工艺管理（标准）、销售管理、生产管理、版具管理、设备管理、物料需求计划、质量管理、采购管理、外协管理、仓库管理、财务管理等。

其中，版具管理、质量管理、外协管理等模块的构建原则的描述充分考虑了印刷行业属性和特点，例如：宜建立版具（如印版、模切版、烫印版等）相关数据库，支持对版具使用进行智能匹配、调度、跟踪，版具耐用率的自动统计、智能分析、预警，提前针对版具进行保养维修、报废、新制等处理；宜支持版具与工艺的唯一匹配、多产品共版，可实时追溯工单领用的版具信息、多产品的共版信息等；宜实时采集质量检验数据，基于检验标准，及时感知原辅材料、半成品、成品的质量变化，自动触发相关工作流（如异常处置、质量追溯、质量改善等），实现制造过程质量的实时调整、控制；宜支持全面完整的产品追溯功能，采集各类计划执行过程中的状态信息（如工艺信息、物料信息、人员信息、设备信息、环境信息、质量信息等），形成完整的产品追溯链，自动建立"人、机、料、法、环、测"详细的产品质量档案；宜支持与异构系统（如 PLM 系统、印刷智能 APS 系统、印刷智能 MES、SCM 系统、印刷智能 WMS、印刷智能 QMS、财务、物流等）进行信息交互联动，为外协管理提供数据支撑；宜支持质量管理系统与外协到货质检管理的信息交互联动，实现外协订单的智能管理（如外协发料、外协到货、外协返工、外协退货、外协入库、外协对账、票据处理、账款管理等）。

### 3. 多组织印刷企业 ERP 构建指南

多组织印刷企业 ERP 构建指南主要针对由多个单组织类型印刷企业构成、共同生产和经营结算的印刷企业，是印刷企业 ERP 构建中较复杂的类型，是在印刷企业 ERP 构建指南的基础上，对其印刷企业 ERP 构建的进一步指导和描述。

其中，构建要素可以描述为：宜支持对多组织印刷企业内部基础数据（如产品工艺、产品 BOM、物料、设备、版具、人员等信息）的命名规则、编码规则、数据格式、通信协议的统一，确保多组织类型印刷企业的各类数据信息的互联互通；宜支持多组织类型印刷企业与内部各组织间的数据同步更新，及时获取多组织类型印刷企业内各组织的销售、供应链、生产计划与调度、财务等信息，并对其进行集中管理；宜支持为多组织类型印刷企业内部财务、业务一体化提供统一的归集元素，实现多组织类型印刷企业的集中管控；宜支持数据安全备份机制以及安全防护体系，增强软件系统的防护能力，避免 ERP 系统数据的丢失或被盗。

## 三、ERP 构建指南关键要素分析

### 1. 标准类型

各位印刷行业专家在讨论印刷智能工厂 ERP 标准的属性类型时，即该标准是按照强制性标准类型还是建议性标准类型编写标准内容存在较大争议。有部分专家认为，虽然文件属指南性质，但是一些关键的要求原则上还是应该必须具备的条件，故应将构建原则的要求都改为"应"符合性要求，以增加文件的指导性。

经过认真的讨论，响应该标准的立项来源，引领印刷业向智能制造方向发展，ERP 行业标准的特征为："不做大而全的 ERP，不做泛泛描述性的 ERP，不对现在已有的 ERP 做总结，而是要做面向整个行业、面向未来的带有数字化、智能化和印刷特点的 ERP 标准，以智能化或数字化作为主要内容，深度挖掘印刷企业的 ERP 特点，区分企业形态，由简单到复杂逐步推进，并按照 GB/T 1.1—2020 的要求进行编制"，最终确定了该标准是以"智能化"和"印刷行业特性"为核心的构建指南类标准，确定该标准的题目为《印刷智能工厂企业资源计划（ERP）构建指南》。

该 ERP 标准按照最新的指南类标准指导文件《标准编写规则第 7 部分：指

南标准》(GB/T 20001.7—2017)的要求进行编写。指南类标准是建议性标准，规范类标准是强制性标准，所以本标准作为指南类标准，不应出现要求类条款，所有的条款均应是建议性性质的，不应该出现"应"字，应多用"宜"字表达。

## 2. 印刷企业类型划分

专家针对标准中"单组织印刷企业 ERP 构建指南"和"多组织印刷企业 ERP 构建指南"的描述存在一定的争议，原因在于，部分专家认为确实存在"单组织"类型的企业，但不确定是否存在"多组织"类型企业，现实中同一场地园区的集团化"多组织"均为独立法人的生产经营型组织，其实也是在"单组织"模式下管理运行的。

在该标准中，单组织印刷企业是指独立生产和经营结算的印刷企业；多组织印刷企业是指由多个单组织类型印刷企业构成、共同生产和经营结算的印刷企业。经过各位行业专家论证，已经有"多组织"此类型企业存在。例如，单组织是指单一法人的工厂，多组织是指多法人组成的集团化公司。集团化公司是指为实现某特定目标而共同联合运营的团体企业，以资本为主要联结纽带的母子公司为主体，以集团章程为共同行为准则的，由母公司、子公司、参股公司和其他成员公司或机构共同组成的具有一定规模的企业法人联合体。

## 3. 智能化及行业属性体现

部分专家认为该标准中某些条款的描述没有体现印刷行业特性和智能化属性，没有突出印刷智能工厂的特性，实际上该标准大部分条款密切联系了印刷行业特性和智能化属性这两个主题，是以面向未来的印刷智能工厂的 ERP 应具备的属性和特点为出发点，其主要目的是明确面向印刷智能工厂的 ERP 各部分的构建原则和指南。就该印刷行业标准应具备的基本模块、拓展模块、ERP 核心、ERP 范围及边界等多方面进行了探讨。该标准历经印刷包装行业不同领域专家的认真研讨，赋予了浓重的行业属性，能够较好地被印刷企业所理解和应用。

此外，根据我国印刷企业实际情况和实施应用对象，将智能化和印刷行业属性融入构建原则和构建要素条款的描述中，充分体现智能化属性和行业特性的要求，包括基础齐备性原则、实用性原则、统一性原则。

① 基础齐备性原则

基于印刷企业经营的规范化（如业务规则、业务流程、生产流程等），以实现印刷企业生产、运营管理的标准化、数据化；具备高速通畅的网络通信环境，具有能够满足高速稳定、大容量的存储、运算的硬件设备；基于信息终端连接与集成，以实现内外各个信息管理系统间的互联互通。

② 实用性原则

支持各子系统之间以及各异构系统（如印刷智能 MES、印刷智能 APS 系统、印刷智能 WMS、SCM 系统、CRM 系统、PLM 系统等）之间的信息智能交互联动；支持对各类信息（如物料、版具、设备、人员、能耗等）进行智能管理和跟踪。

③ 统一性原则

印刷智能工厂企业资源计划（ERP）与各异构系统（如印刷智能 MES、印刷智能 APS 系统、印刷智能 WMS、SCM 系统、CRM 系统、PLM 系统等）间的数据格式和通信协议应统一，便于实现系统间的信息交互共享；各类基础信息（如工艺路线、工序、物料、设备、版具、人员等）的命名规则宜统一，编码应唯一。

ERP 功能模块如图 3-1 所示。

## 四、结语

该标准作为面向印刷智能工厂 ERP 的构建指南类标准，规范了印刷智能工厂 ERP 系统的构建原则和构建指南，适用于指导印刷企业和软件供应商构建面向印刷智能工厂的企业资源计划（ERP），其目的在于聚焦智能印刷企业的 ERP 标准，促进 ERP 管理系统的标准化、模块化，从简单到复杂化，引领企业实现 ERP 的智能跃升，引领行业发展，具有实际应用价值。

此外，该标准的公布将对我国印刷智能制造相关标准的制定起到一定的支持作用，对规范和推动我国印刷行业的智能化建设工作有序、高效、快速、健康地发展具有重要意义。

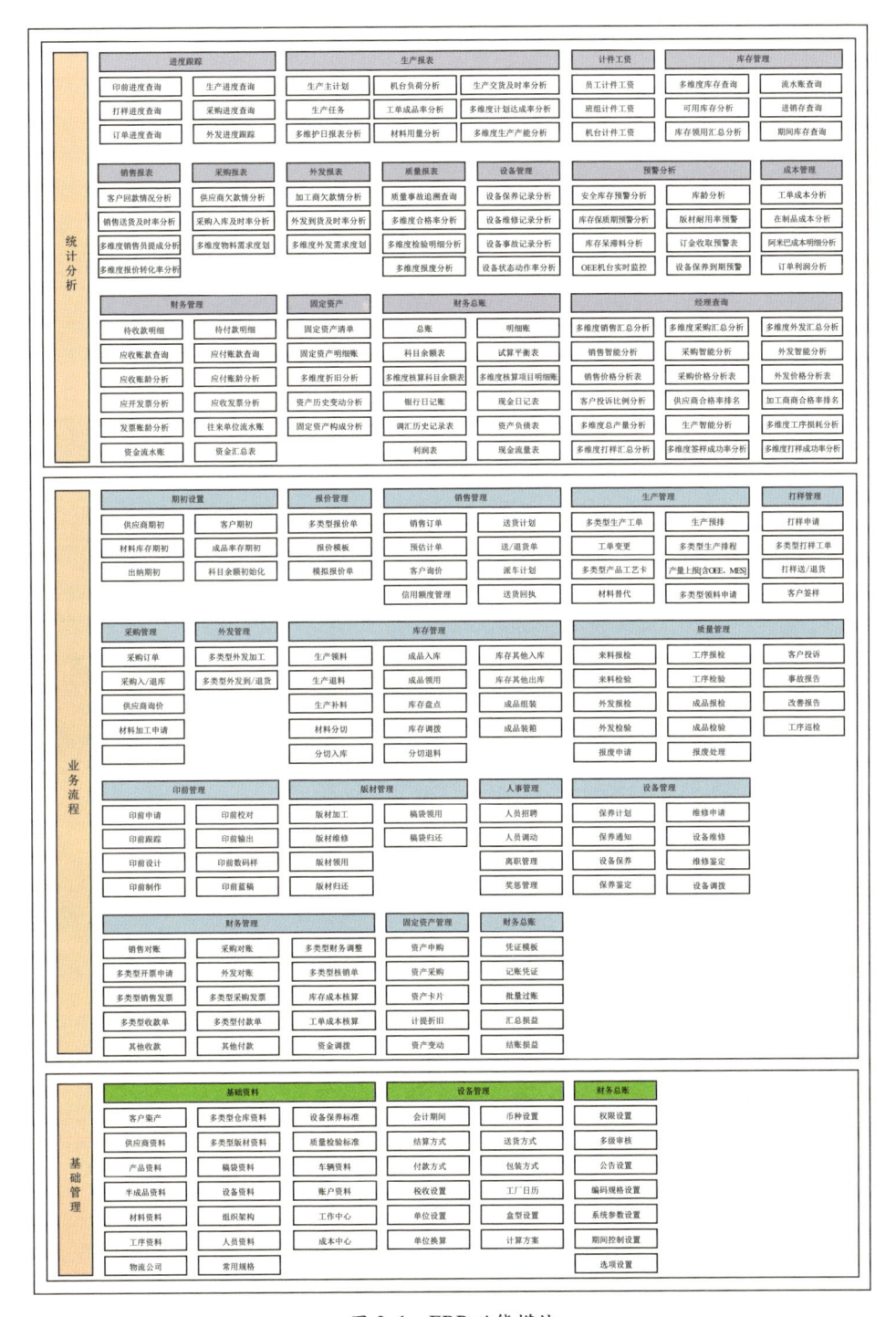

图 3-1 ERP 功能模块

# 第四部分
# 行业技术探述

本部分聚焦目前柔性版印刷企业所关注的行业技术发展等内容，主要汇编收录了近一年多来各领域专家对国内外柔性版印刷产业发展、网纹辊技术、主曝光与版材高光网点再现、水性油墨在卫生材料上应用、方形光斑与圆形光斑技术差异等方面进行研究的技术文章，供读者学习交流。

　　柔性版印刷产业链的做大做强，仅靠资本简单扩张是不够的，需要整个产业链上各环节共同发力，一起来解决工艺技术方面的一些关键难点。发展软包装柔印，应该且必须成为柔印界的共识，是中国柔性版印刷的发展之重。而在卫星式柔性版印刷机结构的改进、水性油墨适性的优化、制版质量的提高、网纹辊制辊技术的提高、生产线的自动化升级都为企业在设备改造、制版与印刷质量控制、工艺优化提供了新思路。

　　受限于编者水平和本书篇幅要求，本部分汇编收录了7篇技术文章，仅代表作者的一些观点和体会，未能将柔性版印刷行业相关技术的最新发展和关注热点一一涵盖，还请读者见谅。

# 柔性版印刷产业链做大做强的几个关键细节 ①

蔡成基

柔性版印刷（以下简称柔印）同其他传统印刷方式一样，追求的目标主要有五个方面：产能高、质量好、绿色环保与可持续发展、能吸引年轻人、扩大产品利润空间。因此，其产业链要做大做强，仅靠资本简单扩张是存在一定难度的，需要整个产业链一起来解决工艺技术方面的一些关键难点。

## 一、卫星式柔性版印刷机亟须配置滚枕机构

卫星式柔性版印刷机（以下简称柔印机）的优点是套印精准，只要油墨干燥速度足够快，印刷产能在所有印刷机型中几乎是最高的。卫星式柔印机的各色组环绕着庞大的中心压印滚筒分布，紧贴在中心压印滚筒表面的承印材料（薄膜或纸张）经过各印刷色组的相邻间隔一般只有 800～1000 mm，这在各类轮转印刷机相邻印刷单元纸路的长度中几乎是最短的。因为承印材料与中心压印滚筒的机械运转速度基本同步，并且有中心压印滚筒做支撑，所以承印材料在各印刷单元之间几乎没有变形。即使是极易受热拉伸变形的薄膜，在卫星式机型上也不会因变形而影响套准。

根据轮转印刷机上承印材料所受张力的计算公式（张力 $T = V_2 - V_1$），张力即后一色组与前一色组的线速度之差。因为卫星式柔印机上相邻色组的材料线速度 $V_2 = V_1$，所以 $T = 0$，即套印是在零张力的条件下获得的。这与机组式轮

---
① 原载于 2023 年 2 月《印刷杂志》，有改动。

转机型的套准需要恒定的材料张力和精确的光电跟踪系统相比优势极大，因此其质量高、成本低，在业界普遍受到青睐。

卫星式柔印机的精确套准是有条件的。将承印材料紧贴在中心压印滚筒表面的橡胶压辊上，材料的形状与花纹，调节压力的气缸以及材料在中心压印滚筒上的包角等技术细节，为材料传输速度与机械运转速度的基本同步提供了保证。现在的卫星式柔印机基本采用伺服电机直接驱动，传动的稳定性与响应速度有了明显提高，各色的套印精度也有了明显提高。

套印准确为提高产能奠定了基础。尤其是采用全伺服电子轴传动以后，600 m/min 的印刷速度已不是难事，如果油墨干燥的技术也能够进步，800～1000 m/min 也不再是梦想。高产能成为卫星式柔印的基本特征。

然而，当机组式柔印机配置了滚枕机构以后，衡量产能与质量时，天平显然向产能虽低一些但印刷质量明显有优势的机组式机型倾斜。所谓滚枕，其实就是在版滚筒轴的两端各装一个铁盘，铁盘直径约等于版滚筒直径＋2层双面胶厚度＋2层印版厚度。这个尺寸其实就是版滚筒的齿轮节圆，一个传动系统虚拟圆的基本数值。铁盘必须是耐磨的硬质合金材质，误差必须是负公差。

柔印机配置了滚枕以后，操作人员对上墨压力与印刷压力的调节就有了某种意义上的机械限位，即压力调节必须在滚枕限定的范围内进行，这样就类似于胶印机上印版滚筒与橡皮布滚筒的走肩铁。

柔印机滚枕机构是否合理可以通过实验方法来检验。根据齿轮节圆的控制理论，做一块印版长度为三分之一版滚筒周长的测试版，宽度不限。测试印版上30% 的传统圆网，对线数无特殊要求。在额定速度下印刷，得到一段印有三分之一平网与三分之二空白的印张。由于30% 圆网的相邻网点间距离约等于网点直径，肉眼就容易观察到网点扩张的变化。将样张先受压部分与后离压部分的网点裁下做目视比较，若首尾相叠处没有网点扩张的突变，则说明滚枕有效；若受压处与离压处的网点发生明显变异，则说明滚枕尺寸有误差，没有起到对齿轮节圆的有效控制。精确的测试可以使用分光密度仪测量网点数值，正确的滚枕结构可以使网点大小误差只有1%～2%，若误差接近5%或更大，则表明滚枕作用没有显现。

这个测试方法利用了齿轮节圆这类虚拟圆的相切与实际柔印三个滚筒表面相切的差别必然会造成的印刷故障这一情况。网纹辊与压印滚筒的端面分别是完整的圆，而版滚筒由于印刷版面的三分之一凸起与三分之二凹陷，版滚筒端面并不是完整的圆。在额定速度下三滚筒相切，版滚筒必然会跳动。宽幅柔印机对版滚筒跳动的解决方法通常是错开排版，但窄幅柔印机由于印版尺寸的限制，只能横向单排，版滚筒跳动很难避免。目前，唯一的解决办法是降低印刷速度，使冲击力小一些。但若采用滚枕结构，印版上的凹凸被版滚筒两端的铁盘搁起来了，铁盘为版滚筒提供了相切时的旁路通道，版滚筒不再因表面受压不均匀而跳动。

柔印机采用滚枕机构首先是在窄幅标签印刷机上实现的。无论三滚筒采用什么结构，版滚筒上的铁盘尚有空间安装，尤其是三滚筒的轴芯呈等腰三角形分布，在设计上很容易实现。由此，机组式柔印机虽然在产能上不及卫星式机型，但在印刷质量上的提升非常明显。机组式柔印机采用滚枕机构以后，三大效果逐步显现：一是因人员操作水平的差异所造成的网点扩大不一致，同一机台的不同班次所得到的产品质量不一致，都得到了有效控制；二是因排版因素造成版滚筒跳动而引起的网点异常扩张被解决了；三是柔印工艺标准化具备了坚实基础，可以像胶印一样控制灰平衡了。一个良好的局面从具有滚枕机构的机组式柔印机开始逐步打开了。

然而，卫星式柔印机很难在版滚筒两端安装滚枕，因为与版滚筒齿轮节圆相同尺寸的铁盘没有办法在原本就非常紧凑的印刷单元上找到安装位置，所以目前尚未见到具有滚枕结构的卫星式柔印机。其实办法还是有的，有些机组式柔印机在版滚筒支承座上设置了上下左右四片弧形金属板，在版滚筒两侧分别构成了限定版滚筒与网纹辊、版滚筒与压印滚筒间隙的限位。两片弧形板在同一平面构成一道外向的有间断的弧，在版滚筒两侧分别按弧形曲线架住了网纹辊与压印滚筒。这种也被称为"耳朵片"的限位机构，从版滚筒支承座上向外延伸出的数值，正是按齿轮节圆设定的版滚筒直径与双面胶厚度以及印版厚度的相加值。这种从外形上看不到两个大铁盘但能控制齿轮节圆的机构，本质上也是一种滚枕结构，在卫星式机型上完全可以找到安装位置。

对于目前还没有安装滚枕的卫星式柔印机来说，对上墨压力和印刷压力的调节一般分为三步：一是调节网纹辊与印版滚筒的间隙，使印版着墨，整块印版各处都均匀上墨方才完成；二是调节印版滚筒与压印滚筒的间隙，在承印材料上获得完整的印版图文，转印图文无缺漏、无变形；三是将原先已调整好的上墨压力逐步减小，找到图文因上墨压力过小而造成缺省的临界点，此时再略微加压，完成一个色组的调节。

仔细分析这三个步骤，第一个步骤是定性的，观察印版上有没有油墨，至于油墨多少暂时不考虑；第二个步骤是定量的，需要从已经转移到承印材料上的图像（尤其是网点与线条）来判断印刷压力的大小；第三个步骤是对第一个步骤的修正，寻找最小上墨压力的合适位置，此时需要根据经验做出快速判断。因为没有滚枕机构，没有对齿轮节圆提供限位，卫星式柔印机上的压力调节是缓慢的，全凭机长经验完成。即使同一位机长，每一次调节也会有误差；即使存有以前同一份印样的调节参数，再次上机仍然需要微调。印刷质量不稳定的风险依然存在。

对于因排版因素造成的印版滚筒跳动，一线操作人员常常通过制版时在印版两侧留下的 3 mm 压条为印版版面的凹凸提供旁路通道，使之从端面看能保持一个完整的圆。但 3 mm 压条的实践效果并不好，放宽到 5～10 mm 会有所改善，但如此一来承印材料损耗惊人，生产成本不允许。标签柔印曾将两侧压条加宽到 15mm，将压条上的 UV 油墨转移到压印滚筒上，效果很明显，旁路通道确实形成了，承印材料也没有浪费。转移到压印滚筒上的 UV 油墨虽未经干燥仍保持湿润，但是如果油墨累积过多，墨滴会掉落造成污染，必须降低印刷速度。

标签柔印机最终采用滚枕机构来解决这个问题，由版滚筒两端的机械滚枕代替原先用双面胶贴上去的加宽压条。这种思路对卫星式柔印机的改善也有帮助，用在版滚筒上加贴压条的土办法来作为暂时的滚枕值得一试。

有三个细节需要注意：一是在印版两端贴上的压条必须有足够的宽度，否则无法支撑整根版滚筒，尤其是宽幅卫星式柔印机上；二是印刷过程中压条不能着墨，承印材料不能增加损耗；三是贴上压条后，版滚筒的实际直径必须等于其齿轮节圆。注意：构成版滚筒外径的实际数据包括印版厚度和双面胶厚度，双面胶厚度须是实际受压后泡棉结构变形后的真实厚度，须实际测量得到确切可验证的数值，才能真正发挥滚枕的作用。

根据上述要求，压条宽度可以放大到接近 25 mm。网纹辊可选用两端留有 25 mm 未雕刻空白区的型号，使该处不着墨，版滚筒上的压条与此处相切也不会沾上油墨。压条的贴版需要专门的贴版机（国内已有供应）。

贴版机应该有两个附加功能：一是在贴版滚筒外侧有一根能对贴版滚筒加压的橡胶压辊，由气缸驱动，压力大小可按需调节；二是有测量版滚筒外圆直径的测量装置，用数显方式直接显示版滚筒外径。在贴压条时，可按计算的齿轮节圆值调节橡胶压辊所需要的压力，模拟双面胶在印刷时的受压状态，然后决定压条的实际厚度，模拟滚枕机构。机组式标签柔印机几年前就有过类似尝试，卫星式机型也可以尝试。

本文提出的卫星式宽幅柔印机改善方案，其原理在标签柔印领域都取得过经验。版滚筒两端的压条，贴版机外侧的气动加压辊乃至版滚筒两端的滚枕，只要在理论上站得住脚，机组式柔印的优势基本都能嫁接到卫星式柔印上来。但这种嫁接需要有理论支撑，并非"依葫芦画瓢"的简单模仿。从外观的花瓣式结构到走肩铁，直至控制齿轮节圆，理论总结十分重要。多年来，我国一直瞄准国外的先进技术追赶，现在若能率先在卫星式柔印机上配置可有效控制齿轮节圆的滚枕类机构，将在该技术的研究与发展上增添中国智慧。

## 二、水墨应用的两个共性问题

柔印产业链的发展与环保密不可分。柔印因能在纸张印刷时大量应用水墨，而水墨的环境友好性令大家对柔印的环保禀赋逐步接受。柔印产业链从柔性版的制造、应用、回收再利用以及水墨的应用、污水处理、废渣处理等整个生命周期，绿色环保贯串其中。

但是塑料薄膜印刷目前还是使用溶剂型油墨为主，对环境的污染一直遭到诟病。近几年来，国家从源头上控制油墨的环保特性，制定了油墨的环境标志产品技术要求，力度很大。但由于某些技术原因，水墨在薄膜印刷领域的应用并不顺畅。

纸张水墨与薄膜水墨在应用过程中遇到的问题有共同点。虽然前两年薄膜印刷时水墨的附着特性还遭到业界的质疑，但通过水性丙烯酸与水性聚氨酯树脂的不断改进，这个问题已逐渐解决。共性的问题在于水墨在实地印刷时的质量特点以及印刷高产能所需要的高干燥速度。

水墨实地印刷时，在放大镜观察下，实地不平服，表面墨层似乎有高低，墨色有深浅，相比胶印和凹印有差距。而UV油墨的实地印刷比水墨要好许多，但同胶印和凹印相比还有差距。薄膜水墨印刷实地不平服的缺陷更明显。

这个问题与水墨本身的结构有关，原因在于水墨中的水性乳液。构成水墨的主要成分有水性溶液制造的水墨色浆和水性乳液。色浆的作用是着色，干燥后再浸入水中能再次溶解。水性乳液则用于形成墨膜，提供墨膜的物理耐抗性。乳液树脂的分子量比较大，一般在20万以上，内聚力大，分散后黏度也高，不利于油墨向承印材料上的转移。因此用乳化剂对树脂进行乳化，使高分子量的树脂分散为极小颗粒，悬浮在水中构成水性乳液。水性乳液具有固含量高、黏度低的特点，一般占水墨质量的50%左右，干燥后不溶于水。

乳液型水墨是目前的主流水墨，树脂颗粒以悬浮态存在，同溶剂型油墨存在很大差别。溶剂型油墨呈均相状态，实地印刷很平服；乳液型水墨呈非均相状态，实地流平性较差，实地印刷时缺陷很明显。纸张水墨印刷时，承印材料的粗纤维能有效掩盖水墨的非均相特点，但在涂层较厚、本身纸纤维不明显的铜版纸等承印材料上，水墨的非均相缺陷就暴露出来了。水墨薄膜印刷的缺陷更明显，在放大镜下观察有时还惨不忍睹。

在水墨制造过程中添加少量助溶剂能够改善这一缺陷。但按照环境标志产品技术要求的限定，水墨中的溶剂添加量不能超过总质量的5%，这就需要另外从印版制作和油墨黏度调节两方面来改善。

柔性版制版工艺中的实地加网技术是解决水墨非均相态缺陷的有效措施，这其实是在为实地版面提供通沟。凹印电雕版正是有了通沟，实地平服才有了切实的保证。柔性版实地加网技术也能将原本无规则排列的水墨颗粒引导到有规则的通沟中，就像柔性版暗调网点的排列一样，水墨非均相特点造成的缺陷将很难被看出。实地加网技术中通沟的形状和宽度需要与所用水墨的颗粒大小匹配，需要选择合适的实地加网参数。

提高水墨黏度的作用也很明显。单位面积上水墨的黏度越高，乳液颗粒间的间隔就越小，相邻颗粒间水分间隔所呈现的浅色面积也越小，从视觉上看颜色就更平服。在实地加网的基础上提高水墨黏度，作用很明显。

前文说到UV墨的实地质量比胶印和凹印的实地略差，是由印刷工艺的特点决定的。胶印版面的实地均匀，墨辊上的油墨经多次匀墨后也是均匀的。胶印上墨辊也称"揩胶"，因为墨辊往印版上转移是揩上去的，所以实地很平服。凹印电雕版因为有通沟，所以油墨在通沟中迅速流平，实地也很均匀。但UV柔印因为在印版上没有通沟，而且贴版双面胶受压变形、离压反弹，所以实地不够平服。由于印版着墨区的表面能与UV墨表面张力的匹配关系，在使用UV墨时，版面实地加网技术的优势不明显。好在用户对UV实地印刷并没有提出过于苛刻的要求，UV印刷薄膜收缩套标市场的快速增长，说明这一质量水平是被市场所接受的。

从水墨制造方面彻底解决乳液型水墨非均相状态的缺陷，目前在技术上是有保证的。利用中等分子量的水溶胶树脂改善乳液型水墨暂时的不足，采用国内材料与国内技术在成本上也是可接受的。

干燥问题一直是困扰业界使用水墨的主要障碍。纸张柔印使用水墨已有几十年历史，其干燥原理一般理解是水墨在纸张中挥发干燥、渗透吸收。吸水性好的纸张干得快些，吸水性差的纸张则干得慢些，应对方法是加大烘干能力、升温或加大风量。

水墨用于薄膜印刷领域则不然。薄膜没有渗透吸收功能，只能挥发干燥，但因为薄膜受热后会拉伸变形，所以不可能无限制地升温。水墨中约一半是水，而水的蒸发潜热大，这意味着如果按挥发干燥的原理来理解水墨干燥将走入误区。

在水墨干燥时添加溶剂，尤其是价格较低的乙醇，表面上看乙醇与水组成共沸溶剂，共沸点会降低，干燥会快些，或者说水分会随着溶剂的挥发而挥发，可以加快干燥。但其沸点的变化需要参与的质量比作为支撑，没有大量溶剂的加入，干燥速度不可能有明显提升，而添加溶剂如果超过规定的红线，就违背了使用柔印水墨的初衷。

问题出在对水墨干燥原理的理解。目前使用的水墨绝大多数属于乳液型。水性乳液的干燥原理与水性溶液完全不同，而水性溶液的干燥原理同溶剂型油墨倒是极为相似。溶剂型油墨的干燥是通过烘干溶剂加速挥发，并使浸透在树脂中的溶剂脱出，树脂堆积并交联成膜。

乳液干燥则完全不同。乳液属非均相状态，树脂被乳化后呈悬浮态。干燥过程的第一步是通过烘干挥发掉树脂颗粒间的水或乳化剂，第二步是颗粒排布的靠拢集中并堆积，第三步是树脂交联，第四步才是成膜。因此烘干在整个干燥过程中仅仅在第一阶段起作用（减小了树脂颗粒间的间隙），而颗粒集中与树脂交联才是乳液型水墨干燥的关键。

因此水墨干燥必须关注两个关键参数，即成膜温度与成膜时间。在烘干的基础上要加快干燥，可以添加交联剂。在乳液型水墨中添加溶剂助干，说明对其干燥原理没有理解，在错误理论的指导下实施了错误的实践。

将水墨的烘干温度设定在高于供应商提供的成膜温度，在干燥上就没有大问题。印刷企业在选购水墨时只要把成膜温度作为评估标准之一，干燥过程中就没必要增加更多的能耗。成膜时间目前还没有直接的计算公式，可以在实验室测定，或在印前模拟，抑或通过印后的数据测定来倒推。针对已经在使用的水墨，通过相关数据测定，就可以估算出该水墨的成膜时间。

乳液型水墨在纸张上柔印，因为纸张有渗透吸收功能，所以印后烘干只要墨膜不黏手或卷料产品没背黏，就说明干燥过关。至于不同纸张的渗透吸收功能在乳液型水墨干燥的第四步发挥了多大作用，很少有人会关注。但薄膜水墨则不同，因为没有渗透吸收功能，干燥就会慢很多。可以用一款薄膜水墨先印在纸张上，使之烘干成膜，然后用同一印版印在薄膜上，样品下机后用 3M 测试胶带来测墨膜对薄膜的附着力,或测墨膜的其他耐抗力,各项指标达标则表示水墨成膜。比较两者的成膜时间,就能看到渗透吸收在乳液型水墨成膜过程中的贡献。

因此,根据水墨的成膜温度与成膜时间来制定印刷工艺十分重要。如果供应商暂时无法告知成膜时间,就需要印刷企业通过实验来测定。测定参数有水墨对薄膜的附着力、墨膜的硬度与耐磨擦性,以及水墨产品的水分残留量等。

承印材料从纸张换成了薄膜,使我们对使用了几十年的水墨做正本清源的重新理解。用水墨印刷的复合软包装在剥离强度方面一直不稳定,很大程度上就是由于水分残留过高、墨膜太嫩导致机械强度不够。

乳液型水墨在应用过程中的问题很多,但究其根本都与油墨的乳液型结构有关。据此来做好每一步分析,对策并不难。当然若水墨设计走入中等分子量的水溶胶体系,出现的问题就会不一样。

## 三、柔性版非着墨区表面性能的改善

这原本是印刷过程的界面分析与界面匹配的小众理论问题,但这个问题与柔印的特征性缺陷(堵版)密切相关。

堵版又称糊版、脏点、堵版、塞网、堵墨等,是油墨黏结在印版上不应该着墨的区域(相邻网点间的凹陷区)。因为柔性版是凸版,黏结在凹陷区的油墨初始时并未出现印刷故障,但随着积墨越来越多,转移到承印材料上就形成了质量故障。

称堵版为柔印的特征性缺陷,同柔印的基本原理有关。第一,柔印采用可压缩的弹性印版,版面上的凹凸面决定了上墨与否的分界,但版面若受压过大,网点坍塌,油墨会掉落到原本不该着墨的凹陷区;第二,柔印转印单元的压力控制基本依赖人工调节,容易压力过大;第三,柔印使用低黏度的油墨,特点是自流平,油墨从应该着墨的高处自动流向不该着墨的低处是大概率事件;第四,柔印采用网纹辊传墨,当印版上的网点直径小于网纹辊上网穴的开口时,网点会误塞进网穴，拔出时网点的四周会沾染油墨，这些油墨无法转移出去，只能在印版凹陷区堆积，直至形成质量故障。

在一线生产中，柔印堵版后必须停机擦版，用压缩空气吹干擦洗过的印版，延缓再次出现故障的时间。在清洗后的印版上喷涂低表面张力的硅类脱模剂，相当于在印版凹陷区填充低表面张力的有机硅，能降低凹陷区的表面能。随着脱模剂中溶剂的挥发，印版相邻网点间的凹陷区会恢复原有的表面能，仍然有可能堆积油墨。采用定时停机续喷脱模剂的措施来弥补，比发现故障再停机擦版要好得多。

这就把柔性版在着墨区与非着墨区应该具有不同表面能的需求提上了议事日程。但这事关柔性版产业链的最前端，国内过去还没有具备掌握并改善该技术的条件。好在目前国内薄膜与片材制造企业的多层共挤技术逐步成熟，在薄膜与片材的厚度截面上获得不同的物理特性已经成功，将该技术理念应用到柔性版制造工序具有可行性。

目标很简单，让不同厚度的柔性版具有不同的表面能。高处的版面需要的表面能略高，与在此处着墨的油墨表面张力适配；中间高度的版材需要较低的表面能，能喷涂脱模剂而不沾染油墨；底部的表面能不能太低，因为此处还须黏附底基涤纶片。

如果用固体表面张力测试仪测一下现在使用的单层柔性版上不同位置的表面能，也能获得不同的表面张力数据。以一款水洗柔性版为例，着墨区域表面张力 30～31 达因，非着墨区域表面张力 32～33 达因，即印版不着墨的凹陷区比着墨区要高出 2 达因。这从版面光洁度的观察上也能得到验证，在 200 倍放大镜观察下，非着墨区表面比着墨区要粗糙得多。用该方法对其他柔性版进行验证，热敏柔性版或激光直雕柔性版也是这样，有一款竟然达到了 6 达因。油墨若不慎滴落到该区域，一定会牢牢黏附于其上，还可能迅速流平。

因此减小该区域的表面能，使着墨面与非着墨面的表面能数值接近，非着墨面可以略大些，但决不能过大。放大镜下看到的版面粗糙度与表面张力数据的相关性是解决问题的第一步，而造成版面粗糙的原因在于洗版溶剂的溶解性与洗版毛刷。

对洗版溶剂溶解性的关注很早。在洗版工序要将细小网点洗出，溶剂的溶解性越好，洗得越干净，网点四周无黏连，印版的质量就越好。溶解性波动涉及两个因素，溶解在洗版液中的未固化树脂越多，溶解性就越差；洗版液往往是混合溶剂，不同溶剂的沸点不同其蒸发速度不同，溶解度参数也不同。洗版过程中因溶剂的挥发会使原本设计合理的混合溶解性发生变动，若溶解性强的真溶剂挥发过多，溶解性就变差。即使后来加入按原先比例配制的补充混合溶剂，但由于真溶剂挥发比例过大，洗版液中的溶解性已不能达到初始水平。

早期柔性版洗版液中两种溶剂的合成配比是 3∶1。制版过程中要用比重计测量混合溶剂的密度，必要时添加溶剂以保持原有密度。后来有企业将配比调整为 4∶1，溶解性更好。

环保溶剂是多种溶剂按比例混配，安全性提高了，但测定很烦琐，补充溶剂的添加也很复杂。笔者看到过两家柔性版国际品牌的洗版溶剂测定与补充方法，可能是出于商业保密的因素，方法设计得很不直观，用户甚至很难搞清楚想保持什么。因为对调节原理的不理解，很多用户忽略了这个环节。环保溶剂的溶解性在设计上原本就略逊于传统溶剂配方，在忽略测定就添加特定补充溶剂以后，洗版溶剂的溶解性更差些。虽然小网点能洗出，但毛刷在印版非着墨区域留下的痕迹更严重。

业内目前实行的制版标准只要求洗出精细网点，忽略非着墨区域的平整度与光洁度，因此对毛刷的要求比较低，更不会关注毛刷用力轻重对痕迹的影响。洗版溶剂的溶解性波动与毛刷精度被忽略，这就是现今柔性版制版工序的现状，非着墨区的表面能大于着墨区 2 达因已经不易了。

柔印的界面匹配理论要求印版着墨区的表面能等于或略小于油墨的表面张力，印版在油墨转移过程中起到二传手的作用，要尽可能地转移走而不能滞留。版面表面能略低于油墨的表面张力不会影响印版着墨，因为固体材料的表面剪切力增加会提升该处的表面能。实践证明，版滚筒多次旋转以后，版面的表面能提升了，通过实验可以论证这一点。

印版着墨区的油墨不慎滴落到相邻网点间的凹陷区，若该处的表面能高于油墨表面张力，根据接触角理论，接触角小于90°则处于润湿状态，油墨在该处将润湿并流平，必然黏附在版面上。油墨积累多了就会转移到承印材料上形成堵版。若油墨表面张力大于版面表面能，意味着接触角大于90°，油墨处于收缩状态，就像玻璃上的水珠没有黏附于其上而处于滑动状态。这就是需要的界面匹配效果。

油墨因各种原因滴落到相邻网点间的凹陷区，即使已经沾染到印版网点的坡根，利用油墨表面张力与该区域印版表面能所形成的接触角，墨滴可以不黏附在版材上。当压印滚筒旋转到网点坡根高于坡顶的位置，墨滴就会随着坡度滑落至坡顶处，重新回到印版的着墨区。柔性版的这种自我清洁功能是柔印可以达到清洁转印的根本原因。

柔印要达到这种功能，对油墨表面张力与版材的表面能要有选择，对制版时相邻网点凹陷区的表面能提升要有所控制，要注意洗版液的溶解性与毛刷的作用。制版时一定要使印版的非着墨区域保持光滑细腻，不让表面粗糙引起该区域的表面能增加。

有一个消息很使人振奋，上一届中国印协柔印分会石梅杯质量展评活动中有一款获得技术创新奖的产品，已经采用了洗版工序不用毛刷的新工艺。印版非着墨的凹陷区表面光洁细腻，用固体表面张力测试仪测得的数据令人惊喜。

油墨的表面张力可以测定，印刷企业可以请油墨供应商提供参数。印版的表面能也可以测定，版材供应商也会提供。印版非着墨的网点相邻区域表面能需要企业自己测定。在一块实地版的非着墨区域，用固体表面张力测试仪测定，基本就能认定印版相邻网点凹陷区的表面能。对于溶剂型或水性制版工艺，影响版材表面能的有UV固化、洗版液对未固化树脂的溶解以及洗版毛刷在未固化区域留下的痕迹。在实地版的非着墨区域得到的数据与相邻网点凹陷区的数据接近，在实际测定中可以将其认定为基本相同。

在确定界面匹配问题时，若是在薄膜上印刷，因为薄膜本身的表面张力一般控制在38达因及以上，所以选定油墨表面张力时同样要考虑接触角理论，即油墨在薄膜上的润湿。

在柔印机结构方面控制齿轮节圆，同时在制版方面控制网点相邻凹陷区的表面能，双管齐下，柔印堵版将不再是困扰业界的大问题，这就为柔印自动化奠定了基础。开机即是成品的梦想将很快实现，柔印智能化未来可期。

## 四、柔印自动化相关的技术问题

第一个问题是图像自动监测并反馈，这在机组式柔印机上已部分实现。CCD相机既可提供对产品的质量监控，又能根据图像中的质量检测点判断卫星式柔印机上各色组加热装置对中心压印滚筒表面温度的影响，从而驱动各印刷色组在丝杠上的位置调节。荣获2020年国家科技进步二等奖的西安交大团队在高端包装印刷装备关键技术与系列产品开发方面取得了很大成绩，其电子轴全伺服控制系统已能同该领域的博世力士乐、西门子与贝加莱三大巨头比肩。驱动领域电子控制技术的进步为柔印机的自动化改进提供了坚实基础。

第二个问题是承印材料不停机换卷（类似于马汀装置）与生产车间的自动物料运输相结合，将仓库领出的承印料卷直接送到印刷机旁，并适时自动上机，无须人工操作。

第三个问题是高、中、低速印刷时颜色密度的一致性。这个问题针对封闭式刮墨刀的固有缺陷，即油墨被墨泵打入腔式刮刀后，在避免油墨随网纹辊高速旋转引起飞溅时出现的副作用。封闭的腔式刮墨刀是柔印使用液体油墨时的一种技术创新，可以解决高速印刷时的油墨飞溅问题。在使用溶剂型油墨时，封闭的管道连接与刮刀结构使印刷转印单元附近的溶剂挥发较少，无组织排放的浓度较低。但是在腔式刮刀架中，油墨的输入与输出管道上下位置受刮刀架高度限制，无法隔得很开，两个点的势能相差有限。虽然输入输出管道严格遵循进管细、出管粗的原则，但管道中随油墨进入的空气被封闭在刮刀腔里，向网纹辊上的网穴压迫，占据了网穴中原本应该容纳油墨的位置，致使网纹辊载墨量减小，油墨转移后的颜色密度下降。采用封闭式刮刀系统的印刷机有个特点，速度越高，墨色越浅。因此换新订单时，额定速度为600 m/min，取样确定墨色时的速度在 350 m/min 左右，若签样确定墨色时的速度过低，正常生产速度时颜色密度一定不够。令人心痛的是，调机取样都是不合格的成品，原材料损耗很大。解决措施是在刮刀架上增加排气通道，但目前采用的技术还不稳定，增加排气通道后，颜色密度的变化小了，有时油墨会随着排气口飞出，造成污染。因此须详细计算，通过测量排气孔径的大小与排气口管道的高低来确定。理想目标是 30 m/min 的调机速度与 300 m/min 的正常印刷速度之间的颜色密度，肉眼很难分辨其差异。

第四个问题是油墨自动清洗与柔印 7 色方案。油墨自动清洗通过清洗程序与管道的特氟隆涂布，利用氟材料的低表面张力，使换油墨时的速度加快，残存量减少。如采用乳液型水墨，提高喷淋压力，将网纹辊中残存水墨冲刷下来，这与印刷机墨路的自动清洗关系极大。比较困难的是 7 色方案，其着眼点并不单单在色域扩大，而是用 7 色方案代替专色，从而达到印刷色组免清洗。标签柔印尝试 7 色方案被两大问题所困扰：一是 7 色油墨叠出的 181 个专色按色差 $\Delta E$ 小于等于 2.0 的要求，应该达到 72%，而现在的 7 色实验只能达到 31.49%；二是用多色叠印来模拟专色，部分叠色会产生摩尔干涉。因为柔印采用 7 色方案是在印刷过程能像胶印一样控制灰平衡以后，只有具有滚枕结构的柔印机才具有这种功能，所以这是一项新尝试。但胶印并不是，胶印能控制灰平衡。因为胶印机上早就有滚枕，所以胶印高保真印刷（即胶印 6 色或胶印 7 色）的经验与教训可以为柔印提供借鉴。181 个专色的合格率要达到 72%，必须采用高保真油墨，用传统 4 色油墨则不行，这说明 7 色油墨与 4 色油墨的色相有差异。因此，用 7 色油墨叠印的专色合格率来评估 4 色油墨叠印的专色，对柔印 7 色实验来说苛刻了些。多色相叠的摩尔干涉可以用调频与调幅网点的相叠来解决，而且通过调幅网点的大小调节可以提高印版线数。只要网点直径比较小，肉眼就不敏感。柔印 7 色软件需要根据实际需求来调整。笔者曾看到柔印 6 色产品的紫色是红蓝相叠的。对一种新工艺来说，尚未出现一锤定音的权威，上下产业链商量着办，这个问题并不难解决。

第五个问题是自动换单，以解决人工换单带来的一系列手工调节工作。用空闲的多余色组在不停机状态下换新的订单在国内印刷厂家早已有之，据说这样的印刷车间仅配置 8 个人就能顶起一个工厂的产能。柔印车间目前还做不到无人化，但少人化是可行的。在不停机状态下的调机使用机械手而不是人工，是柔印最终达到自动化的前提条件。国外的卫星式柔印生产已部分采用机械手，但目前需要机械手与人工结合。

# 任重道远的中国软包装柔性版印刷

郑其红

目前，业界对于中国软包装柔性版印刷（以下简称软包装柔印）的关注和讨论主要集中在如何实现"凹转柔"，以及如何更快更好地发展中国软包装柔印。然而，中国软包装柔印的发展水平远未达到业界的盼望和期待，相较于软包装凹版印刷（以下简称软包装凹印）仍然体量小、占比低，依然任重道远。

## 一、柔性版印刷的属性和中国柔性版印刷基本现状

柔性版印刷（以下简称"柔印"）具有三大特征属性，分别是包装属性、技术属性和环保属性。首先，对于包装装潢产品的印刷，几乎没有柔印不涉足的，柔印似乎是为包装而生，其包装特征属性十分突出。其次，柔印是个技术活，其印前、制版和印刷过程的技术进步从未停歇，数字时代要求柔印朝着智能自动化方向演变，柔印的技术特征属性将会一直延续。最后，柔印是公认的绿色环保印刷方式，无毒、无害、无重金属和极低VOCs可直接排放的水性油墨，使得柔印的绿色形象深入人心。柔印中溶剂型油墨的VOCs含量和印刷过程中添加的溶剂量都显著低于凹版印刷（以下简称"凹印"），对环境和健康的不良影响相对要低得多，其环保特征属性毋庸置疑。

当下中国柔印的基本现状表现为：已经具备印刷市场地位和适当的话语权，认知度和接受度不断提高；发展不平衡、不充分；产业链日趋完善与多元化；技

术应用与世界发展同步；与其他印刷方式长期竞争互补；在软包装领域的应用潜力和发展空间巨大；在中国的持续发展是确定的。

## 二、中国软包装柔印与欧美软包装柔印

在中国，凹印是公认的软包装印刷的主要印刷方式，业内普遍认为其在软包装印刷上的应用超过 90%。软包装柔印仍然在 5% 以下，卫星式柔印机装机量在国内尚不到 700 台，用于软包装印刷的国内卫星式柔印机就更少了，与软包装凹印机的装机量相去甚远。据中国印刷技术协会柔性版印刷分会数据统计，2014 年至 2022 年，我国内地卫星式柔印机销售量保持快速增长，从 39 台提升至 650 台，年均复合增长率为 42.14%，虽然装机量增长速度很快，但用于印刷软包装的体量相较于凹印仍然很小，占比很低。

在欧美国家，软包装凹印则是与柔印并驾齐驱，甚至是软包装柔印业务超过软包装凹印业务。全球范围内的软包装印刷，不管是凹印还是柔印，都仍以溶剂型油墨为主，水性油墨的使用仍只是小范围的、个别的，不是普遍的。在探索水墨替代溶剂墨的过程中，柔印的墨膜更薄，应更有可能先行实现，柔印软包装实现水墨印刷更有盼头，虽然困难犹存。

中国软包装柔印如此之弱小，也正是中国柔印的机会和潜力所在。倘若柔印的软包装印刷能从当前的不足 5% 逐步提升到 20%，将给柔印产业链以巨大的生机和活力。

## 三、中国软包装柔印的发展不及期盼

柔印具有高效、色泽稳定、低废品率和绿色环保等优势，使其尽显包装属性，在以纸张为基材的包装印刷上尽展优势。在瓦楞纸箱后印和利乐包上成为压倒性的主流印刷方式，在纸箱预印、折叠纸盒、纸杯纸袋、餐巾纸和标签印刷上也有不俗的表现，有着柔印应有的包装属性地位。只有在软包装的印刷上，仍然

只是配角和补充，离业界的期盼还有不少的距离，虽然近年来卫星式柔印机的装机量有所增加，但绝对数仍然不足以让柔印在软包装上有自我造血功能，仍需业内大力弘扬和促进，方能进一步发展。

业内有截然不同的观点，一种是乐观的，认为软包装柔印将迅速发展，挤进凹印的大本营；另一种是悲观的，对柔印软包装的前景失去信心，觉得发展无望。两者观点都有其自身的逻辑和道理。以为柔印的环保优势就可以从凹印那里分得份额，应是过于乐观了；以为柔印印刷效果与凹印尚有距离而失望者，是过于悲观了。

在亚洲，特别是中国和日本，对于印刷效果的追求和关注，迎合了凹印印刷精美的优势，加上国内凹印在软包装上的应用本来就早于柔印，而且中国凹印保有装机量庞大，使得柔印在软包装上没有声势，仍处于原始积累阶段。

对于"凹转柔"，这一说法有不妥之处。它将软包装的柔印和凹印置于对立面和敌对状态。试问凭什么软包装的凹印要转为柔印？仅凭柔印更少的环境影响、更低的 VOCs 排放和更加绿色环保，就能让凹印主动转为柔印？其实并不是这样。各种印刷方式在符合当前法律法规前提下，最终定是质量和成本在起决定性作用。软包装凹印的规模效应岂是刚起步的软包装柔印能企及的？在引进软包装柔印的企业里，基本上都是以凹印为主，柔印只是作为尝试和补充。

"凹转柔"是我们美好的心愿，实现心愿则必须不折不扣地心无旁骛克服柔印自身的劣势和不足，尽快让中国柔印软包装度过原始积累阶段，实现自我造血功能，进入加速发展轨道。

## 四、中国软包装柔印发展的问题障碍

中国软包装柔印的发展，离不开持续提升柔印的印刷质量，缩小与凹印和胶印的印刷效果差距；同时离不开降低成本。简单地说，可归纳为升质量、降成本，也就是说，质量和成本是中国软包装柔印的主要问题障碍。

困扰软包装柔印的质量问题主要包括：较低的分辨率、高光表现、实地密度、中调跳阶和印刷脏版等。

与动则 175 线或更高分辨率的凹印相比，软包装柔印仍徘徊于 120 ～ 133 线。提高软包装柔印的加网线数受制于诸多因素，印前技术、印刷机、网纹辊、油墨、贴版套筒和双面胶等都制约着加网线数的提升。提高分辨率是一个螺旋上升的过程，各个条件和工艺必须匹配得当，才能在高加网线数的情况下获得可接受的 OEE（Overall Equipment Efficiency，设备综合效率）水平，否则极易影响设备效率和合格品率，从而降低设备综合效率，导致成本上升。提升加网线数是一个系统工程，必须有深谙柔印技术和工艺的各环节人才不懈探索互相合作才能达成。

为兼顾实地密度和高光表现，同时避免中调跳阶和印刷脏版，供应链上的各方都使出浑身解数，探索并提供解决方案。近年来，这些问题的解决都围绕柔版平顶网点技术而展开，如加网技术、表面加网技术和 LED-UV 曝光技术的应用。各种新技术，特别是印前技术的涌现，一方面解决了一些存在的问题，提升了印刷质量；另一方面则提升了柔印个性化技术处理带来的成本增加，给同一产品转到不同的印刷企业那里生产设置了障碍，增加了测试成本，让柔性版印刷的标准化更加难以实现，使得柔印生产成为复杂的工艺，无法实现最具生命力的简单重复。在解决高光和颜色密度的矛盾中，稳定性、耐印性和废品率仍是尚未消除的问题。

软包装柔印的另一大问题是 TEV 缺陷，即尾端漏印（Trail Edge Void，TEV）。TEV 是全球范围内的柔印问题，柔版平顶点技术诞生后，该问题越发突出，特别在软包装柔印上更甚。当前主要使用表面加网技术减少或避免柔印 TEV 在软包装印刷上的问题，但这并不能彻底稳定地消除 TEV。TEV 更深层次的原因也许就在于版材和制版工艺，业内仍在探索真相。还有意识形态上的障碍。凹印其精美的印刷效果及其在软包装印刷上占据的主导地位，自然地成为客户心目中的标杆，让柔印一直以来非常被动，增加了柔印印刷软包装的难度，降低了采用软包装柔印的动力。

柔性版印刷公认的绿色环保属性，在软包装柔印尚未突破规模瓶颈之前，在综合成本上没有优势甚至劣势的情况下，期望企业自觉采用更加绿色环保的印刷方式在商业上还不现实。软包装柔印是柔印应用中的高端领域，从印刷机到印刷器材，都更倾向采用进口产品，成本自然也就更高。一个简单的做法是，在现有的条件和情况下，选定可行的加网线数，稳住能接受的 OEE 水平，把握好质量和成本的方程，以让成本控制在合理范围。

## 五、中国软包装柔印发展任重道远

虽然中国软包装柔印处于孱弱地位，但其能可持续稳定地发展。

首先，中国软包装柔印的发展具有坚实的国策基础和保障，契合"绿水青山就是金山银山"的生态文明论断，契合美丽中国的基本国策，在 VOCS 排放上具有明显的优势。软包装柔印优良的环境表现还体现于其可实现厚度更薄的软包装印刷，凸显其减量特征。高印刷速度的柔印使本来就能耗较低的柔印机的单位能耗进一步降低。绿色环保的基本国策，加上终端客户基于对社会责任的承担和自身长远可持续发展的考虑，产品的健康安全卫生已成为企业最关注的焦点之一，凸显了中国软包装柔印的健康安全卫生和环境友好型的强大价值，更多地采用软包装柔印会是现实需要。

其次，潜力无限的市场空间和持续增长的中国经济前景是中国柔印软包装能长期发展的市场保障。世界离不开包装，人们日益增长的物质文化需要离不开包装，世界包装一直稳步增长着，印刷与包装同步增长，柔印亦将同步增长，软包装柔印必然分得一杯羹。

最后，不断进步的柔印技术提供了中国柔印软包装的技术保障。柔印技术发生了诸多变化。无论是在印刷机、印前和制版技术、辅助器材等方面，都有了许多新技术和解决方案。柔印的印刷效果有了长足的进步，加网线数高了，图案精致了。柔性版的平顶点技术的出现似乎是为柔性版进军软包装印刷而量身定制的。柔性版的平顶网点技术实现了耐印、稳定和色差小的目标；在油墨转移上通过表面加网技术，达到了更高的实地颜色密度。表面加网技术只有在平顶网点技术的基础上，才能真正实现提高油墨实地密度的任务。中国的柔印技术与世界柔印技术是同步的，供应链上的方方面面、协会和高校等有关组织和部门，不遗余力地创新创造柔印技术，在技术上为中国软包装柔印的发展提供技术支撑，在组织上为中国软包装柔印的发展保驾护航。

## 六、总结

柔印软包装很大程度上限制了中国柔印发展的水平和步伐，导致中国柔印发展的不充分、不平衡，影响了柔印在印刷界的认知度和美誉度，一度给人以柔印"不行"的感觉。发展中国软包装柔印，有助于中国柔印发展得充分、发展得平衡。

发展软包装柔印，有助于缓和当前中国柔印的主要矛盾，即行业日益增长的柔印需要同柔印质量和成本之间的矛盾，因为软包装柔印具有高的质量壁垒和成本需求。

发展软包装柔印，契合国家绿色环保国策，迎合企业提升绿色形象，提供更加安全舒适健康的工作环境。绿色环保、回归自然是中国发展到一定程度对保护自然和保护环境的必然要求。印刷已被赫然列入主要 VOCs 排放源之一，必然驱使印刷特别是包装印刷采用低 VOCs 排放和低污染物产生的印刷方式。

由于历史发展原因，凹印在中国软包装印刷上独占鳌头，印刷效果非常精美，柔印的印刷特点决定了其平衡兼顾高光和实地上的困难与挑战。发展软包装柔印，将极大地提升柔印印刷精美图案的能力，能给柔印发展注入新动力，开拓柔印发展新空间，促进柔印行业新局面。

柔印在中国软包装上落差，使得中国柔印长期处于关注度不高、重视度不够的局面。近年来，得益于柔印的逐渐强大和绿色环保国策的实施，行业协会、教育机构和工厂企业逐步提升了对柔印的认识与重视。发展中国软包装柔印，是柔印提升行业地位、提高柔印行业话语权的必然要求。

发展软包装柔印，应该且必须成为柔印界的共识，是中国柔性版印刷的发展之重，任重道远。

# 柔性版印刷的 30 年光辉岁月[①]

Martin Dreher

李玉山　译

文章是对柔性版印刷在过去 30 年发展历史的总结。在短短 30 年的时间里，柔性版印刷从一个质量问题严重的失败者，一跃成为印刷届的"联赛冠军"。这是怎么发生的？

## 一、30 年前的柔性版印刷

1990 年，柔性版印刷主要面向网目调印刷开始不断发展。即使加网线数相对较低，但相对较高的网点扩大仍令人困扰，印刷质量不具备吸引力，尤其是高光部分，处理暗调的摄影图像和渐变需要很多技巧。

虽然当时网纹辊具有激光雕刻的陶瓷表面，但从今天的观点来看，网纹辊的载墨量仍然过高，加网范围为 200～300 lpc，存在 45°的雕刻角度，表面网穴排列成蜂窝结构仍然是尝试性的。柔性版印刷机采用的是齿轮驱动方式，平均有 6～8 个印刷单元，贴版套筒已有初步应用，但还不是主流。

此时使用的印刷版主要由感光聚合物制成。与今天不同的是，仍然有所谓的

---

[①] 本文的原文版权属于德国柔印技术协会（DFTA），受中国印刷技术协会柔印分会委托，笔者经授权进行了翻译。原载于 2023 年 2 月《印刷杂志》，有改动。

多层版和带有涂布层的印版来促进油墨转移。多层版已经退出市场，由于技术原因，从1995年左右开始，带有涂布层的印版在很长一段时间内都无法稳定生产。

对于印前操作而言，则刚刚开始使用计算机，它们被安装在昂贵的DAR（数字艺术品和复制品）系统中并封闭起来。制版中仍是使用胶片，经过曝光将图像转移到感光聚合物印版上。橡胶辊的直接激光雕刻技术已经存在，但基本只用于线条图案和无缝印刷形式。

## 二、从1990年至1995年

1990年后的几年，出现了DTP技术（桌面出版）。从那时起，企业可以建立自己的印前系统，旧的DAR系统开始慢慢消失。当然，在某些情况下它们仍被继续使用，只是被更专业的技术所取代。

DTP最初给用户带来了一个很大的问题，即如何应对（数字）色彩管理。由于该系统不再是单一来源，用户必须自行创建颜色平衡。"色彩管理"一词是在这些年首次提出的，至今仍广受行业关注。

然而，高光网点的网点扩大仍然是致命缺点。因此，人们尝试以新的技巧来克服承印物白色和第一印刷色之间的色调值跳跃。原则上，调频加网（FM）非常有效。调频网"不喜欢"两件事：来自原稿的不准确传输和高阶调网点扩大。不幸的是，后者在当时的柔性版印刷中不可避免，因此调频加网暂停在柔性版印刷中使用。

1995年，drupa开创了柔性版印刷的先河，展出了数字感光聚合物柔性版。从一开始，它们所能达到的印刷质量就非常令人信服，以至于以质量为导向的欧洲市场立即接受了这项技术（美国人的做法稍有不同，而在亚洲，柔印在当时仍然是绝对的小众工艺）。因此，CDI制版机得以大量安装。今天，这种类型的机器仍然在处理柔印的绝大多数印版成像。

在drupa 1995展会上，还首次推出了具有直接驱动功能的CI（中心压印滚筒）柔性版印刷机，从今天来看，这已成为柔性版印刷的另一个重要里程碑。印刷单元的平均数量逐渐增加到 8～10 个。

## 三、从 1995 年至 2000 年

drupa 1995 之后的日子对柔性版印刷业界来说是令人兴奋的。柔性版印刷可以印刷出比以前好得多的网目调图案，这一消息引起了广泛关注。由此，质量要求更高的印刷业务不断从其他印刷方式转换到柔性版印刷流程中。

当然，更令人高兴的是柔性版印刷网点扩大明显减少。在处理这些数字感光聚合物柔性版的过程中，浮雕元素以及所有网版网点的尺寸都会因空气中的氧气抑制而减小。这在当时几乎是革命性的突破，有助于解释一系列现象，虽然它也有缺点。

最初，感光聚合物原材料制造商只是简单地采用他们现有的配方，并在表面添加熟悉的黑膜（LAMS），后来开发了专门的感光聚合物配方。与此同时，传统胶片版几乎已经消失。

由于改进了成像质量，包括更小的网目调网点，人们自然也会尝试更精细的加网线数。当时，有些地方已经使用 80 lpcm，即使只是在局部区域（窄光谱范围内的紫外线柔版）。

然而，在很多情况下，这种数字感光聚合物印版的首次使用也反映了该系统的一些弱点，即网纹辊的油墨转移量太高以及加网线数不足。现在可以在印版上实现的微小网点容易塞入网纹辊网穴，因此需要更精细的网纹辊。当然，它们的载墨量较小。较小体积的印刷油墨中的颜料也较少，因此下一个需要解决的是印刷油墨问题，它必须具有更高的色强度。在 21 世纪初，这甚至在所谓的高清打印油墨的开发中达到了顶峰。

同时，泡棉结构和套筒进一步优化。印版越精细，就越需要注意其底衬。今天，这些辅材都达到了非常高的水平。

drupa 2000 见证了热显影技术在柔性版印刷中的应用。在可水洗的感光聚合物接受度相对较低之外，柔性版印刷的制版获得了另一种避免使用有机溶剂的可能性。然而，这或许并未达到业内所希望的里程碑。

## 四、从 2000 年至 2010 年

21 世纪的头几年，柔性版印刷行业出现了一定程度的整合，取得了很多成绩，特别是质量得到了越来越多客户的认可。然而，柔性版印刷长期稳定性和准确性的不足变得明显，其中的原因直到 2004 年才完全澄清。但曝光过程中氧气的影响不如预期可控。DFTA 的 CTP 工作组以此为契机，制定了相应的指南和认证。后来证明这是一个重要的里程碑，因为从那时起数字感光聚合物印刷版的再现质量大幅上升，柔性版印刷得到了从其他印刷方式中转移过来的订单。

与此同时，激光直接雕刻也变得更加引人注目，在柔性版制版技术中至今仍发挥着重要作用。其明显优势之一是实现无缝印刷。尽管感光聚合物印刷版也可用，但需要非常专业的技术，产品使用范围更窄。

如前文所述，从 20 世纪 90 年代中期开始，具有促进油墨转移的涂布层的感光聚合版已经消失。从某种意义上说，向数字成像的转变改变了这一点，因为黑膜 LAMS 层占据了顶层的空间。然而，2010 年前后新型感光聚合物被开发出来，印版再次具有涂布层。尽管目前其他方法也可以改善油墨转移，但具有这种涂布层的印刷版经过尝试被证明是一种行之有效的选择。

在这一阶段，值得一提的是网纹辊进一步发展。完全放弃单独网穴并将其组合成类似回路结构的想法并没有完全达到预期，但它确实为其他制造商进一步考虑此类问题提供了一个重要的开端。

下一个重要里程碑是高清柔印（艾司科）的出现，更高的成像分辨率、精细的加网、对高光色调的特殊处理等，为柔性版印刷发展带来了新的动力。到目前为止，其他印刷工艺的优点对于柔性版印刷来说都可以实现。

## 五、从 2010 年至 2023 年

21 世纪初最显著的特点是柯达 Flexcel NX 系统进入市场，能够激励竞争对手朝着感光聚合物平顶技术的方向发展，其主要原因是印刷浮雕上表面结构的巨大成功，这已经被证明可以提高油墨转移和沉积的程度，使柔性版印刷达到凹版印刷水平，这是又一重要的里程碑。然而，为此有必要在感光聚合物的 UV 曝光期间清除前面提到的氧气。

此外，平顶技术还提高了浮雕元素的稳定性，也提高了印刷精度和均匀性。除此之外，平顶技术还为其他几项创新铺平了道路。例如，高清技术变成了全高清。调频加网在 20 世纪 90 年代曾被业界摒弃，现在可以再次设想。最后，在此基础上开发的全新的网目调网点成为革命性的概念。今天，人们谈论的水晶网点或 Bellissima 网点，仅 DFTA 技术中心就开发了超过六种改进的图像网目调加网方式。

随着新成像技术的出现，印刷加网线数再次增长，根据市场细分，现已超过 100 lpcm。

当然，在这一时期特别值得注意的是，2011 年是 DFTA 大奖的开端。这是第一次颁发这些令人艳羡的奖项，突出了柔性版印刷产品的质量。随着时间的推移，当时的十个类别已经进行了几次调整，因此该奖项能够进一步提高其吸引力。许多柔性版印刷公司都知道并欣赏该奖项，将其作为激励员工和加强自身市场地位的平台。

另一个里程碑是 2015 年的一个特别项目——在 DFTA 技术中心为《柔凹印》杂志 2015 年第 3 期印刷封面。其特殊之处在于，正面的印刷图像采用柔印 7 色印刷，背面则是正常的 4 色印刷图案。柔印行业今天仍然在广泛讨论扩展色域、7 色印刷等。

2022 年初，柔性版印刷系统中的几乎所有组件，不论是感光聚合物还是激光雕刻橡胶辊制成的印刷版、泡棉胶带和支撑结构、网纹辊、刮刀、油墨和印刷机，都达到了非常高的水平。目前很少有印刷设计是柔印不能实现的。

整体而言，柔性版印刷可被视为赢家之一。在经历了相对短暂的危机之后，当有机溶剂变得稀缺和昂贵时，柔性版印刷再次因快速反应和在短时间内处理与系统相关的包装印刷印件而名声大噪。

"走了很长的路，取得了很多成就，但仍有一些事情要做"。今天可以这样来描述柔性版印刷。无论是否需要进一步的技术改进，市场地位是否需要加强，形象是否需要进一步改善，柔性版印刷未来的前景都是美好的。

# 2022FTA 论坛上关于网纹辊的大讨论（节选）[①]

赵嵩 译

在美国柔印技术协会的 2022 年会论坛上，关于网纹辊的大讨论热闹非凡。在两位主持人的提问下，七位来自知名网纹辊生产企业的专家各抒己见。本文对此讨论内容进行整理，希望有助于读者了解网纹辊相关技术之间的异同。

此次讨论关注了很多具体内容，比如选择什么样的网纹辊，选择开放式还是封闭式网穴，选择细长形或正六边形网穴、斜纹网穴或通沟雕刻，等等，下面对这些问题逐一讨论。

## 一、开放式网纹辊相比封闭式有哪些优势？

Aalberts 表面技术公司市场经理 Batistatos 认为，这取决于开放式网穴的类型。使用 Ultra Z 通沟网纹辊，可以获得更高的网纹辊线数和载墨量的组合，更深的颜色密度、持久而不糊版的印刷过程和更好的网点与实地综合印刷能力。Ultra X 也称 pins up 技术，是一种完全开放的雕刻技术，在辊表面雕刻很多小"柱子"支撑刮刀，而不是传统网穴；这可以实现高黏度材料的最佳转移和释放，例如黏合剂和特种油墨（白墨和光油），也不会产生针孔和橘皮效应。

Apex 公司技术总监 Harvey 认为，首先要明确什么是开放式网穴。抛光精磨

---

[①] 本文原载于美国柔印技术协会（FTA）会刊 Flexo 杂志 2022 年 6 月刊及其官网 flexography.org，受中国印刷技术协会柔印分会委托，笔者经授权进行了翻译。原载于 2022 年 6 月、2023 年 2 月《印刷杂志》，有改动。

非常好的网纹辊就是开放式网穴了吗？像 Channelox 那样，通过过度雕刻网墙来创建通沟就是开放网穴吗？还是通过高能量打破或降低网墙就是开放网穴吗？GTT 网纹辊是一种具有固定及最佳开口深度比的产品，可以保证不飞墨吗？

开放式网穴有两个功能：一是让高黏度的 UV 油墨或涂料更自由地从一个网穴流动到另一个网穴，可以减少飞墨，但不能完全保证，因为飞墨不仅与网纹辊有关；二是开放式网穴本质上表现为网纹辊顶部具有更少的网墙，这意味着与封闭式网穴相比，可以用更小的网穴深度来增加载墨量，但是并不能保证更好的油墨转移，还可能导致传墨量的波动。

值得注意的是，市场上有许多开放式网穴结构的网纹辊。所有这些产品都有坏掉的网墙和不清晰的通沟，这表明网墙可能是扭曲的，有可能导致网纹辊中网墙高度的随机变化。了解各种开放式网穴技术的不同表现至关重要，不要将开放式网穴与开放式通沟两个概念相混淆。

ARC 公司副总裁 Woodard 认为，开放式网穴可以让油墨更好地释放，对于使用高黏度油墨或涂料时尤其有利；此外，开放式网穴更容易清洗，且不易堵塞网纹辊。根据反馈，一些客户喜欢使用 100 lpi 的斜纹式网纹辊来高效地涂覆锂电池薄膜，而其他一些客户更喜欢 30°沙漏通沟网纹辊。

Harper 公司全球技术解决方案经理 Poulson 认为，开放式网穴的油墨转移率稍好一些。由于没有限制转移的网墙，油墨更容易从网纹辊释放出来；受气泡的影响更小，开放式网穴可以更有效地循环油墨和涂料。开放式网穴最大限度地减少了网纹辊的堵塞，使清洗更加容易，它和 UV 油墨的配合也更好。

Interflex 激光雕刻公司销售客户经理 Middleton 认为，开放式网穴适用于涂布工艺，比常见的封闭式网穴能更有效地填充和释放油墨，还可以减少网纹辊的堵塞，降低清洁频率。开放式网穴网纹辊常被用作白墨、各类光油和其他印刷应用的替代方案，具体取决于承印材料。

Pamarco 公司销售和营销副总裁 Rastetter 认为，当面对两种不同雕刻类型网穴的选择时，需要对每个类别进行透彻了解，以便做出最佳选择。通过提供更多的油墨或涂料的转移，开放式网穴比封闭式网穴更能够用于更黏稠的流体。开放方式包括通沟式网穴或真正的开放网穴，通沟式网穴使用网墙的开口程度来控制油墨流动，而在真正的开放网穴里，油墨可以不受限制地流动。

Sandon 公司全球渠道经理 Beeson 认为，与标准的 60°正六边形网穴相比，开放式网穴具有明显的优势，即出色的油墨转移性能，因为空气没有被困在网穴内，避免了湍流和微泡。对于水性油墨或溶剂型油墨的高速印刷，另一个优势是保持印版润滑，由于网穴孔内容易有微泡，60°封闭式网穴网纹辊无法做到这一点。Sandon 公司的 Xpro 半通沟技术，允许恒定且受控的油墨流向印版。

对于使用 UV 油墨的印刷厂来说，开放式网穴可以阻止飞墨。使用 Fluid HEX 和 Fluid UV 通沟技术，网穴内油墨压力不会升高而是会分散到下一个网穴。因此，在网穴内没有额外压力的情况下，刮墨刀压力不必设置到最大，这样也会减少飞墨。

考虑到网穴的几何形状以及通沟网穴设计和有助于支撑刀片的额外抛光和精磨，开放式和半通沟式网穴不太容易划伤。由于油墨可以在网穴中自由流动，在网纹辊清洗过程中，使用溶剂或激光进行清洗，更为有效且更容易。

## 二、封闭式网穴相比开放式有哪些优势？

Batistatos 认为，对于容量小于 2.5 BCM 和大于 12 BCM 的网纹辊，封闭式网穴的优势在于可重复性。我们对待客户的态度是坦率和诚实的，从来没有宣称只要几根不同网纹辊就可以解决所有的问题，而是针对不同的应用场景推广不同的技术。在我看来，理想的网纹辊组合应该包含 60°正六边形的传统网纹辊、Z 通道和 Ultra X 等不同技术。

Harvey 认为，我们需要充分了解封闭式网穴的结构。以 300 lpi 的网纹辊为例，1 英寸等于 25 400μm，也就是每个网穴 85μm，其中网墙厚度大约为 5μm。300 lpi、3.2 BCM 网穴深度约为 16μm（开口深度比为 5），而同样 300 lpi、9.0 BCM 的网穴，深度约为 45μm（开口深度比为 1.7）。因此，对于封闭式网穴要具体分析，不能一概而论。

可以说，封闭式网穴具有更坚固、更稳定的结构。事实证明它能更好地抵抗划伤，一些印刷机制造商会倾向采用这样的网纹辊。激光束本身是圆形的，而不是六边形；自然界中最稳定的结构是60°蜂窝结构。这种网穴结构是通过不断推动网墙形成六边形而最终形成的，这种稳定的结构允许网纹辊表面被抛光打磨成光滑表面，以便于刮刀在顶部滑动。

买家对网纹辊的性能要求一般是：一致且可重复的质量，一致且可重复的油墨转移，使用寿命长以及最低的清洁成本。与开放式网穴相比，具有最佳载墨量的封闭式网穴网纹辊在这些方面表现更好。

Woodard 认为，封闭式网穴为印刷机提供了对油墨转移的更多控制，并在网点和图像印刷中提供了更好的网墙支持。然而，在雕刻质量和油墨转移方面，网穴开口与深度比非常关键。一些印刷厂不太愿意使用开放式网穴网纹辊，在需要更大墨量时，他们使用标准60°网穴、70°或75°延伸或拉长网穴的网纹辊。

Poulson 认为，封闭式网穴使油墨或涂料的转移更加可控，这种提升可以改进网点印刷质量。封闭的60°六边形网纹辊已经证明了这一点，因为该角度有助于提高油墨转移的比例，而六边形的几何形状允许更薄的网墙，因此其网穴容积比45°四边形和其他几何形状多15%。

Middleton 认为，封闭式网穴，特别是60°六边形网穴，由于传墨均匀，已成为柔印的行业标准。对于某些印刷应用，封闭式网纹辊的确实现了更高的印刷质量。

Rastetter 认为，真正的封闭式网穴网纹辊是 ThermaFlo 60°网穴和 EFlo 75°网穴，如图4-1所示。ThermaFlo 在不同载墨量的情况下，可以实现极其精准的油墨转移，因此它可用于高网线印刷，同时保持在承印材料上均匀稳定的油墨转移。对于高实地密度的需求，EFlo 的75°拉伸网穴结构，可以提供更多的油墨转移量。

Sandon 公司的 HVP（针对大墨量工艺）和 GMX 等封闭式网穴技术，同样具有出色的性能。HVP 可增加网纹辊的印刷宽容度，用于需要大墨量的专色、渐变和白墨的印刷。通常印刷需要油墨传递均匀，HVP 的扩展网穴减少了油墨中微气泡的产生，大大改善了油墨向印版的转移，从而减少了某些难以印刷的承印材料上的针孔现象。在印刷白墨和大面积专色时，这点非常重要，因为这可能直接导致客户退货。

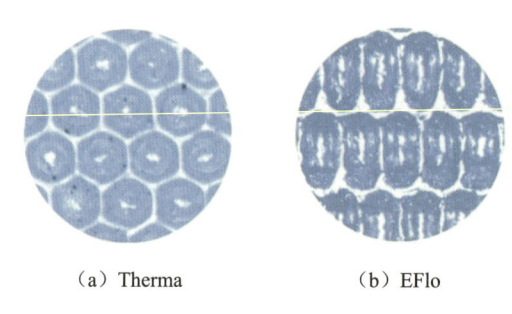

（a）Therma　　　　　（b）EFlo

图 4-1　Therma 60°网穴和 EFlo 75°网穴

使用拉长的网穴（HVP 技术），油墨进入网穴的时间大大缩短；实际上不仅是油墨从网纹辊传递到印版上的时间很重要，提升油墨从墨腔传递到网纹辊的过程也很关键。GMX 封闭式网穴技术专为使用大颗粒比较多的油墨而设计，如触感油墨、金属光泽油墨或珠光油墨。其网穴独特的几何形状可阻止油墨中的大颗粒成分堵塞，从而更容易清洁。

与开放式网穴网纹辊一样，封闭式网穴网纹辊将始终在柔印中占有一席之地，二者的选择取决于印厂印什么以及客户的需求。

## 三、什么类型的网纹辊最适合溶剂型油墨高速印刷？

Batistatos 认为，为了适应更高的印刷速度，在达到相同印刷效果的条件下，网纹辊载墨量应尽可能降低。一般来说，对于 2.5 BCM 的印刷条件下，可以尝试使用 1.9 或 2.0 BCM 的网纹辊，同时使用那些具有更高色强和更好干燥性能的油墨。

Harvey 认为，网纹辊的雕刻过程是用一个固定的实心圆柱体或套筒围绕一个固定的中心点旋转。然而，油墨是一种流体，会受到旋转产生的离心力影响。液态油墨在网穴中被向后推动，网纹辊的旋转速度越快，推动力就越大。因此，现实情况是，所有基于网穴的网纹辊都有阻碍油墨流动的后网墙，油墨将朝着该网墙冲击，产生反泳升力，并导致油墨从网纹辊表面升起。加长型网穴中有更多的油墨，这将产生更高的油墨反泳升力。

高速印刷存在两个问题。一是飞墨（如图 4-2 所示），这是由从网纹辊表面升起的油墨被刮刀刮掉而产生的。如果能够消除油墨反泳，就解决了飞墨；从雕刻网纹辊开始，所有基于封闭式网穴的网纹辊都将面临飞墨的风险。二是出现针孔、实地密度或不透明度低，这是由过多的空气进入油墨造成的。在封闭式墨腔内重新填充油墨时，网穴内的空气必须尽快从网穴中跑掉，网纹辊旋转越快，填充油墨的时间就越少。消除油墨在这个过程中的充气过程，也就是消除针孔。

图 4-2　飞墨现象（流星雨 (Misting)）

一个技术解决方案是使用开放通沟网穴的 GTT 网纹辊，GTT 具有最佳深度和开口比的范围。此外，GTT 的曲线和角度利于油墨在封闭墨腔中充分有效地流动，以补充油墨并消除针孔；同时，由于通沟网墙不会限制油墨流动，因此也不会有油墨撞击网墙，避免网墙推高油墨导致的飞墨问题。

Middleton 认为，由于高效的网穴设计，建议将 60°正六边形用于高速溶剂墨和扩展色域（ECG）的印刷。阶梯式长六边形网穴也有需求，这种网穴结构可以提供更一致的油墨转移，并且可以雕刻到 1200 lpi。在某些情况下，这种设计减少了刮刀磨损、网纹辊也易于清洁、油墨转移更好。

Rastetter 认为，现在的行业标准是像 ThermaFlo 一样的 60°的网纹辊。技术进步意味着制造 60°正六边形网穴的方法有很多，现代激光技术允许生产底部基本平整、网墙厚度均匀的网纹辊。如果制造商保持 25%～30% 的深度开口比，网纹辊会在长时间内提供稳定的油墨转移，同时可以明显减少磨损和堵塞。

Beeson 认为，Sandon 的 Xpro 是一款 61°椭圆网形设计，具有半通道、开放式网穴的网纹辊。椭圆形网穴设计用于高速印刷，可以防止供墨不足，保持油墨密度并确保高光网点清洁不糊版。使用半通沟网墙，油墨可以润滑印版，同时杜绝了因错误使用 60°网纹辊而引起断墨。精磨的坚固网墙为刮刀提供有力支持，让刮刀可以把网纹辊表面多余的油墨带走，确保稳定的印刷结果。

## 四、如何应对 UV 油墨印刷的飞墨问题？

Batistatos 认为，Ultra Z 网纹辊改变了油墨在网纹辊表面流动的状态。采用开放的通沟概念，网纹辊不会捕获空气，空气也不再会被困在网穴中，从而避免油墨湍流产生。相反，允许油墨流畅地流动，可以消除或减少飞墨问题。

Harvey 认为，飞墨不仅仅是网纹辊的问题，油墨的流变特性、温度、刮刀和印刷机也有影响。正常使用了 1～2 年的网纹辊可能会突然开始飞墨。对于破碎网墙和网墙略低的开放网穴结构，当表面磨损时，开放式结构将变成封闭式结构，当开放式网穴结构闭合时，飞墨的风险将显著增加。

Poulson 认为，新型 XCAT 网纹辊采用开放式网穴结构，在通沟底部有一个完整的口袋结构。开放式通沟可以更好地释放油墨，但与典型的开放式网穴相比，它的网穴形态可以更好地控制油墨转移。事实证明，它可以消除从 1.0～15.0 BCM 载墨量范围内的飞墨，还有低载墨量时传墨量波动小、消除边缘发虚和提高反白文字印刷质量等优点。这能满足各类印刷需求，包括网点、实地线条以及涂布的需要，也适用于冷封胶、亚光光油和其他类型涂布。

由于 XCAT 网穴的几何形状，在使用水性油墨、溶剂型油墨以及 UV 油墨时，飞墨状况都会得到改进，目前主要应用在 UV 印刷上，以改善飞墨状况。

Middleton 认为，Interflex 激光雕刻公司的 UVFlex 网穴设计，针对飞墨问题提供了一个很好的解决方案，特别是 60°或 30°六边形网纹辊。UVFlex 的阶梯式网穴设计，有助于减少油墨积聚在刮刀背面的情况，并可以减少飞墨和流星雨等问题。

Rastetter 认为，解决 UV 印刷的飞墨问题是通沟网穴发挥作用的地方。早在 20 世纪 80 年代，Pamarco 就获得了名为 RotoFlo 的第一个通沟网纹辊专利；带有定义单元格的雕刻，用于保持和控制油墨，同时在网穴之间提供通沟，这些通沟将网墙减少三分之一至二分之一。这种减少允许少量的油墨流动，以减轻网穴中油墨的压力积聚，压力积聚是 UV 油墨喷溅的关键原因之一。RotoFlo 最新的升级产品是 EFlo UV。

先确定印刷指定业务所需的传墨量，再讨论雕刻线数和最适合的网穴类型。制作高质量网纹辊的关键是确保 25%～30% 的网穴深度与开口比。从油墨转移角度来看，这样的网穴油墨传输效率高，并且能保持长时间的清洁。这意味着不必面对很多印刷问题，并且网纹辊坚固耐用，可以延长使用寿命。

## 五、与全新网纹辊比较，网纹辊表面磨损多少就需要重新雕刻？

Batistatos 认为，有时是 10%，有时是 20%，这取决于印刷厂的需求。

Harvey 认为，对每支网纹辊的使用情况进行检查和监控，如图 4-3 所示，比如印刷速度、颜色要求、印刷宽度、刮刀压力以及网纹辊变干或缺墨的次数，这些都会影响网纹辊的使用寿命。如果没有这些数据，供应商就没有办法准确地做出判断。

陶瓷网纹辊供应商在制造过程中有两种方法解决孔隙问题：一是使陶瓷尽可能致

图 4-3 磨损严重的网纹辊

密，把陶瓷的孔隙率降到最小，然后降低雕刻速度，熔化陶瓷，以封闭表面的小孔；二是陶瓷等离子喷涂后，只需在陶瓷上添加密封剂即可填充孔隙。

陶瓷和密封剂的组合，本质上是一种比致密的陶瓷涂层更弱的结构。我热爱科学和事实，可以说，本次 2022 论坛讲台上的所有供应商都使用相同的设备，也就是应用激光工程公司（Applied Laser Engineering）提供的激光雕刻系统。

Apex 公司过去测试了多个版本的密封剂，发现可以在涂有密封剂的网纹辊上雕刻更深，获得更高的载墨量。从本质上讲，这意味着表面强度和结构较弱。可以更快地雕刻，因为不需要封闭网纹辊表面的细小孔隙。因此，如果没有网纹辊使用和印刷环境的详细信息，那些传墨量适宜、没有使用密封剂、直接雕刻在致密陶瓷涂层上且有最佳抛光精磨的网纹辊将具有最长的寿命以及最低的清洗和维护成本。

Woodard 认为，通常除了可以用有效的清洗程序（最好是激光清洁）拯救堵塞的网纹辊，我们相信当网纹辊有 10% 的网墙磨损时，就要更换或重新雕刻了，当然也取决于网纹辊线数和应用要求。

Poulson 认为，有 15%～18% 的网墙磨损时，就该重新雕刻，具体取决于印刷应用、承印材料和油墨类型。通过对网纹辊进行检测，可以收集到足够的信息，做出相应对策。

Middleton 认为，载墨量下降 15%，特别是对于高线数（900 lpi 及以上）网纹辊而言，就需要进行更换；用于线条或专色印刷的网纹辊没这么严苛，可以适当提高这个比率。了解为什么会出现传墨量下降至关重要，与客户一起检查网纹辊状态，可以帮助他们确定问题的根源。

Rastetter 认为，磨损并不是通常导致网纹辊重新雕刻的原因。最多的问题是损坏，比如操作员在从印刷机上取下网纹辊时损坏了网纹辊表面；或者网纹辊保养不当，堵塞了；或者没有依照最佳的油墨管理经验（没有将强磁铁、过滤装置与钢刮刀结合使用），在上墨系统中可能会出现金属碎片，从而导致网纹辊划痕。这些问题是导致大多数网纹辊重新雕刻的真正原因。

如果网纹辊使用和保养得当，寿命会更长。大多数印刷厂考虑在网纹辊传墨量降低 7%～15% 时重新雕刻，因为这时追色变得困难。

Beeson 认为，定期清洁和检查网纹辊是衡量特定客户要求的唯一方法。每个客户对于何时应该更换网纹辊，根据终端客户需求、内部标准操作程序以及不同油墨、刮刀、印版和胶带的工艺组合，都有不同的标准。他们与客户合作，提供检测服务和后续会议分析结果，评估传墨量下降到了什么程度，会产生哪些印刷相关的问题。根据评估结果设置一个基准点，未来当网纹辊磨损到该基准点时，就在客户的网纹辊库存中主动去掉这些网纹辊，以免造成印刷问题。

## 六、金属光泽油墨、珠光油墨和触感油墨等特殊功能油墨很受欢迎，哪些网纹辊最适合涂料颗粒？

Batistatos 认为，对于这类应用来说，最适合的技术是 Ultra X（pins up）。涂料颗粒不会被困在网穴中，它提供了极佳的释放效果，同时没有针孔和橘皮问题。

Harvey 认为，需要了解涂料的颗粒度、形状和流变特性，以便得到有效的建议。从网纹辊的角度来看，基于封闭式网穴结构、开放式网穴结构或斜纹式网穴网纹辊如图 4-4 所示，最大载墨量可达 90 BCM。

这对网纹辊性能意味着什么？如果直接涂布，有多少涂料供给了印版？印版接收和转移涂料的能力又如何？机器有多大的干燥能力来干燥或固化涂层？未来更高的涂布需求对印刷速度有何影响？

图 4-4　斜纹式网穴网纹辊

网纹辊是柔印工艺的核心。在回答这些问题时，应明确网纹辊在印刷过程中发挥的关键作用。需要了解整个流程、客户的目标以及供应商的专业能力，这对于能够有效地提供支持和建议至关重要。

Woodard 认为，我们投资了新的激光技术，称为双轨激光雕刻技术，如图 4-5

所示，让我们能以两种方式对聚焦激光束进行控制，即通过控制激光功率和通过控制每个网纹辊网穴内聚焦光束的位置。

图 4-5 双轨激光雕刻技术

采用双轨雕刻技术，不再需要改变激光焦点（散焦激光）来提升网穴容积，因此，与原有的激光雕刻技术相比，能量密度上限不再是问题。聚焦的激光束可以覆盖网穴的所有部位，由于激光功率是动态变化的，可以保持网穴底部更平坦。采用较低的雕刻深度、较平的网穴底部，可以获得较高的网穴容积，这显然更适合转移更多油墨。

Poulson 认为，对这些应用的选择，Harper 公司通常首选开放网穴技术。因为这不仅仅是网穴几何结构的问题，而是和网穴开口相关。应用较低线数的网纹辊可以让更多的涂料颗粒实现转移；同时，使用较低的线数，意味着更大的网穴开口，也就可以支持更多的大颗粒涂料的传输。例如，360 lpi、6.0 BCM 的网纹辊，网穴是 65μm 开口；180 lpi、6.0 BCM 的网纹辊则有 133μm 的网穴开口，是前者的两倍，这意味着可以转移更多的大涂料颗粒。

另外，Harper 公司的 60°、30° 和 XCAT 网纹辊载墨量表公布了一些数据，从 550～2000 lpi，保持 ±0.1 BCM 的波动以及 ±5% 的容差；120～180 lpi 的公差为 ±6%。

Rastetter 认为，在这些情况下，首要考虑的因素是颗粒度；根据颗粒大小，可以推荐几种不同类型的网穴，比如斜纹式网纹辊或者 30° 通沟网纹辊。通常情况下，在使用对应涂料时，网纹辊可以保持清洁。

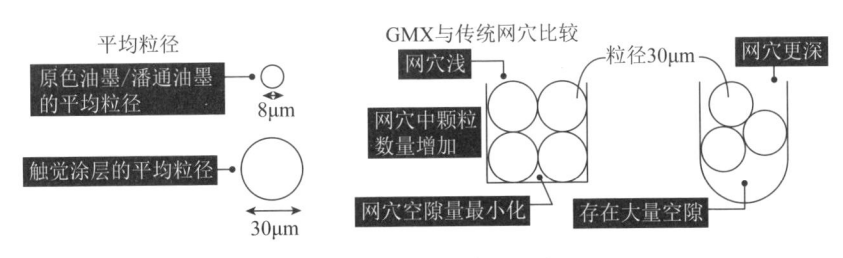

图 4-6　Sandon 公司的专利技术 GMX

GMX 是 Sandon Global 的一项专利技术，如图 4-6 所示，专为大颗粒涂布应用而设计，如触感油墨、金属油墨或珠光油墨，可应用于涂布量需求大的情况；传统的网穴会堵塞，并且只会把分散剂印出来，而 GMX 独特的几何形状可防止网穴堵塞，并更容易清洁。网穴容积由雕刻较浅的网穴组成，这种浅雕刻可以很容易地让大颗粒油墨或涂料进入网纹辊网穴，并将其转移到印版上。

## 七、据估计，软包装印刷厂 50% 的油墨支出用于白墨，有哪些技术可以达到遮盖率要求，并能降低成本？

Batistatos 认为，根据已有经验，降低油墨黏度并使用 Ultra Z 网纹辊，如图 4-7 所示，油墨会更好地流过通沟，可以增加白墨的遮盖率。此外，凭借其兼顾网点和实地印刷的优势，使用这类网纹辊时可以将网点和实地放到一起印刷，而无须分成两色使用不同的网纹辊印刷。

图 4-7　Aalberts 公司的 Ultra Z 网形纹辊

Harvey 认为，根据经验，白色油墨的使用量约占油墨总成本的 35%。与遮盖率相关的讨论，必须关注墨层厚度、针孔的多少和大小，以了解油墨转移的动力学和网纹辊在输送系统中起到的作用。

网纹辊网穴中如果能消除气泡的影响，针孔会减少。使用最佳深度开口比、油墨能顺畅转移的网纹辊，将能确保印刷结果的一致性；与油墨、印版、印版表面加网等其他工艺参数相匹配的网纹辊，能优化遮盖率的印刷表现。

Woodard 认为，在不增加载墨量的情况下实现更好的油墨转移，对于获得需要的遮盖率和控制成本至关重要。开放式网穴网纹辊已被证明是最有效的，无论是 30°沙漏式通沟网穴，还是 70°或 75°拉长六边形网穴，如图 4-8 所示，都会提升油墨释放能力，并且不易堵塞网纹辊。

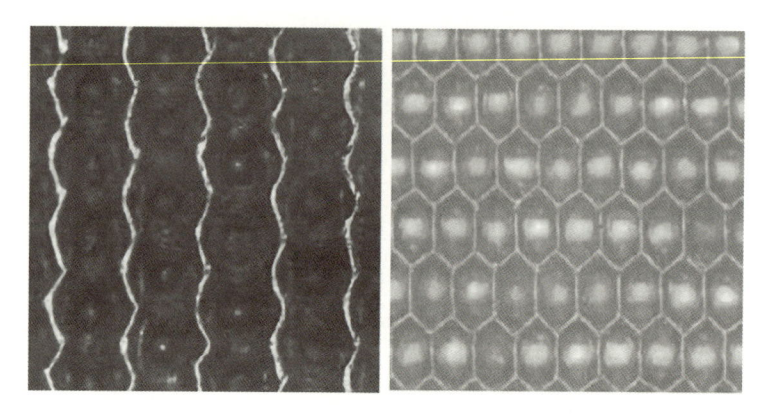

图 4-8　沙漏形网纹辊和拉长的六边形网穴

Poulson 认为，Harper 公司的 XCAT 网纹辊通沟与 60°网穴结合，实现了更好的油墨传输和均匀的墨层厚度，可以更好地铺展油墨；这个说法在水性油墨、溶剂型油墨和 UV 油墨上都得到了证实，显示出良好的印刷效果。与某些开放式通沟网穴不同，XCAT 使得额外的油墨转移提升遮盖率，在标准载墨量的情况下就可以做到很好的实地油墨转移，更高的载墨量也有同样表现。

30°的通沟还有助于最大限度地减少白墨针孔。当然，还有许多其他变量在起作用，比如油墨类型、印版表面加网技术、印版硬度等，不仅仅是网纹辊的问题。调整网纹辊的网穴网形会有所帮助，油墨消耗少的同时能减少针孔，这就意味着降低了油墨成本。

针对这个问题，可以做网纹辊测试，就是用一支有多种线数和载墨量的测试网纹辊来找到答案。测试网纹辊也应该从供应商处购买，这样与正式生产使用的网纹辊才有可比性。一旦我们认证了这支网纹辊，客户就可以将其用作日常校准用网纹辊。如果使用的测试网纹辊与其供应商提供的网纹辊类型不同，那么测试和正式生产的结果就会有所不同；除非使用与供应商相同的检测设备，否则印厂必须有一个基准辊（校准辊），如图 4-9 所示再把用干涉显微镜或基于其他理论的测量设备获得的测量结果关联起来。

图 4-9　2007 年，Davide Deganello 博士首次采用干涉显微镜测量网纹辊获得成功

Middleton 认为，Interflex 激光雕刻公司推荐使用通沟中断的网纹辊如图 4-10 所示，这是一种半开放式网穴设计。该类网纹辊可以提供良好的油墨流平性能，减少了针孔；与波浪形通沟网穴的工作方式类似，但后者是一种开放型网穴设计。具体情况可与我们的工程师讨论。

Rastetter 认为，印刷厂经常有这样一种情况，即他们用 50% 的油墨支出用来购买白墨；

图 4-10　通沟中断的网纹辊网穴

通过选择合适的网纹辊和网穴设计，有很大机会减少白墨消耗。例如，Pamarco 公司 EZFlo 的 30° 通沟降低了网穴间网墙的高度，但仍然可以准确控制油墨量。该技术可为印版提供良好的油墨流平，然后印版再把油墨均匀地转移到承印物上。通沟技术还允许网纹辊在通过墨腔时快速填充油墨。

## 八、如果每个供应商都将网纹辊雕刻同样的线数、载墨量和网形，印刷效果会不会一样？

Batistatos 认为，不太会一样。几年前，Troika 公司进行了一项研究，将带有多个雕刻参数不同的测试网纹辊送到 13 家不同的网纹辊公司进行测量。对于同一组雕刻参数，测量的结果差别很大。这个研究表明，每家公司都有不同的测量技术和设备，这个情况至今没有改变；不仅各家公司的设备测量范围不同，而且校准的频率和精度也各不相同，这也会造成读数的不同。

Harvey 认为，上述三个要素与网纹辊性能没有绝对关系。

第一，加网线数是指沿雕刻角度（60 度）的每英寸中的网穴数，具体是指从网穴的中心到下一个网穴的中心。因此，对于 300 lpi 的网纹辊，网穴开口加上网墙间距的总和是 85μm，可以由 65μm 网墙和 20μm 网穴开口制成，或 80μm 的开口网穴和 5μm 的网墙构成；两支 300 lpi 网纹辊，但两者表现完全不同。

第二，载墨量或 BCM 是对网穴容积以及网穴内可以容纳多少油墨的测量，而不是对油墨转移量的测量。具有厚网墙的封闭式网穴需要雕刻得更深，才能达到与开放式网穴相同的传墨量。

因此，要回答这个问题，线数和载墨量数值不足以判断网纹辊性能，只看数字太简单了。如果使用相同的陶瓷雕刻工艺，比如网穴形状、网穴深度、开口尺寸、网墙宽度、网穴容积（需要用相同的设备测量）、表面抛光，那么结果将非常相似。

Poulson 认为，供应商之间存在差异，这可能是因为使用不同的检测设备，同时雕刻质量以及每家公司校准检测设备的方式也有所不同。我们有许多干涉显微镜，都经过校准到同一水平；同时，我们还有许多三维质量检测设备，也做到了让它们的读数相同。但是，有些测量仪器的理论与干涉显微镜测量会有明显差异，测量结果差异可能很大。如果了解客户订单和对传墨量的要求，网纹辊库存管理会变得容易。

传墨量相同的网纹辊的印刷一致性，是需要注意的问题，标准化可以实现提问中所说的一致性。如果您有 10 支 2.0 BCM 的 1 000 lpi 网纹辊，它们应该能提供相同的传墨量和印刷实地密度。

在网纹辊线数之外，还有雕刻角度、网穴深度、网穴开口和载墨量等参数，其中载墨量是最重要的。综合这些参数，可以满足网点印刷需求，同时它们还影响着墨膜厚度、网点扩大和印刷实地密度。在知道所需的载墨量后，可以再考虑加网线数和网穴形状，但这取决于到承印物上的传墨量。根据油墨化学成分及其功能，需要考虑网穴形状、加网线数和网穴开口，每支网纹辊选择对应的载墨量也很重要。如果遵循 Harper 网纹辊载墨量表如表 4-1 所示，它会引导您进行正确的选择。

表 4-1　Harper 网纹辊线数和载墨量的关系范围

| 应用 | 线数 /lpi | 载墨量 /BCM |
| --- | --- | --- |
| 粗线条和实地 | 180～330 | 4～9 |
| 线条和文字 | 200～400 | 3～8 |
| 精细图案 | 360～500 | 2.8～3.6 |
| 特殊加工 | 500～1200 | 0.9～2.8 |

Beeson 认为，简单说就是不相同，一些因素导致它们永远不会相同。比如陶瓷不同；孔隙率不同；载墨量测量没有标准，测量设备和设置也不同；人员操作差异；网纹辊的雕刻方式和雕刻方法不同、设备水平不同、操作员技术水平不同；测量方式的准确性；网纹辊是如何进行抛光和精磨的，是手工、机器还是根本不做？这些因素都会影响网纹辊的印刷能力。

# 主曝光与柔性版高光网点再现关系的研究[①]

肖颖　张鑫悦　费阳　郭浩宇　吴建娟　刘骏

在柔性版的制版过程中，网点结构的形成主要取决于主曝光，而主曝光对高光网点的准确还原是评价制版质量优劣的主要指标之一，因为印版上高光网点还原得当有益于后续印刷过程中产品高光部分的层次再现。

目前，对于柔性版制版工艺的研究主要集中在制版过程的数字化控制、主曝光对网点面积覆盖率或网点轮廓的影响，对主曝光与网点顶部和肩部角度的再现状况研究未见有成果报道。本文以溶剂型数码版为研究对象，采用激光直接烧蚀成像制版技术，在确定主曝光能量和其他操作步骤相关参数的前提下，仅改变主曝光时间来分析此种版材高光网点顶部直径和肩部角度情况，研究这两个参数与主曝光时间的匹配关系，为后续建立最佳主曝光时间预测路径提供切实可靠的方法。

## 一、激光直接烧蚀成像制版流程

当前国内外主要使用两类印版：采用分色阴图片制版的传统印版和通过激光直接烧蚀成像的数码印版。与使用阴图片的传统制版过程相比，激光直接烧蚀成像制版流程则是把阴图片的准备步骤换成激光烧蚀黑膜成像，而其余步骤则与传统制版过程相同，如图 4-11 所示。

---

① 原载于 2022 年 8 月 CI FLEXO TECH，有改动。

图 4-11 激光直接烧蚀成像制版流程

具体步骤如下：

（1）采用短波紫外 UV-A 光源对版材进行背曝光，背曝光决定了印版的底基厚度以及浮雕高度；

（2）通过激光烧蚀成像设备直接烧掉数码版材表面的黑膜，形成阴图图像；

（3）对印版进行主曝光形成图文潜像，主曝光采用 UV-A 短波紫外光源；

（4）主曝光完毕后的印版进行洗版处理，洗去未曝光部分的感光树脂，形成浮雕图文；

（5）由于洗版后版材的厚度会明显增加，因此需进行烘干处理，让版材恢复到原来的标准厚度；

（6）分别用 UV-A 和 UV-C 光源对版材进行全面曝光，目的是让版材的交联聚合反应更加彻底，消除黏性并优化版材的印刷适性。

## 二、实验方案

### 1. 测试文件的设计

由于本文重点研究主曝光对高光网点表面微观性质的影响，因此仅设计平网的测试文件，如表 4-2 所示。

表 4-2 实验用测试文件

| 110lpi | | | | 120lpi | | | | 133lpi | | | | 150lpi | | | | 175lpi | | | |
|---|---|---|---|---|---|---|---|---|---|---|---|---|---|---|---|---|---|---|---|
| 1.0 | 2.0 | 3.0 | 4.0 | 1.0 | 2.0 | 3.0 | 4.0 | 1.0 | 2.0 | 3.0 | 4.0 | 1.0 | 2.0 | 3.0 | 4.0 | 1.0 | 2.0 | 3.0 | 4.0 |
| 5.0 | 6.0 | 7.0 | 8.0 | 5.0 | 6.0 | 7.0 | 8.0 | 5.0 | 6.0 | 7.0 | 8.0 | 5.0 | 6.0 | 7.0 | 8.0 | 5.0 | 6.0 | 7.0 | 8.0 |
| 9.0 | 10 | 15 | 20 | 9.0 | 10 | 15 | 20 | 9.0 | 10 | 15 | 20 | 9.0 | 10 | 15 | 20 | 9.0 | 10 | 15 | 20 |

该平网文件是以 1% 的级差绘制 1%～10% 的梯尺，以 5% 的级差绘制 15%、20% 两个色块，RIP 时选用圆形网点，加网线数分别为 110lpi、120lpi、133lpi、150lpi 和 175lpi，加网角度为 45°。

2. 实验版材与仪器

选用 Flint Nyloflex FTF170D 型数码版材为测试版，使用 ThermoFlex X 60 型激光直接雕刻机进行烧蚀成像，Nyloflex 系列设备进行版材的背曝光、主曝光、冲洗、烘干、后曝光和去粘。制版完毕，使用 Zeiss LSM 800 激光共聚焦显微镜，配合 Topography Measurement-ZEN2.6 system 和 ConfoMap ST 采集网点信息。

3. 制版参数的设定

由于 FTF170D 型版材的曝光宽容度较大，在主曝光的前期网点变化比较明显，到后期则变化不太明显，因此主曝光测试时间的间隔设置采取前小后大的方式，即 3min、6min、8mim、12min、20min，其余制版参数一致，具体见表 4-3。

表 4-3　FTF 170D 型版材的制版参数

| 项目 | 单位 | 制版参数 |
| --- | --- | --- |
| 背曝光时间 | s | 37 |
| 主曝光时间 | min | 设定 |
| 主曝光能量 | mW | 23 |
| 洗版速度 | mm/min | 210 |
| 毛刷高度 | mm | 0.5 |
| 烘干温度 | ℃ | 60 |
| 烘干时间 | h | 1.5 |
| 后曝光时间 | min | 10 |
| 去粘时间 | min | 5 |

## 4. 测试方法

使用 Zeiss LSM 800 激光共聚焦显微镜，以放大 500 倍的倍率分别对 110lpi、120lpi、133lpi、150lpi 和 175lpi 印版上的网点进行扫描，通过 ConfoMap ST 软件测量这些网点的顶部直径和网点肩部角度，共获得 600 组数据。

在测量网点顶部实际直径时，以产生坡度的边缘任一点为起始点，用软件测量网点的水平距离，即得出实际直径，如图 4-12 所示。

网点的肩部角度可分为前后肩部角度和左右肩部角度，通常洗版前进方向网点的肩部角度称作前后肩部角度，垂直于洗版前进方向的左侧网点肩部角度称为左肩部角度，反之则称为右肩部角度，如图 4-13（a）所示。由于洗版时毛刷高度和速度等诸多原因容易导致前后肩部角度相差很大，所以在实际生产中没有测量必要，本次实验测量的是网点左右肩部角度，测量时是根据网点二维轮廓拟合图上比较平滑的左右两侧区域做出切线，切线与水平线的夹角度数为网点的左右肩部角度值，如图 4-13（b）所示。

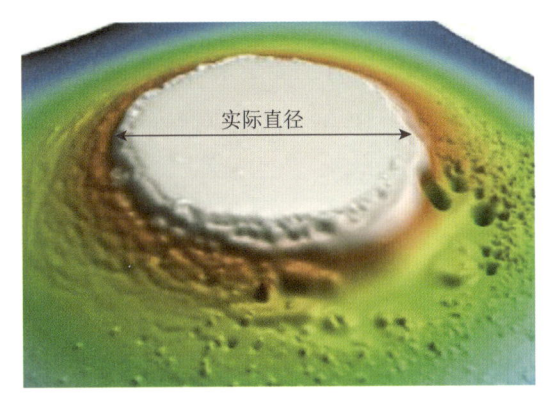

图 4-12 网点顶部实际直径的测量方法

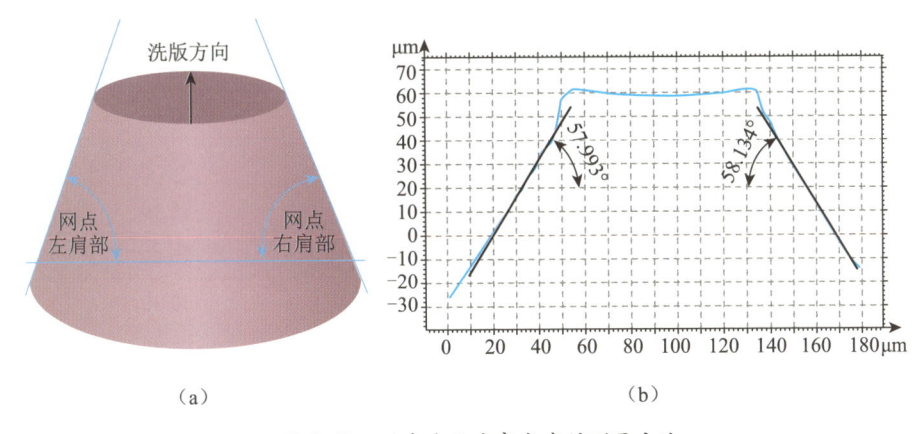

（a）　　　　（b）

图 4-13 网点左右肩部角度的测量方法

## 三、实验数据分析

考虑到在实际生产中,通常是测量 6%、10% 和 20% 高光网点再现情况,因为这三个网点面积覆盖率能否很好再现时,最能体现主曝光时间设置是否为最佳,所以具体实验数据分析时也仅对印版 6%、10% 和 20% 的网点进行分析。

### 1. 网点顶部直径理论值的计算

柔性版印刷时主要是采用圆形网点,假设印版的加网线数为 A(lpi),网点面积覆盖率为 B%,则 B% 网点面积覆盖率状态下单个网点直径 R 的计算公式如下式(单位:μm):

$$R = \frac{5080}{A}\sqrt{\frac{B}{\pi}}$$

根据该计算公式,可以分别计算出 110lpi、120lpi、133lpi、150lpi 和 175lpi 印版 6%、10% 和 20% 网点顶部的理论直径值,如表 4-4 所示。

表 4-4　网点理论自经值数据

| 加网线数 /lpi | 网点百分比 /% | 理论网点直径 /μm |
|---|---|---|
| 110 | 6 | 63.80 |
| 110 | 10 | 82.40 |
| 110 | 20 | 116.50 |
| 120 | 6 | 58.50 |
| 120 | 10 | 75.50 |
| 120 | 20 | 106.80 |
| 133 | 6 | 52.80 |
| 133 | 10 | 68.10 |
| 133 | 20 | 96.40 |
| 150 | 6 | 46.80 |
| 150 | 10 | 60.40 |
| 150 | 20 | 85.50 |

续表

| 加网线数 /lpi | 网点百分比 /% | 理论网点直径 /μm |
|---|---|---|
| 175 | 6 | 40.10 |
| | 10 | 51.80 |
| | 20 | 73.20 |

### 2. 相同主曝光时间下不同加网线数时版材的网点顶部直径与肩部角度

在特定（3min、6min、8min、12min、20min）主曝光时间下，根据测得版材上6%、10%和20%的网点顶部实际直径值，与表4-4数据进行计算，得出顶部实际直径与理论直径的差值，如表4-5所示。

表4-5 顶部直径的实际与理论差值　　　　　单位：μm

| 主曝光时间 | 网点百分比 | 110lpi | 120lpi | 133lpi | 150lpi | 175lpi |
|---|---|---|---|---|---|---|
| 3min | 6% | -10.80 | 11.00 | 6.70 | 6.40 | -2.40 |
| | 10% | 1.40 | -0.60 | 2.30 | -7.60 | 6.70 |
| | 20% | -1.50 | 5.80 | 4.90 | -4.20 | 6.70 |
| 6min | 6% | 2.90 | 4.90 | 6.30 | -9.40 | -2.10 |
| | 10% | -0.70 | -5.30 | 1.40 | 2.30 | 8.20 |
| | 20% | -3.50 | -11.20 | -1.80 | -1.60 | 2.80 |
| 8min | 6% | -7.80 | 1.10 | -6.60 | -2.50 | 0.10 |
| | 10% | -1.00 | -3.20 | 3.30 | 0.50 | 4.30 |
| | 20% | -0.50 | -4.20 | 4.40 | 5.50 | 0.10 |
| 12min | 6% | -7.10 | 4.10 | -7.50 | 3.20 | -5.60 |
| | 10% | 1.70 | 0.00 | 3.30 | 4.10 | 1.30 |
| | 20% | -9.50 | 3.80 | -5.60 | -2.20 | -3.70 |
| 20min | 6% | 2.90 | -10.90 | -1.70 | -3.10 | -2.30 |
| | 10% | 3.10 | -5.20 | -3.40 | -1.70 | -4.90 |
| | 20% | -7.50 | 2.80 | 1.10 | 4.40 | -2.30 |

根据版材上测得 6%、10% 和 20% 网点左右肩部角度，计算出左右肩部角度的差值，如表 4-6 所示。

表 4-6　左右肩部角度差值　　　　　　　　单位：（°）

| 主曝光时间 | 网点百分比 | 110lpi | 120lpi | 133lpi | 150lpi | 175lpi |
|---|---|---|---|---|---|---|
| 3min | 6% | 0.546 | 0.650 | 0.213 | 0.959 | 0.348 |
|  | 10% | -1.653 | -0.105 | 0.043 | -16.487 | -0.580 |
|  | 20% | -0.543 | 0.354 | 0.204 | -14.678 | -0.152 |
| 6min | 6% | -0.663 | -0.106 | -0.188 | -8.150 | 0.447 |
|  | 10% | -0.012 | 0.451 | 0.127 | 3.217 | -0.007 |
|  | 20% | -0.017 | -1.148 | 0.242 | 6.445 | 9.419 |
| 8min | 6% | -4.211 | 0.038 | 0.782 | 2.416 | 0.802 |
|  | 10% | -0.201 | 0.138 | 0.255 | 5.142 | 0.522 |
|  | 20% | 1.010 | 2.006 | 0.492 | 1.072 | 1.632 |
| 12min | 6% | -1.299 | 0.273 | -0.614 | 7.316 | 0.035 |
|  | 10% | 1.525 | -0.036 | -0.018 | 2.091 | -0.755 |
|  | 20% | 0.721 | -0.523 | -0.092 | -15.379 | 0.342 |
| 20min | 6% | 2.037 | 0.079 | 0.260 | 0.733 | 0.165 |
|  | 10% | -0.090 | 0.587 | 0.365 | -13.241 | 0.110 |
|  | 20% | -1.857 | 0.359 | -0.361 | 0.106 | -0.763 |

从表 4-5、表 4-6 数据可以发现，随着主曝光时间的增加，不同加网线数的高光网点顶部直径实际与理论差值、左右肩部差值的波动状况存在差异。

（1）3min 主曝光时间

110lpi、120lpi、133lpi、150lpi 和 175lpi 印版上 6% 网点顶部直径的实际与理论差值整体呈较大幅度波动，其左右肩部角度差值波动较小。

110lpi 和 120lpi 印版上 10% 网点顶部实际直径接近理论值，但 133lpi、

150lpi 和 175lpi 差值波动明显；除 150lpi 时其左右肩部角度相差甚远，其余线数时基本处于小幅波动。

20% 网点顶部实际直径在 110lpi 时接近于理论直径，其余线数均波动显著；而网点左右肩部角度差值波动状态基本与 10% 网点相近。

（2）6min 主曝光时间

175lpi 印版上 6% 网点顶部直径实际值接近理论值，在 110～133lpi 偏大且呈现小幅上升趋势，在 150lpi 时大幅降低且远低于理论直径；其 110lpi、120lpi、133lpi 和 175lpi 时网点左右肩部角度相接近，在 150lpi 是左右肩角度差异较大。

10% 网点在 110lpi 时顶部实际值接近理论值，120lpi 时明显低于理论直径，在 133lpi 时呈上升趋势且高于理论直径，而后随加网线数的提高出现明显上升；其左右肩部角度差值除 150lpi 时相差较大，其余四个线数左右肩部角度几乎一致。

20% 网点顶部直径的实际与理论差值随加网线数的变化波动也是比较明显的，其左右肩部角度差值在 110lpi、120lpi 和 133lpi 时近乎于 0，150lpi 和 175lpi 大幅度持续上升。

（3）8min 主曝光时间

8min 主曝光时间下五种加网线数印版上 6%、10% 和 20% 网点的顶部直径实际与理论差值，以及左右肩部角度差值的波动幅度都明显下降。

（4）12min 主曝光时间

6% 网点顶部直径的理论与实际差值波动幅度较大；除 150lpi 时左右肩部角度差值较大，其余四个线数的差值都较小。

10% 网点顶部直径的实际值在 110lpi、120lpi 时比较接近于理论直径，而后随加网线数的增加而增大；左右肩部角度比较接近，波动较为平缓。

20% 网点顶部实际直径增大或减少的波动值比较明显；而网点的左右肩部角度差值除了 150lpi 时差异较大，其余四个线数的差值都较小。

(5) 20min 主曝光时间

6%网点除在 120lpi 时顶部直径明显减少，其余线数的波动还算平缓，基本都属于网点顶部缩小的状态；其左右肩部角度差值波动较小。

10%网点顶部实际直径在 110lpi 时略高于理论直径，然后随加网线数的增加也呈现较明显的网点顶部缩小的情况；除了 150lpi 时左右肩部角度差值较大，其余四个线数差值都较小。

20%网点顶部直径理论与实际差值整体趋势也呈 M 字变化，133lpi 时最接近理论直径；其左右肩部角度差值波动较小。

3. 相同加网线数下不同主曝光时间时版材的网点顶部直径与肩部角度

在特定加网线数下，根据计算出的顶部实际直径与理论直径的差值，以及左右肩部角度的差值，绘制出相应的折线图，分别如图 4-14、图 4-15、图 4-16、图 4-17、图 4-18 所示。

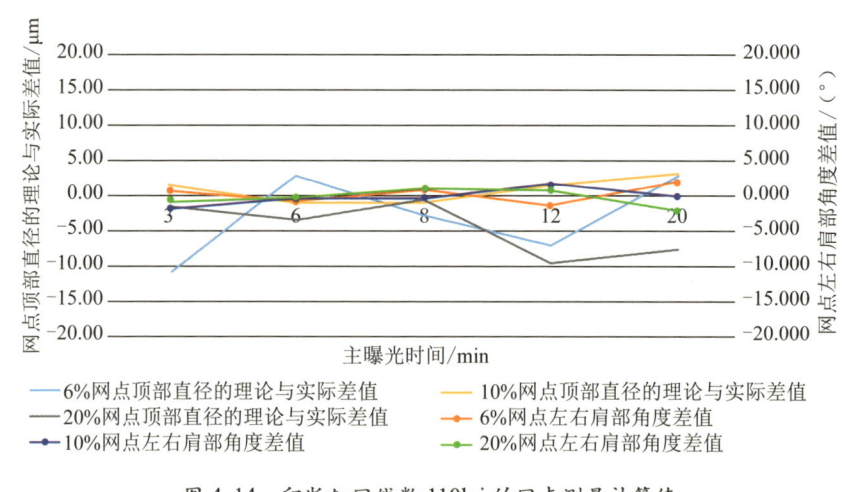

图 4-14 印版加网线数 110lpi 的网点测量计算值

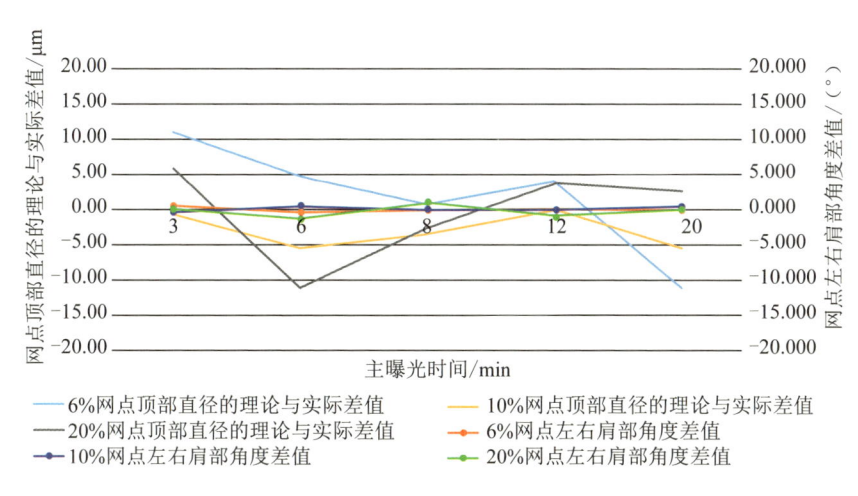

图 4-15　印版加网线数 120lpi 的网点测量计算值

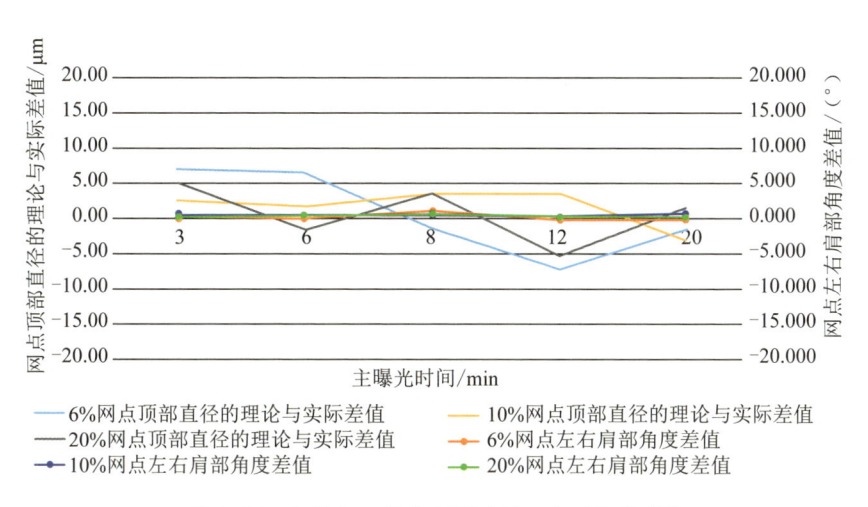

图 4-16　印版加网线数 133lpi 的网点测量计算值

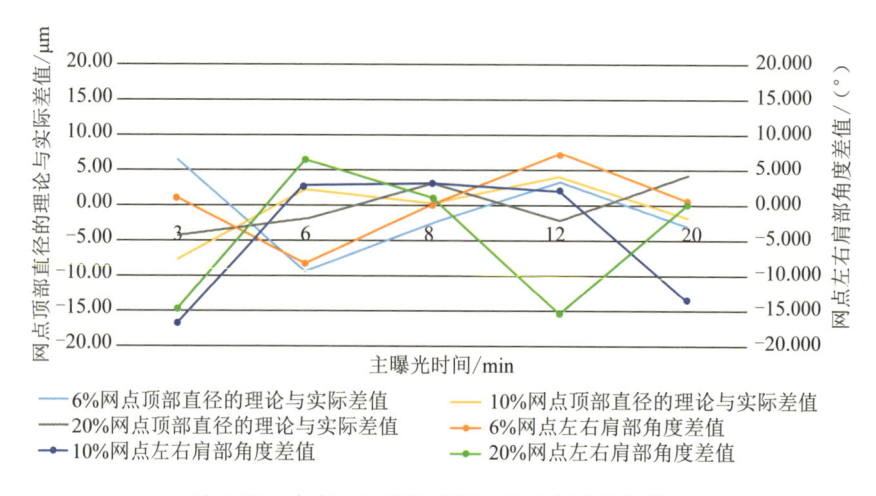

图 4-17　印版加网线数 150lpi 的网点测量计算值

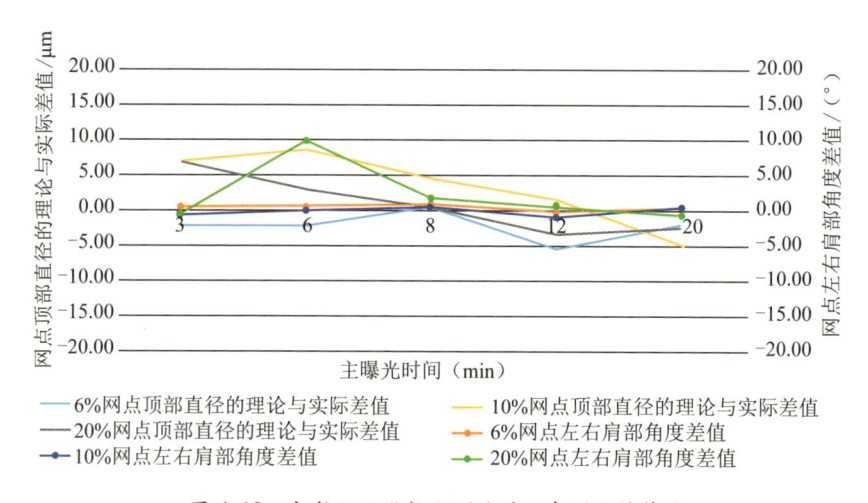

图 4-18　印版加网线数 175lpi 的网点测量计算值

## 4. 测试结果分析

观察图 4-14 ~ 图 4-18 可以发现，在主曝光时间为 8min 时的 110lpi、120lpi、133lpi、150lpi 和 175lpi 印版中，6%、10% 和 20% 网点的顶部直径实际与理论差值，以及左右肩部角度差值都有明显减少的情况。

此外还可以发现，对于 110lpi、120lpi 和 133lpi 的印版，主曝光时间的变化对网点左右肩部角度差影响不大；对于 150lpi 和 175lpi 的印版，主曝光时间的改变会明显影响网点左右肩部角度差，导致网点肩部质量的不稳定。

3min、6min、12min 和 20min 主曝光时间导致 150lpi 和 175lpi 印版上网点顶部实际直径大幅度波动，110lpi 和 120lpi 印版的波动情况略好，但整体差异也比较明显。只有 133lpi 印版无论采用哪一种主曝光时间，其网点顶部直径的质量整体比较好。

综合分析本次测试结果，可以得出对于 Flint Group Nyloflex FTF170D 型数码版材而言，8min 的主曝光时间能较好再现高光网点的顶部直径和肩部角度，具体测量数值见表 4-7。

表 4-7  8min 主曝光下不同加网线数的网点顶部直径和左右肩角度测量值

| 加网线数 /lpi | 网点百分比 /% | 理论网点直径 /μm | 实际网点直径 /μm | 左肩部角度 /° | 右肩部角度 /° |
| --- | --- | --- | --- | --- | --- |
| 110 | 6 | 63.80 | 71.6 | 64.662 | 68.873 |
| | 10 | 82.40 | 83.4 | 57.933 | 58.134 |
| | 20 | 116.50 | 117.0 | 72.929 | 71.919 |
| 120 | 6 | 58.50 | 57.4 | 56.072 | 56.034 |
| | 10 | 75.50 | 78.7 | 51.851 | 51.713 |
| | 20 | 106.80 | 111.0 | 53.902 | 51.896 |
| 133 | 6 | 52.80 | 59.4 | 56.042 | 55.260 |
| | 10 | 68.10 | 64.8 | 50.809 | 50.554 |
| | 20 | 96.40 | 92.0 | 56.631 | 56.139 |
| 150 | 6 | 46.80 | 49.3 | 61.428 | 59.012 |
| | 10 | 60.40 | 59.9 | 61.730 | 56.588 |
| | 20 | 85.50 | 80.0 | 57.006 | 55.934 |
| 175 | 6 | 40.10 | 40.0 | 58.855 | 58.053 |
| | 10 | 51.80 | 47.5 | 57.841 | 57.319 |
| | 20 | 73.20 | 73.1 | 55.822 | 54.190 |

制版线数在133lpi时高光网点的总体再现质量最佳，这与实际生产的情况相符。

主曝光时间过长或过短，会导致网点顶部实际直径值明显与理论直径值不符合，且网点的左右肩部角度相差很大。

## 四、结论

柔性版制版主曝光时间的变化会直接影响网点的微观形状（顶部直径和肩部角度），除主曝光时间对网点的微观形状造成影响，主曝光的能量、洗版的速度、毛刷的高度、后曝光的时长都一定程度会影响网点的微观形状，所以制版时要综合考虑各项参数，多次实验后方可确定。

柔性版印刷作为资源节约、绿色环保的印刷方式，将迎来非常好的外部发展环境和机会，未来有很好的发展趋势和上升空间。然而制版行业在产业链中面临很多挑战，对内需应对技术竞争，对外需努力形成竞争优势，我国的柔性版制版企业距离成为具有现代管理技术和综合服务能力的现代企业还有很长的路要走。

# 激光烧蚀成像中方形光斑与圆形光斑技术差异比较[①]

申广杰　陈勇波

很长一段时间以来，柔性版数字制版雕版机因其销售价格高、雕刻效率低等原因，在制版行业中难以快速普及。规模较大的制版公司为了满足产能，更是迫不得已买进多台雕刻设备，随着高网线印刷应用的普及，问题更加突出。

近年来，随着国内本土生产的半导体激光技术日益成熟，密排型二极管激光雕版机虽然在快速降价普及，但半导体激光的有效焦深较短，难以良好应对版材厚度波动下遇到的局部失焦问题，致使大幅面雕刻内容的一致性效果较差。如何将256光纤光阀方形激光空间调制技术从胶印CTP应用转化到柔印CTP应用中，成为业内技术人员关注的焦点。

本文以爱司凯公司"火神"的Vulcan 5080柔版激光雕版机为例，该机型将原本用于胶印CTP大功率光纤激光光阀技术成功应用于柔版CTP设备上，分析了方形光斑与圆形光斑技术差异，以期望为柔印制版的生产商提供技术参考。

## 一、Vulcan 5080概况

如图4-19所示，Vulcan（火神）5080柔版激光雕版机是爱司凯公司全新开发的Naja256激光头，该型激光头融合了大功率光纤激光器和256路独立控制光

---

[①] 原载于2022年12月CI FLEXO TECH，有改动。

阀两大技术原理，突破原激光器的功率上限，同时配置了激光测距与音圈马达自动聚焦控制技术，可以有效地解决版材厚度波动下遇到的局部失焦问题。

图 4-19　Vulcan 5080 柔版激光雕版机

该型号激光头的相关参数如下：

（1）采用大功率光纤激光器，使最大功率达 100～200W；150W 高速型，使用 5080dpi 雕刻一张 50×80 英寸全网点印版，雕刻时间 22 分钟；100W 中速型，使用 5080dpi 雕刻一张 50×80 英寸全网点印版，雕刻时间 30 分钟；当生产任务很重时可以允许短时提升 10% 雕刻速度，以确保工厂能按时完成更多订单；

（2）256 路独立控制光阀技术，使可用激光束最大到 256 路，大大提升雕刻效率，光阀技术是方形光斑的基石；

（3）Naja256 激光头采用 32 倍高倍成像镜头，标准状态为 5080dpi；

（4）分辨率为 5080dpi 时，可实现最细斜线或圆弧 15μm，可辨最细横线、竖线为 5μm；1 像素为 5μm，也就是 1 像素清晰可辨，可使色彩还原度提升 30%；

（5）使用全新开发的更精细分辨率的半画幅光阀，可将雕刻分辨率提高到 10160dpi，输出光斑的真实尺寸为 2.5μm×2.5μm，可实现 5μm 以下细线雕刻；

（6）激光头向下兼容 2540dpi，如果要求更低可使用二重叠行雕刻，相应提高功率，可获得 150% 的雕刻速度；

（7）音圈马达自动聚焦技术，可有效避免版材表面不平整带来的损耗；

（8）二重、三重叠行功能，在保证黑膜雕刻效果更优秀的同时，仍能实现较高的雕刻效率；

（9）温度实时监控与雕刻前激光校验，可提高激光头的工作稳定性。

## 二、方形光斑与圆形光斑的技术差异

### 1. 光斑产生机理对比

以 5080dpi 的应用为例，其最小单位网点尺寸为 5μm×5μm 的方格子，如果使用直径为 5μm 的圆形光斑，那就无法将方格子 4 个角填满，如图 4-20（a）标注的未填充区域；为了能够完全覆盖整个方格子，圆光斑的直径必须要大于等于方格子对角线的直径，即 7.07μm，如图 4-20（b）所示，也就是圆形光斑直径必须是最小单位网点的 1.414 倍。

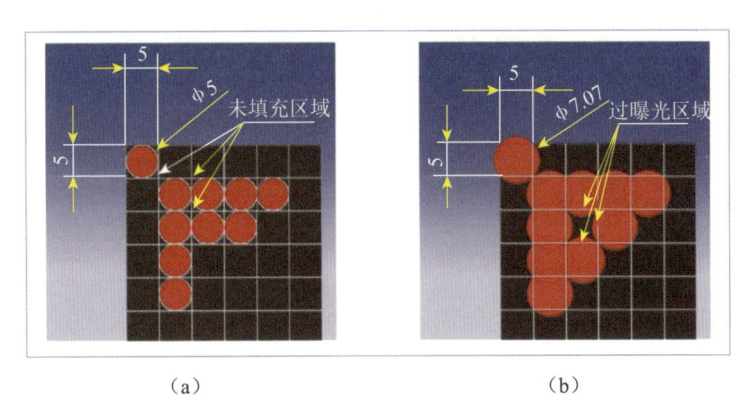

图 4-20 圆形光斑

观察雕刻后的印版表面结构，如图 4-21（a）所示的直径 5μm 的光斑无法填充全部方格，产生无法消除的孤岛；而图 4-21（b）所示的直径 7μm 的光斑，会使周围不应该曝光的区域产生过度曝光，留下圆弧相交的孤岛，而使得网点无法保持理论上的规则形状。

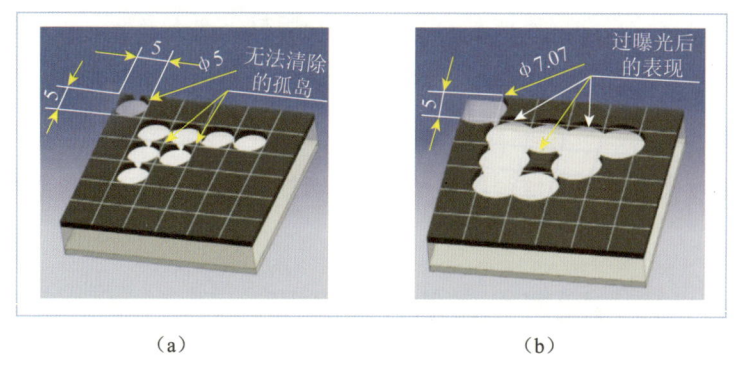

图 4-21　圆形光斑雕刻后表面状况

虽然有些技术的光学开发人员会根据实际情况，调整合适的光斑直径，不直接使用 7.07μm，但不管多少尺寸，其本质缺陷依然存在。

若方形光斑如图 4-22（a）所示，则采用严格的 5μm×5μm 尺寸，与最小网点完全一致，雕刻结果如图 4-22（b）所示，不存在死角与多曝光的情况。

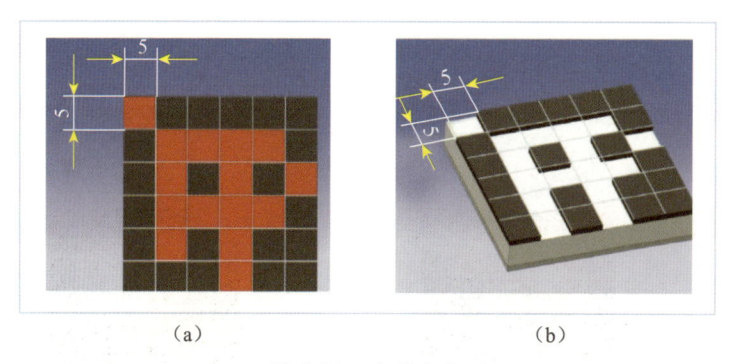

图 4-22　方形光斑

### 2. 光斑输出能量分布对比

接下来分析光斑的立体结构，因为转鼓沿 Y 轴方向扫描，所以将光斑投影到 Y 轴上，就能看出光斑的能量分布，以及所有光斑整合在一起的能量情况。

如图 4-23 所示，在左侧的圆形光斑雕刻时，每个点所获得的能量是不均匀的，每两个光斑叠加处的能量会偏大，而处于左右最两侧的两个光斑能量则出现向两侧逐渐降低的过程。这种情况会带来边界不清晰现象，同时过大光斑导致细线条变窄，如图 4-24 所示，后文将会详细解释这一点。图 4-23 右侧的方形光斑则完全没有这个问题，能量分布平整且边界直接从最高直线下降到最低。

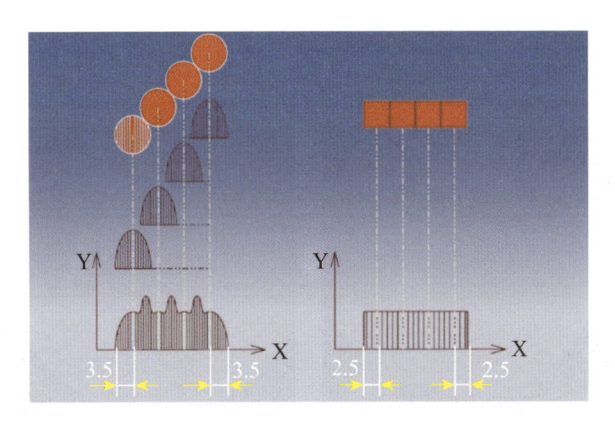

图 4-23 光斑的能量分布

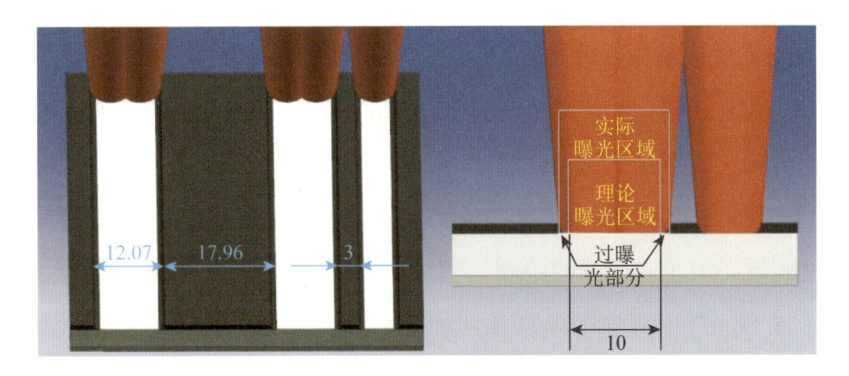

图 4-24 大光斑过曝光导致细线变窄

由于圆形光斑技术采用比最小网点更大的光斑尺寸，这必然导致细线两侧的过曝情况。也就是说，当需要要输出一条 20μm 的细线时，实际的结果其宽度可能只有 18μm；不要小看这少去的 2μm，因为当需要输出 5μm 的细线时，实际雕刻结果的线宽可能只有 3μm，这就导致阴阳线无法完整对齐。

这仅仅是针对与 X 轴或者 Y 轴平行的直线，如果需要要输出斜线或者圆弧，那情况会更糟糕。

### 3. 制版后边界锐利差异

根据图 4-23 所示的能量分布情况我们不难看出，圆形光斑在边界处能量呈现出逐渐下降的过程，应该使用多大功率是很大的难题，过大的功率会导致黑色区域过曝使得黑线变窄，功率过小则会使得透光区边缘地方出现残余的岛屿。如

图 4-25 所示，左图为圆形光斑制版结果，右图为方形激光的制版结果。

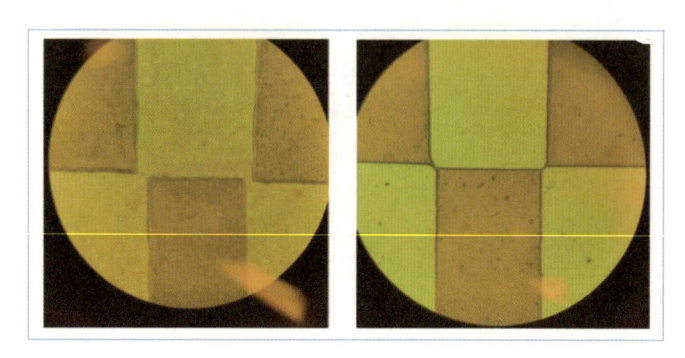

图 4-25 边界对比

**4. 制版后细线雕刻差异**

圆形光斑在边界处能量呈现出逐渐下降的问题，在雕刻阴阳线时展现得淋漓尽致，而方形光斑解决了这个问题。

如图 4-26 所示，则是圆形光斑和方形光斑处理 15μm 宽的 45 度斜线的理论处理方式对比，可见有明显的差异。

0.1pt（35μm）宽的斜线与圆弧线的雕刻效果对比，20 倍放大结果如图 4-27 所示，40 倍放大结果如图 4-28 所示。

0.1pt（35μm）宽的阴阳线的雕刻效果对比，40 倍放大结果如图 4-29 所示，60 倍放大结果如图 4-30 所示。

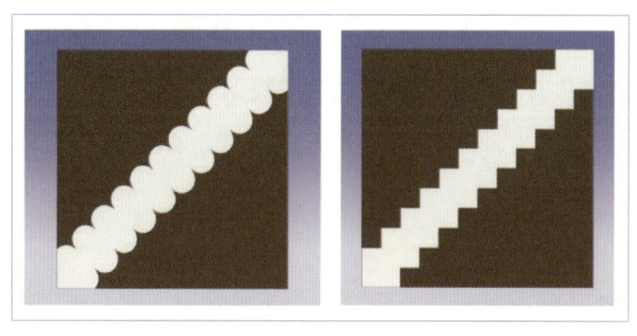

（a）圆形光斑　　　　　　（b）方形光斑

图 4-26 斜线的理论处理方式对比

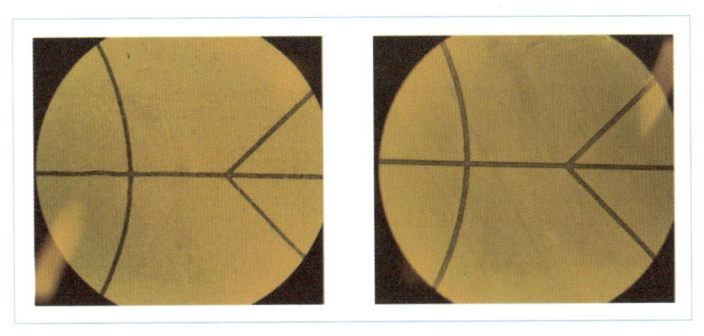

(a)圆形光斑　　　　　　　（b)方形光斑

图 4-27　0.1pt 宽的斜线与圆弧雕刻效果 20 倍放大结果

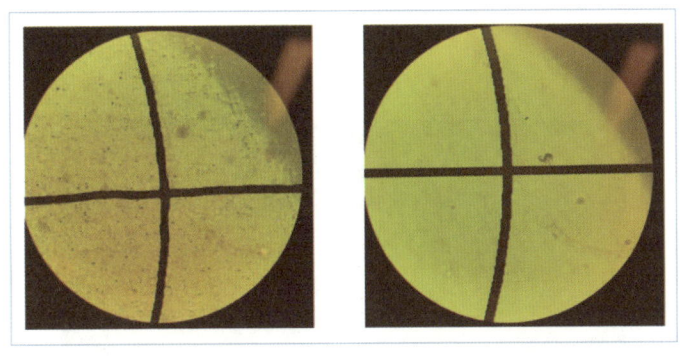

(a)圆形光斑　　　　　　　（b)方形光斑

图 4-28　0.1pt 宽的斜线与圆弧雕刻效果 40 倍放大结果

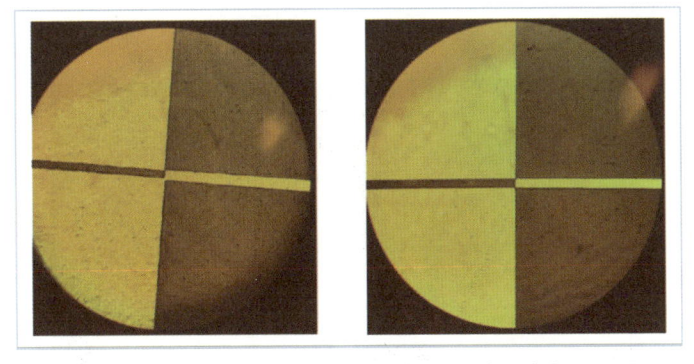

(a)圆形光斑　　　　　　　（b)方形光斑

图 4-29　0.1pt 宽的阴阳线雕刻效果 40 倍放大结果

（a）圆形光斑　　　　　　（b）方形光斑

图 4-30　0.1pt 宽的阴阳线雕刻效果 60 倍放大结果

　　0.4pt（0.141mm）宽的阴阳线的雕刻效果对比，40 倍放大结果如图 4-31 所示，60 倍放大结果如图 4-32 所示。

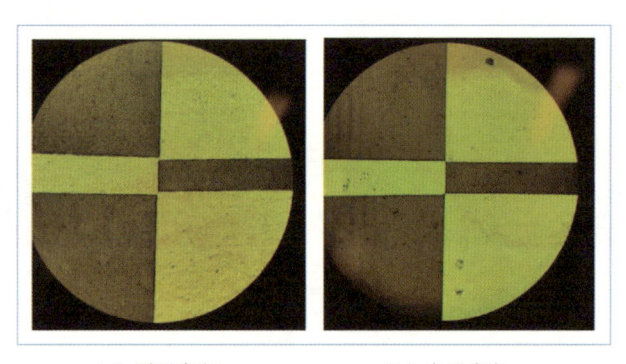

　　（a）圆形光斑　　　　　　（b）方形光斑

图 4-31　0.4pt 宽的阴阳线雕刻效果 40 倍放大结果

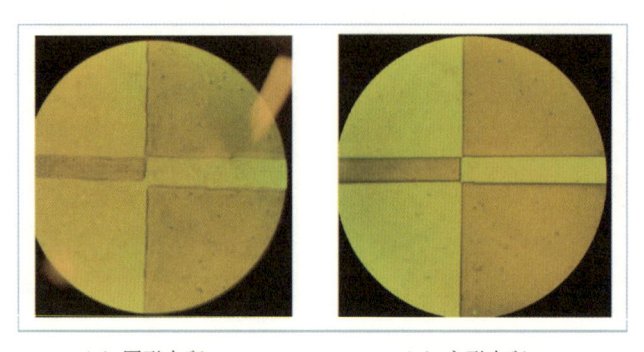

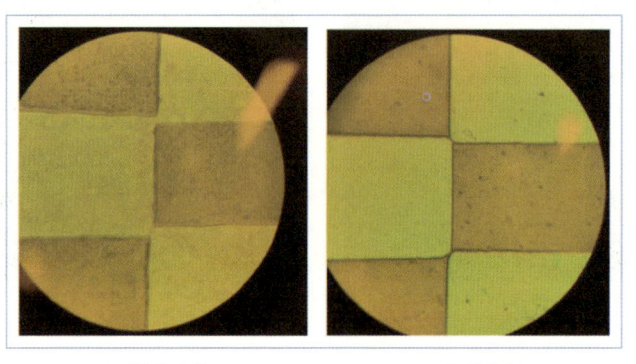

　　（a）圆形光斑　　　　　　（b）方形光斑

图 4-32　0.4pt 宽的阴阳线雕刻效果 60 倍放大结果

## 三、聚焦技术

版材厚度的波动会导致雕刻时版材表面不平整，也有可能由于转鼓表面有脏点，导致版材鼓起；这时如果直接进行雕刻，会由于激光焦距偏离，而出现雕刻问题和版材不合理损耗。Vulcan 5080 使用音圈马达自动聚焦技术，如图 4-33 所示，可以最大限度地容忍版材表面的不平整。

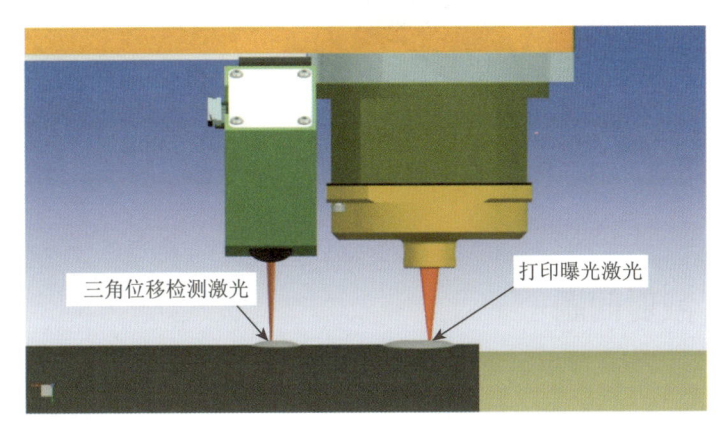

图 4-33　音圈马达自动聚焦技术

音圈马达自动聚焦技术是使用三角位移传感器（图 4-34 中的绿色盒子）的采样，对版材表面进行光学测量，读取表面的不平整信息，由驱动控制板生成运动曲线，控制音圈马达前后运动。当版材表面鼓起时，音圈马达控制镜头往后运动，版材表面有下凹时，音圈马达驱动镜头向前运动，最终使得镜头与版材表面始终保持同一个相对距离，即焦距。音圈马达自动聚焦的控制范围为 ±0.3mm，理论上可吸收约 0.6mm 的不平整度。

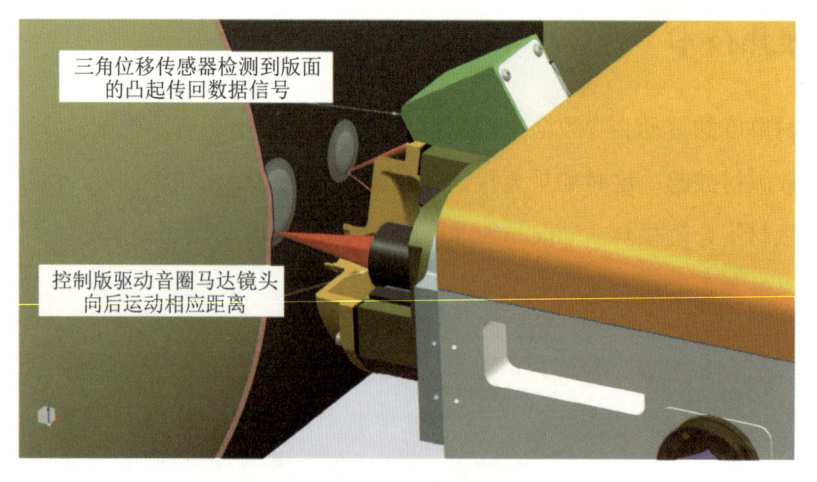

图 4-34　音圈马达自动聚焦工作状态

## 四、余烬溅射问题

版材在雕刻过程中会产生燃烧不完全的余烬，而余烬会有溅射的情况，如图 4-35 所示，溅射的范围跟光斑的总宽度有关系；而这其中有一小部分余烬会溅射到已经雕刻过的地方，再加上版材具有黏性，溅射到的余烬会黏附到雕刻过的印版表面难以清除。

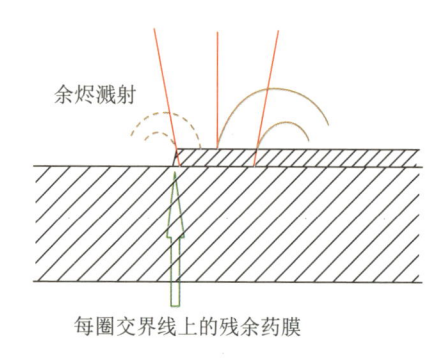

图 4-35　余烬的溅射

Vulcan 5080 根据烟尘余烬溅射的情况，可使用激光在雕刻过的表面再进行燃烧，同时由于二次燃烧时残余的药膜较少，燃烧足够充分，不会再产生余烬。这称为叠行功能，该功能是解决每圈交界线的最有效手段，叠行越多，效果越好。

经过多次测试验证，由于笔者在操作过程中使用的雕刻通道数量很多，大约 200 多路，所以燃烧的火焰比较大，产生的余烬较多。因此，在二重叠行雕刻时，已经能将大部分余烬除尽，特别是在 2540dpi 时，已经完全符合使用要求；为了进一步提升印刷品质，可以使用三重雕刻，因为设备有更多的雕刻通道数，使用三重叠行仍然能够达到很高的输出效率。

## 五、激光头监测和控制

由于版材成本较高，笔者在操作前将在每张版材雕刻前进行一次自动激光检验，并显示各路激光的健康状态，如果发现激光状态不对将进行自动校准，并反馈到操作界面，以确保激光头随时处于最佳工作状态。

激光头内部密封并采用水冷方案，及时将激光器产生的热量带走。同时对激光头各个环节增加温度监控功能，当温度升高超过正常范围时即发出报警信号，可避免不必要的损失。

研究结果表明在柔版激光雕版机中采用大功率光纤激光器和 256 路独立控制光阀，同时配置激光测距与音圈马达自动聚焦控制技术的设计思路，一方面突破原激光器的功率上限，另一方面能解决因版材厚度波动遇到的局部失焦问题；同时在烧蚀成像过程中采用方形光斑技术所制印版的质量也优于圆形光斑技术。

# 水性油墨在卫生材料上的应用研究[①]

林泽锋

随着人民生活水平的提高，我国纸尿裤、卫生巾的使用比例逐年提高，目前纸尿裤、卫生巾已经成为卫生材料（以下简称卫材）中的一个重要分支。PE膜作为纸尿裤、卫生巾的主要印刷基材，直接与人体接触，其健康、安全尤为重要。水性油墨是迄今为止最为环保安全的印刷油墨，所以水性油墨成为纸尿裤、卫生巾PE膜印刷的首选。

水性油墨在印刷过程中也会遇到各种各样的问题，所以操作人员要明确纸尿裤、卫生巾的性能指标要求，进行相应的研究，以解决水性油墨现有的缺陷；并采取有效的检测方法，保证水性油墨的产品质量，为后续使用提供保障。

## 一、卫材的印刷方式

目前的卫材主要有柔性版印刷和凹版印刷两种方式，这两者是并存和互补的关系。

近十年是印刷行业发展的高速期。柔版印刷设备不断创新、改进，从以前的机速100m/min提高到现在的最高500m/min，大大提高了生产效率。同时，水性油墨也是不断地配合优化配方，目前能适应所有柔版印刷机机速印刷，从100～500m/min，均能适应。

由于近年来国家对环保要求日益严格，大力推进"油转水"项目，有企业也成功研发出水性凹版油墨代替传统的溶剂型油墨，满足客户产品要求，同时也解

---

① 原载于2022年6月 CI FLEXO TECH，有改动。

决了凹版印刷水性油墨干燥不良问题,目前机速在 100～200m/min,能适应客户各种产品的印刷。

## 二、卫材产品的性能要求

### 1. 附着力

附着力是指两种不同物质接触部分间的相互吸引力。当液态的油墨转移到 PE 膜上时,油墨通过水分及胺类的挥发,在其表面形成一层致密的膜,从而具备附着牢度。对于经过电晕处理的常规 PE 膜,水性油墨的附着力是可以达到 3M 胶带拉扯不掉色。

偶发性出现产品附着力差,掉色情况的可能原因有:

(1) 树脂

水性油墨的性能是通过连接料(即树脂)赋予的,树脂简单的分为成膜树脂与不成膜树脂,成膜树脂提供黏结性,不成膜树脂提供刚性。类似水泥和沙子之间的关系,单纯的沙子不具备黏结性,单纯的水泥又不具备刚性,必须是水泥和沙子结合,水性油墨是同样的原理,必须是成膜树脂与不成膜树脂的合理搭配,使油墨具备一定黏结力的同时又不会返黏。

通过大量的实验反复测试,油墨的 Tg 小于 25℃时,具备良好的附着牢度。

(2) 表面电晕处理

电晕处理是一种电击处理,它使承印物表面具有更高的附着性。大多数的塑料薄膜属非极性聚合物,表面张力较低,已知的油墨与黏合剂都无法在上面附着牢固,因此要对其表面进行电晕处理,使塑料分子的化学键断裂而降解,增加表面的粗糙度和表面积。电晕放电时还会产生大量的臭氧,臭氧是一种强氧化剂,能使塑料分子氧化,产生羧基与过氧化物等极性较强的基团,从而提高其表面能。

PE 膜作为卫材的主要承印材料,也需要通过电晕处理后方能适应印刷。理论上为适应水性油墨印刷,电晕值越高越好,但在实际操作过程中发现,电晕值过高,容易击穿薄膜造成不良品;也会造成薄膜的黏性过强,造成反黏的现象。最终试验得出最佳的电晕控制范围是在 38～40 达因。

**（3）薄膜配方**

现在卫材的印刷企业基本都有自己的制膜生产线，相应的膜材配方也不同，有时配方不合理，比如填料、开口剂添加不合理，就会造成油墨附着力不良。

企业可根据客户的膜材状况，定制化地调整水性油墨配方，解决附着力不够的问题，如图 4-36 所示。这样可有效降低成本，提高产品竞争力。

（a）改善前　　　（b）改善后

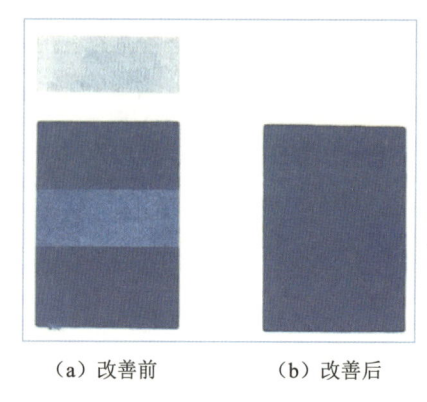

图 4-36　改善前后的附着力测试对比

## 2. 防水性

防水性是作为卫材的最基础要求，必须保证产品遇水不掉色。通常影响防水性的因素是水性油墨配方不合理和过量添加慢干剂或 pH 调整液。

**（1）水性油墨配方不合理**

水性油墨的防水性同样来源于树脂赋予的性能，且与附着力的配方设计方向基本一致，都是通过控制 Tg 小于 25℃来达到防水性要求，如图 4-37 所示，为防水性改善前后的测试对比。

**（2）过量添加慢干剂或 pH 调整液**

在印刷过程中，由于外部环境的影响，例如高温造成水性油墨干燥过快、网点印刷不清晰、油墨黏度上升等，这时候我们需要在油墨中添加慢干剂或者 pH 调整液。慢干剂、pH 调整液是通过吸水保湿的作用来达到慢干的效果，当过量添加时，就会导致水分挥发不完全，油墨层表干、里不干时，遇水摩擦就会掉色。

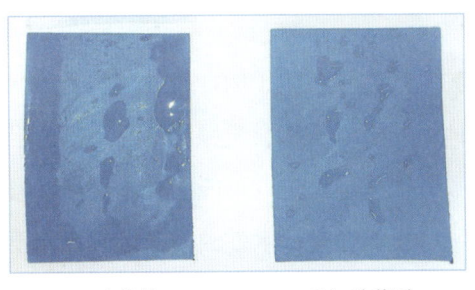

(a)改善前　　　　(b)改善后

图 4-37　改善前后的防水性测试对比

合理控制助剂的添加是水性油墨质量把关的重要一环，一般慢干剂添加量在 0.5%～3%，pH 调整液在 1%～5%。

**3. 耐生理盐水**

PE 膜耐生理盐水测试的目的是用生理盐水模拟人体的分泌液（如汗液、婴儿尿液），作为检验产品耐性的一项指标，具体细分为耐盐水浸泡和耐盐水摩擦，分别如图 4-38、图 4-39 所示，为改善前后的测试对比。

(a)改善前　　　　(b)改善后

图 4-38　改善前后的耐盐水浸泡测试对比

(a)改善前　　　　(b)改善后

图 4-39　改善前后的耐盐水摩擦测试对比

（1）色粉的选择

水性油墨的各种颜色是由颜料赋予的，生理盐水是氯化钠水溶液，从化学的角度上看也是属于一种溶剂，可能也会与颜料发生反应。当我们的产品在盐水中长时间浸泡时，由于颜料结构不稳定，可能会受到破坏，慢慢染色到盐水中，造成掉色的情况出现。所以我们在设计水性油墨配方时，就要把颜料的影响考虑进去，筛选合适的颜料来使用。

（2）树脂的选择

在水性油墨的微观结构中，颜料是被树脂乳液包裹着的，盐水摩擦是一种对该结构的外部破坏，所以盐水摩擦是否会掉色，取决于树脂的保护性。水性油墨配方设计中树脂的筛选也就尤为重要。

### 4. 荧光要求

作为与人体接触的卫生材料，产品是一定不能含有荧光增白剂的，我们水性油墨也是做到了不添加、不含有荧光增白剂。

为什么水性油墨有的颜色在254nm和365nm的光源下会发亮呢？因为紫外线具有较大的能量，所以当紫外光源照射到很多物质上时，使分子受激而发射荧光。这些物质辐射荧光的现象就称为紫外线的荧光效应。在生活中，蝎子、柠檬、人体血液等在紫外光下也有荧光效应，但这些都不会含有荧光增白剂，故有荧光效应的并不一定就含有荧光增白剂。

水性油墨中对于荧光效应最为敏感的材料是颜料色粉，所以对于有此要求的产品就要进行颜料筛选。如图4-40所示，选择合适的颜料色粉来生产水性油墨，如图4-41所示则是对应的水性油墨的荧光效应测试对比。

图 4-40　颜料色粉筛选

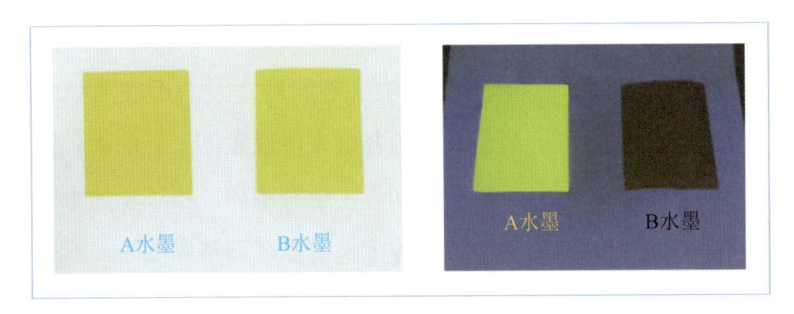

图 4-41　水性油墨的荧光效应测试对比

### 5. 耐磨性

为保证卫材在后序传送、压花、复合等工序上的良好应用，水性油墨必须具备一定的耐磨性。通常卫材产品的耐磨性测试指标设定为 4 磅压力下耐摩擦 100 次不掉色或轻微掉色。

具体影响因素包括水性油墨配方不合理和生产过程中过量加水。

（1）水性油墨配方不合理

当树脂乳液的保护性不够或者其他性能缺失时，在配方设计中可以通过助剂来弥补。可以通过抗磨剂与树脂的结合，通过增加印刷表面的滑爽抗刮性，来改善耐磨性，如图 4-42、图 4-43 所示。

图 4-42　改善前后的耐磨性测试（日式）对比　　图 4-43　改善前后的耐磨性测试（美式）对比

### （2）生产过程中过量加水

油墨经过长时间印刷时，水分及胺类会不断地挥发，造成油墨黏度升高，印刷适性降低，这时候一般会适当补充稀释剂来降低黏度。有的机台操作人员为了方便，直接加水稀释，而且不控制添加量，随意添加。当过量加水时，油墨中的树脂含量不足以保护颜料，就会造成掉色。所以在调整黏度时，应控制黏度在 8～12s（Rigosha 察恩 4# 杯），而不是随意地加水。

### 6. 抗回黏性

抗回黏性是印刷过程中最基础的性能要求，但往往最基础的东西就越难控制好，如图 4-44 所示，上方的产品就粘连在了一起。

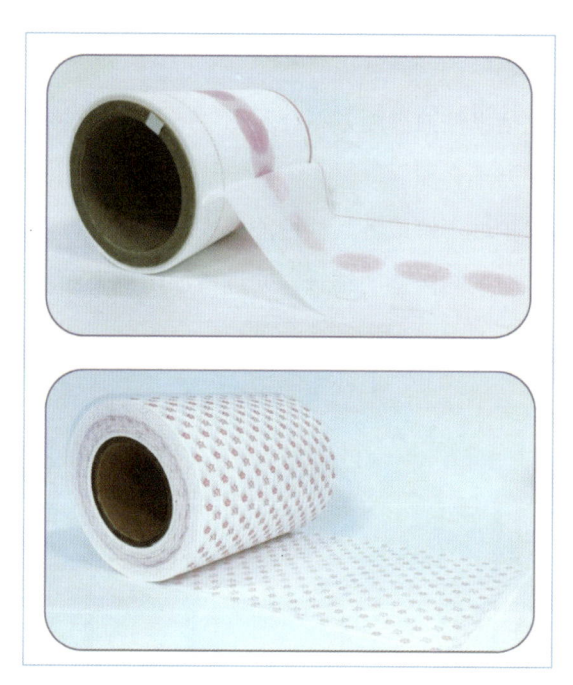

图 4-44 回黏产品（上）与正常产品（下）对比

通常导致卫材印品回黏的因素有：

（1）水性油墨配方不合理，成膜性太强

当印刷品处于相对高温、高湿、高压条件下，产品就容易造成回黏。前文中了解到附着力、防水性、耐盐水等性能的加强，都是需要加大成膜树脂的添加比例，油墨的黏结力提高了，相对来讲抗回黏性就下降了。所以我们在设计油墨配方时，应该考虑得更加全面，合理地搭配一定的不成膜树脂来提高油墨的刚性和抗回黏性。

（2）慢干剂、pH调整液过量添加

干燥不良也是影响产品抗回黏性的主要因素，合理地添加助剂，并保证设备烘箱干燥系统的正常运转，是在印刷过程中必须掌握与监督的工作。助剂的添加量可参考慢干剂0.5%～3%、pH调整液1%～5%。

（3）设备原因

除干燥系统异常外，收卷张力过大也可能造成回黏；判断设备是否正常，可参考导辊是否有拉花或脱墨现象。

**7. 气味**

随着人们的物质生活越来越丰富，对产品的要求越来越高，除了关注产品的外观，更加看重产品的质量，产品中残留的异味将会影响客户对产品的选择。

导致卫材产品产生异味的因素有以下几个。

（1）氨味残留

水性油墨是一种弱碱性的物质，在合成过程中必须有碱性材料参与其中，目前我们行业都是选择胺类作为中和剂来调整油墨的pH，所以氨味的残留就是异味的主要来源之一，为了降低氨味的残留及挥发，我们采用低气味的有机胺来代替刺激性气味的无机胺，有效降低产品中氨味的残留。

（2）单体残留

树脂是水性油墨中的主要成分之一，树脂乳液的合成是一种化学反应，单体是否反应完全是肉眼看不见的，所以残留单体超标也会影响到最终产品的气味。目前我们通过与供应商沟通协商，最终确定在乳液合成的过程中增加一项检测，就是残留单体量小于100ppm，来降低产品的气味。

## 三、总结

经过十多年的发展，目前水性油墨在 PE 膜的应用基本处于成熟状态，但生产商仍不可掉以轻心，明确产品的性能指标要求，生产过程严格把控质量，才能让客户用得舒心，消费者用得放心。

# 第五部分
# 行业典型案例

当前，在传统印刷领域，柔性版印刷工艺一枝独秀，创新技术不断涌现，应用范围继续扩大。特别是在智能化建设和绿色化减碳发展方面，柔性版印刷企业走在行业前列，其突出的优势备受品牌客户及印刷服务供应商的青睐。我国柔性版印刷正步入稳步快速发展的新阶段，绿色优势越发明显，智能化发展方兴未艾，发展前景十分广阔。

本部分遴选了一些具有典型智能化和绿色化特色的柔性版印刷企业及柔印产业链供应商作为案例进行解析，其中有以智能化绿色工厂助力企业转型发展、提供创新包装一体化解决方案的食品及工业包装印刷企业；有将可持续发展贯穿企业绿色价值链、实现全流程绿色研发、绿色生产、绿色物流、绿色回收的纸制品包装全品类解决方案制造商；有通过沸石吸附实现柔印水墨废水处理后零排放和全部回用的新型专利技术；有以自动化、信息化、智能化的卫星式柔印设备助力客户不断发展壮大的柔印设备制造商；有依靠科技创新提升产品性能和品质的国产高端环保柔性版印刷油墨生产商；还有通过智能制版系统优化柔印制版生产流程的国外制版服务和图像载体解决方案供应商。

受限于编者水平、案例覆盖范围等原因，本部分收录的典型案例在行业内的代表性可能还不足，敬请谅解。

# 智能化绿色工厂助力企业转型发展

杨功煌

## 一、一家提供创新包装一体化解决方案的领军企业

上海艾录包装股份有限公司（以下简称"艾录"）成立于2006年，于2021年9月14日在深交所创业板上市，是国内一家提供创新包装一体化解决方案的领军企业，主要从事工业用纸包装、塑料包装、智能包装系统的研发、设计、生产、销售与服务。通过多年的运营和探索，艾录掌握了粉体、颗粒类工业用纸包装材料和包装机械的研发生产等核心技术，形成了以阀口袋、方底袋、热封口袋、缝底袋、机器人包装及码垛设备为主的产品结构，为食品、化工、建材、医药、乳制品等多个行业客户提供优质的包装产品，并积累了稳定的客户基础，成为国内外众多知名工业产品生产企业的包装供应商。艾录在上海拥有2处大型自动化、智能化生产基地，高效的生产方式保障了大批量订单的供应能力，产品质量也始终位居行业领先水平，如图5-1所示。

艾录先后通过ISO 9001:2015、ISO 14001:2015、ISO 22000:2018、ISO 45001:2018、BRCGS、HACCP、HALAL等质量、环境、职业健康安全、食品安全领域的国际管理体系认证。同时还获得Sedex注册、ECOVADIS注册等准入国际市场的相关资质。艾录相继获得"上海市认定的科技小巨人""上海市级企业技术中心""上海市高新技术企业"等殊荣，"艾录包装"被评定为上海市著名商标，艾录生产的食品包装用牛皮纸袋也被认定为上海名牌产品。2018—2022

年，艾录连续五年荣登"中国印刷包装企业100强"企业名单，2021年入选"国家级绿色工厂"的绿色制造名单，2023年被上海市经济和信息化委员会评为"上海市智能工厂"。

图 5-1　上海艾录包装股份有限公司

## 二、引进德国柔印设备，打造绿色工厂

如图5-2所示，艾录配备有德国W&H MIRAFLEX柔印机、德国W&H AM8125多用途纸袋打筒机、德国W&H AD8330高产能多功能糊底机、ARCOMAT3纸袋码垛机等先进设备，目前主要产品类型包括工业用纸包装、塑料包装和智能包装系统，三者互为补充，综合服务于客户的多元化包装需求，产品间形成良好的协同效应。工业用纸包装主要用于工业企业粉体、颗粒类产品的包装，具备结构合理、阻隔保鲜、灌装高速、防漏防潮、材料环保、外形美观等特点，能满足下游客户大规模、智能化的生产需求。塑料包装主要分为应用于乳制品的复合塑料包装以及应用于日化产品的塑料包装、注塑包装等。复合塑料包装产品具有可塑性强、阻隔性好、锁味保鲜功能强的特点；针对日化类产品开发的"焊接软管"、双组分料保鲜储存"二代安瓿"、泵压式牙膏管等注塑包装领域的创新创意产品，能够配合下游客户实现产品容纳、形象塑造、市场推广等多重目的。如图5-3所示，粉体和颗粒料智能包装系统可广泛应用于产出物为粉体

和颗粒状物料的化工、食品、建材、医药等行业，实现物料的洁净、高精度灌装和全流程高度自动化作业。

图 5-2 德国 W&H MIRAFLEX 柔印机

图 5-3 艾录包装产品及智能包装系统

经过多年的高速发展，艾录主营业务已覆盖全国 30 个省区市以及海外市场，成为全球 500 强企业和众多国内外知名企业的包装产品优质供应商，并在东南亚、中东、南美、欧美等区域实现产品销售覆盖。凭借良好的市场声誉和品牌影响力，通过智能化、柔性化、定制化的生产能力，艾录为陶氏、巴斯夫、沈阳化工、圣戈班、东方雨虹、立邦、雀巢、菲仕兰、嘉吉、妙可蓝多、蒙牛、伊利、奶酪博士等国内外知名工业企业和快消类客户，提供产品包装所需的相关解决方案。

在生产过程中，艾录严格遵守国家相关法律法规，制定《环保管理制度》《三废管理制度》《危险废物环境污染防治责任制度》等管理制度，从基础监督、施工管理、污染物管理、环境监测管理、环保档案管理等方面全面实施和推广。

**1. 资源使用管理**

在水资源管理方面，艾录以建设节水型企业为目标，制定了《用水管理制度》，组织开展节水宣传教育、专题培训、专题讲座等主题活动，提醒全体员工节约用水。同时，坚持开展水量平衡技术测试，用水动态分析、RO 废水利用、浴室停用等一系列节水效益管理和整改工作，进一步推动水资源管理的持续有效性。

在节能减耗管理方面，艾录制定《能源管理制度》，投入太阳能利用装置，建立太阳能光伏发电系统，每年平均发电量达 325 万度；采用余热回收系统，应用地能和热回收技术，收集设备运转富余热量并用于地暖及空调系统，借助相关技术手段实现节能减耗；制定《节电管理规定》，加强用电设备管理与维护，指定专人对节假日休息的电器、照明灯实施关闭点检和确认；使用低能空调系统，严格规定夏冬季空调使用条件与温度设置，减少设备电耗。在公司范围内全面推广 LED 节能灯，应用高效的节能照明产品降低电力能源消耗。

艾录坚持绿色低碳之路，优选绿色环保原辅材料，不断提升环保原材料的采购比例，优化原辅材料的生产应用水平。采取措施包括使用 100% 的全木浆可降解牛皮纸，作为纸袋产品生产主要原材料；在生产过程中，使用环保型生物可降解淀粉胶黏剂，减少有害物质排放；自主研发不停机换卷装置，双工位不停机切换料，减少生产损耗；通过精确的专色数据配方制作和科学的配墨系统管理，有效提高油墨的循环再用率，减少废墨的排放处理。如表 5-1 所示，2022 年，原材料总耗用量 59430.03 吨，同比下降 7.2%，其中环保原材料占总采购量比重约 72.52%。

表 5-1　2021—2022 年环保原材料采购情况

| 主材类别 | 2021 年采购量 / 吨 | 2022 年采购量 / 吨 |
| --- | --- | --- |
| 纸张 | 51887.49 | 42106.55 |
| 水性油墨 | 489.2 | 358.93 |
| 无溶剂胶 | 126.09 | 80.82 |
| 淀粉胶 | 683.7 | 551.78 |
| 采购总计 | 53186.48 | 43098.08 |
| 材料总耗用量 | 64040.54 | 59430.03 |
| 环保原材料占总采购量比重 | 83.05% | 72.52% |

### 2. 废弃物排放管理

艾录严格遵守国家法律法规和环保部门要求，降低废气对环境的影响。为确保废气达标后排放，建立健全《"三废"管理制度》，明确废水、废气、固废污染的防治综合管理组织架构，并定期对生产车间产生的废气送第三方检测，出具达标排放报告。

艾录十分重视挥发性有机物（VOCs）的组织排放管理，通过处理设备技术改造和工艺迭代，不断更新生产废气的治理设施，包括低温等离子净化设施设备、光催化氧化处理、活性炭吸附设备、转轮 +RTO 燃烧处理，等等，让 VOCs 的净化效果得到显著提升。同时每年委托第三方有监测资质单位对排气口进行检测，检测值均低于 $30mg/m^3$（执行标准值为 $50mg/m^3$），并按规定在排气口处安装在线监测设备，与生态环境局进行联网监督。

艾录积极执行温室气体排放盘查与管制，充分了解自身碳排放情况，通过评估减排潜力，制定符合 ISO 14064-1 要求的《温室气体盘查控制程序》。组建温室气体盘查小组，负责处理温室气体盘查等相关事宜，规范温室气体管理盘查流程，规定每年进行上一年度的温室气体排放量盘查，制作温室气体盘查报告书，并由第三方按照合理保证级别进行核证。

为提升废水处理能力，艾录制定污水处理操作规程，实施清污分流、废水分类、废水集中处理。科学合理地对污水、雨水管网进行改造，将氨氮、悬浮物等废水指标纳入每季度的监测项，并规定处理后的水质，必须达到国家或地方规定的排放标准时，方可排放或循环使用。同时也将化学需氧量（COD）的排放标准由 500mg/L 提标至 300mg/L，执行废水排放从严管理。

艾录制定《工业固体废弃物管理制度》《危险废物环境污染防治责任制度》等管理条例，遵循减量化、资源化、无害化处理的原则，将无害废弃物交由第三方回收利用，对危险废物的污染防治实施统一监督管理。2022 年，固体废弃物处置率为 100%，有害废弃物处置总量 182.385 吨，无害废弃物回收率高达 90.24%，其中无害废弃物处置总量 7674.239 吨，可回收无害废弃物量 6925.579 吨。2022 年，公司全年无废弃物泄漏事件，未对大气、水资源、土壤造成环境污染。

### 3. 应对气候环境变化

为应对气候环境变化所面临的挑战，艾录积极采取减缓和适应气候变化的措施，制定以"绿色环保"为主题的可持续发展战略。以污染物达标减量排放、原辅材料循环再利用、工艺技术优化、设备效能提升、产品绿色生态设计等方面为切入点，全面推广绿色、环保、低碳的可持续经营模式。主要表现为坚持从源头抓起，采用 100% 全木浆可降解牛皮纸、环保型生物可降解淀粉胶、环保型水性油墨、无溶剂胶水等原辅材料，减少有害物质排放；全面建成余热回收系统，应用地能和热回收技术，收集设备运转富余热量，用于地暖及空调系统，通过技术手段实现节能减排；采用清洁、可再生能源，投入太阳能利用装置，建设屋顶分布式发电项目、车棚及物流平台分布式发电项目，将光伏发电站所发的电能作为公司的补充用电，不断提升清洁能源使用率。

### 4. 绿色产品研究与开发

艾录将绿色环保、可持续发展的基因植入产品创新开发和生产的每一个阶段。艾录的环保型奶酪包装如图 5-4 所示。在每个产品生命周期的初始阶段，就深深烙下了绿色环保印迹，相继开发了可降解全纸阀口袋和可回收的塑料片材包装。新型环保片材包装材料不仅单一材质率达 90%～95% 以上，还具备高阻隔（阻光、阻水、阻氧）等功能，在性能、外观和手感等方面与普通材料也无明显差异，克重比普通材料减少了近 8%，既能满足社会与消费者日益增长的可回收包装需求，又能通过产品将绿色环保理念传入更多家庭。

以10条奶酪棒生产线为例，同产量下可减少约130吨片材的使用量

相当于减少二氧化碳排放量约780000公斤

相当于减少标准煤使用量约312939公斤

相当于节约用电约782347度

根据材料使用减少量及《碳排放的计算方法与电的换算公式》计算得出

图 5-4 环保型奶酪包装

## 三、加速数字化创新，转型升级智能工厂

科技创新是企业发展的不竭源动力，艾录始终坚持"科技强企"的发展战略方针，重视产品创新、技术创新、管理创新。通过制度变革和管理创新，进一步带动技术创新、产品创新、工艺创新、数字化转型创新。艾录将创新中心、信息管理部作为核心技术部门，通过每年制订创新项目和计划，以适应多元化的市场竞争。通过自主研发、合作开发、委托开发、技术引进等各种途径，开发新技术、新材料、新产品、新工艺、新管理模式，逐步夯实公司的科技含量和市场竞争力。

### 1. 核心技术创新研发

为打造智能化制造基地，艾录下设工业用纸包装、塑料包装、智能包装系统 3 个生产板块，配备了国内外先进的流延、吹膜、挤出片材、印刷、制袋、制管、复合等设备，拥有完善的科研设施，同时配备了高标准的技术研发中心、无菌试验室、中试车间、中试设备以及成套完备的检测仪器。

艾录注重技术创新研发和知识产权保护，并将绿色环保、智能化、可持续发展的理念体现在包装产品生命周期中。截至 2022 年末，艾录已获得授权且尚在有效期内的专利共 68 项，其中包括发明专利 17 项、实用新型专利和外观设计专利 51 项。在纸袋产品热封、成型、防漏，食品级塑料包装材料开发、成型，智能化灌装系统研制方面，艾录具有较强的创新攻关和科研成果转化能力，是国内少数能为粉体和颗粒料产品型客户提供从设计、生产到自动化灌装的工业用纸包装一体化解决方案的企业之一，为建材、化工、食品、乳制品、食品添加剂和医药等多个行业提供优质产品。

### 2. 数字化转型升级智能工厂（见图 5-5）

（a）生产数据可视化 　　（b）库存管理精细化

（c）自动化生产线 　　（d）AGV 无人物流

图 5-5　数字化和智能化生产场景

艾录依托先进的自动化终端设备及系统软件平台，实现数据透明化、可视化、即时化，通过定制生产信息系统、设备物联网改造等方式，系统覆盖全场景、全业务，推动信息化、数字化、流程化，逐步形成产业链、供应链柔性配置，进一步推动智能工厂扩能、增效、提质，实现由传统制造向绿色智造的蝶变。

ERP系统：集团化业务、财务一体ERP，覆盖技术研发、销售、工单、物料计划、采购、委外、生产、存货、财务管理等。

MES系统：所有车间部署MES系统，覆盖生产排程、派工、叫料、ESOP、报工、数采、标签、追溯等生产管理环节。

WMS系统：立库、平库、线边库一体化管理，覆盖所有仓储物流作业，整合PDA终端操作，仓库物流管理可视化。

BI系统：商业智能分析系统，实现经营数据的实时化、透明化、可视化，并通过数据驱动企业经营决策。

为实现少人化、局部无人化的高效生产作业，引进国际领先的全自动生产流水线。在仓储物流配套方面也同步布局了智能仓位，无须人工干预即可实现智能仓储与发货，车间内运用全场景AGV搬运，促成了高效协同的数字化智能工厂。

## 四、未来展望

新材料，新模式，新业态，新征程。2023年2月5日，艾录工业用纸包装、复合塑料包装和新材料生产建设项目奠基仪式在上海市金山区高新湾区顺利举行，如图5-6所示。新工厂是公司在结构调整及产业升级后的再次扩容，配备46套智能包装设备产线，投产后将实现年产工业用纸包装袋6亿条、复合塑料包装新材料2.4亿延米。智能化新工厂的拔地而起，不仅能为艾录发展蓝图再添浓重一笔，也将继续传承新材料、新模式、新业态的经营理念，开启全新绿色环保、智能、可持续发展的新征程。

未来，艾录将继续立足现有客户市场，整合行业资源，充分参与国际市场竞争，力争早日成为行业标杆，引领行业智能化发展，助推行业高质量发展。

图 5-6　新工厂落成投产

# 加速环保包装可持续进程，打造企业绿色发展新常态

## 一、一家纸制品包装全品类解决方案制造商

随着我国"双碳"战略的推进，各行业全面拉开环保低碳发展大幕。作为对经济社会发展绿色转型具有重要支撑作用的包装产业，亦着力探索与创新行业碳中和路径。如今，环境友好型包装产品受到消费者和品牌方等多方关注，逐渐占据市场中心，作为包装细分领域，食品包装也须强化"绿色化、减量化、可持续"发展要点。在食品包装低碳竞技舞台上，浙江庞度环保科技股份有限公司（以下简称"庞度"）以"引领包装绿色可持续发展"为使命，通过数字化、自动化、智能化、创新驱动、可持续发展的战略优势，赋能食品纸容器包装产品的研发、生产与销售。从品质到品牌，从制造到智造，庞度通过自我蝶变与市场输出，展现出企业强大的韧性与综合实力。

庞度是国家高新技术企业，成立于 2014 年，总部设立在浙江海宁，如图 5-7 所示。以"市场辐射地建厂"的战略思路为导向，庞度陆续在中国华东、华北、西南、华南地区（河北邢台、四川成都、安徽天长、广东河源）建设生产基地。

河北龙大包装制品有限公司（以下统称"龙大"）是庞度实施北方战略的重要生产基地，如图 5-8 所示，成立于 2003 年，经过 20 年的发展沉淀，形成集淋膜、印刷、模切、制碗/杯一体化的全新标准化、自动化、智能化、规模最大化的专业纸容器包装全产业链生产企业。同时，庞度实施包装"一站式"解决方案

服务商战略，不断加大对河北龙大的投资力度，扩充纸吸管、餐巾纸、纸盒等绿色包装项目，以满足国家和全球减塑、减碳方案。目前河北龙大拥有各类高速制碗/杯生产线100余台（套）、全线配备自动视觉检测系统，同时配套智能化仓储设施、机械手码垛系统，提高了产品品质保证能力及公司核心竞争力。龙大在食品纸容器包装领域基本形成了完备的自主知识产权体系和产品系列，成为河北省内包装制造行业引领材料研发的主要企业之一。龙大致力打造集智能制造、智能仓储、智能物流为一体的高科技环保包装智能工厂，同时依托集团研发优势，发展更符合环保理念的新产品，为当地经济建设和绿色地球贡献自己的一份力量。

图 5-7　安徽庞度实景图（左）和浙江庞度办公楼大厅（右）

图 5-8　河北龙大实景图

从初创时期的"一只杯子起家"，到现今覆盖食品包装全品类，庞度始终以"共建生态地球"为己任，将可持续理念落实到经营生产全过程；秉承匠心智造之本，将精益求精的工匠精神注入自动化高速生产线，打造"神形兼备"的智慧工厂；坚持创新发展之路，积极对接市场需求，注重产品迭代，丰富"4+N"产品线，提供纸容器、纸袋、纸吸管、餐巾纸及纸质刀叉勺等产品，为全球五十多个国家和地区的食品餐饮客户提供包装全品类解决方案。

## 二、根植创新，收获成长

### 1. 创新不止，成长不息

在"卓越运营，创新发展"的目标引领下，庞度运用创新力量蓬勃的技术与管理团队，对产品研发、绿色生产、人才发展等多维度优化，持续夯实"数字化、自动化、智能化"项目，不断提升品牌含"新"量。

庞度拥有多项发明实用新型专利，证明其技术实力，并连续多年荣获市长质量奖、省级专精特新企业称号、浙江制造品字标等重量级奖项，更受邀参与GB/T 27590—2022《纸杯》、GB/T 38087—2019《纸杯（碗）成型机》、GB/T 36392—2018《食品包装用淋膜纸和纸板》等国家标准的起草制定。

为表彰先进设计领域高层次创新人才，庞度自 2019 年与西安交通大学达成校企合作项目——"Pando 庞度设计奖"专项基金。该项目意为将庞度在行业内多年的制造经验、文化积淀，与西安交大在基础研究和应用研究的科研及人才优势相结合，共同营造绿色、创新、开放的合作环境，建成产学研用一体的集工业设计、产品设计校企合作研发中心，由此鼓励"绿色产品与创意设计方向"的人才拼搏奋斗，创作出更多利于行业、利于社会的好作品，同时为我国可持续战略布局进程培养与储备相关技术人才。

### 2. 产品即人品，质量即生命

庞度在市场开拓中，清晰认识到产品是最有力的竞争壁垒，是品牌价值的基石。为了保持稳定的成品状态和高效产能，庞度完善"质、量"同步的自动化产线建设，定期测定工艺参数，切实提升设备集群的适配性；采用高透明度的全链路质量追溯体系，实现从原料到成品的每一步实时跟踪记录；同时，创新质检方案，采集各类餐饮品原料内容物，模拟庞度产品应用场景，更启用严苛的外卖配送实验，多重方式检验，确保每份交付不负信任。庞度的生产及质检场景如图 5-9 所示。

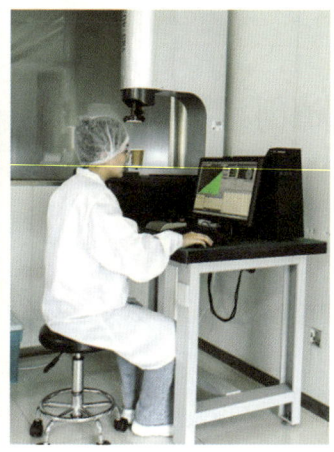

图 5-9　生产及质检场景

## 三、将可持续发展贯穿企业绿色价值链

作为环保型包装企业，庞度一直以"绿色发展"为主旋律，积极响应国家节能环保政策，围绕"3R1N 原则"的循环经济（减重减量 Reduction、回收利用 Recycling、重复使用 Reuse、材料创新 New material），探索材料、生产、经营、流通各环节中的资源闭环策略，通过一系列管理措施和技术创新手段，贯彻落实庞度"绿色价值链"。同时，持续完善 ESG（环境、社会、公司治理），加速企业可持续发展转型。

### 1. 绿色研发

"践行环保包装，守护绿水青山"是庞度在产品研发上一以贯之的态度。从印刷方式来看，公司引进国际先进的卫星式柔版印刷机，用水性油墨替代胶印油墨，不仅保证了印刷速度与图案精度，更使产品具备安全性和环保性。从材料设计来看，庞度除了推崇并选用国际公认的环保型材料，重点钻研可回收、减量化、可降解的设计，于 2021 年凭借创新技术优势，自主研发并面市"零 PE、可回收、自然降解耗时短"的绿盏 PanoVert 系列产品,如图 5-10 所示。该产品融合水性涂层、FSC 认证纸张技术,突破传统纸容器中 PE 材料剥离难、回收难的问题,当其经历生产、使用、回收、碎浆等途径后,再被制成非食品纸质用品继续使用,整个产品全生命周期的每一个细节都贯穿"绿色价值"。绿盏 PanoVert 系列产品已通过可堆肥认证,在特定的环境中,可堆肥降解,减少环境污染;符合国家标准、美国和欧盟的食品安全要求,已通过测试,可直接用于食品接触;能够最大限度地利用食品纸张的价值,可多次循环使用,实现循环经济发展。但这不是庞度推行环保包装的终点,公司计划在 2025 年前联合上下游行业相关方推动消费后包装的循环利用基础设施和政策机制,包括有效收集运输、集中分选、再生加工、再生料应用,真正实现"生产—消费—回收—再利用"的闭环包装循环方案,使再生设计为产品的高值化应用创造无限可能。

图 5-10　绿盏 PanoVert 系列产品

## 2. 绿色生产

对于制造企业来说,生产是减排关键。庞度在生产中采取系列措施,有效减少碳排放,积极传播环保理念,推广绿色生产方式。公司从有信誉的造纸厂购买纸张和纸板,其木浆来自可持续发展的森林,旨在为改变森林的经济和环境条件做出贡献。庞度生产的 PLA 纸杯为可降解系列产品,在特定的环境条件下,可以降解成水和二氧化碳,减少环境污染,是一种环境友好型材料。

庞度紧抓"低碳化、清洁化、高效化"的思路，通过各类设备改造、照明改造、光伏太阳能全屋顶铺设发电、空压机热能回收，转化电力供应等方式，切实践行"少用能，精细化用能，能源回收"的节能方案。庞度各工厂的屋顶全部被太阳能光伏板覆盖，通过太阳能发电大大减少碳排放；对生产设备的压缩空气系统改为鼓风机电加热系统，减少碳排放；通过车间空压机热能余量转换为办公区域进行供暖，节约能耗，减少碳排。庞度生产车间如图5-11所示。

图 5-11　庞度生产车间

### 3. 绿色物流

在确保交付产品卫生、安全的基础上，如何让物流运送更为便捷环保？庞度从建厂选址时已将绿色物流纳入规划因素之一。庞度全国生产基地布局紧密嫁接中心客户配送区域，以此缩短物流距离，实现运输过程的高效率、低能耗。对于装载产品的必备纸箱，庞度与 B 端食品企业共同合作，实施纸箱回收再使用方案，最大限度地减少纸箱消耗。此外，通过信息化全面升级和智能物流的导入，庞度夯实了企业管理的数据基础，降低物流仓储成本，物流智能获取技术使物流从被动走向主动，使物流从源头开始被跟踪与管理，实现信息流快于实物流。

### 4. 绿色回收

对于纸包装产品生产过程中产生的边角料，庞度采取收集、压缩及回收处理。废纸经过纸厂再加工，降级为非食品用纸，制作成纸箱等物品，促进再生资源循环持续化。

庞度作为国内领先的纸杯生产制造企业，不仅将纸杯生产技术打磨到极致，更将业务布局至原材料、品牌用户教育、回收体系建立等环节，构建成完整的闭环生态链，以终为始，希望从源头解决餐饮包装可持续的难题。庞度于 2020 年 9 月推出环保可回收纸杯——"绿盏杯"，为餐饮外卖包装可持续化进程树立了行业标杆，也为包装可持续闭环打下坚实的基础。庞度通过融合水性涂层、FSC 认证纸张和压纹技术三大概念，实现涂层材料和纸张材料的全面环保。如图 5-12 所示，在产品、设备、涂层材料的多重加持下，庞度开启纸杯回收体系的探索：门店用弃的"绿盏杯"丢入专用回收箱—庞度定时定点回收—送入造纸工厂回浆加工，制造如杯托等非食品级纸包装，使"绿盏杯"获得二次生命—流向终端用户手中。

图 5-12　绿盏 PanoVert 产品回收体系示意

如此循环回收利用，既实现全程零污染，材料零流失，用户零压力，又从材料、成品、回收、二次加工、消费者教育等多维度层面，构建起行之有效的可持续闭环。为实现闭环的顺利流通，目前庞度组建完成技术设计专项组，并邀请高校和设计院开始对绿盏杯专用回收箱进行设计。

## 四、未来展望

在政策指引、市场驱动、技术革新的合力下，包装的"双碳"蓝图正照进现实，庞度作为包装产业发展的中坚力量之一，深刻践行"诚信、利他、奋斗、创新"的文化精髓，释放高质量变革能量，打造绿色发展新常态，同时期待携手更多企业加入碳中和包装行列，共同探索科学的可持续解决方案，一起迈向更可持续发展的未来。

# 沸石吸附剂在油墨废水净化中的应用

龚云　顾萍

## 一、研发目的

柔性版印刷是国内外公认的环保印刷方式，现已广泛应用于各类印刷产品。柔性版印刷多使用水性油墨、醇溶性油墨，相比于溶剂型油墨，不存在溶剂残留量、挥发有毒气体等问题，并且柔印制版周期短，版费低，能耗低，耗墨量少，占地面积小，综合成本低。

然而，水性油墨由于其成分复杂，其后处理问题依然是柔性版印刷行业的难题。水性油墨废水主要来源于油墨生产和设备清洗，这类工业废水具有高色度、高浓度、生物难以降解、成分复杂、有机物含量高等特点，因此生物降解性很低，大多具有潜在毒性，一旦直接排放进入水体，会破坏水生生态环境，造成水体的严重污染。目前我国对油墨废水的处理方法一般采用物理、化学和生物处理法或者几种处理技术组合以强化处理效果，主要方法有混凝沉淀法、氧化还原法、生物处理法及电化学混凝法等。这些方法存在诸多不足之处，一方面是对难以生物降解大分子有机物的处理效果较差；另一方面，其工艺复杂、成本较高。常规的水处理方法已不能满足处理要求，寻求更经济、高效的油墨废水处理方法具有重要意义。

现行的油墨废水处理多为组合法，其中吸附法是常用的一个环节。吸附法由于成本低、操作简单、二次污染小等优点而被广泛应用。目前应用在印刷废水处理的滤材主要是活性炭、石英砂、蒙脱石复合材料、凹凸棒等材料、陶瓷滤料、树脂、pp 滤芯、高分子过滤膜等材料。活性炭是目前使用范围最广泛的吸附剂，但是在实际使用过程中本身会因为水流的冲击而发生掉毛掉絮和掉色，增加下一级处理工艺的难度。石英砂作为常规的过滤材料，具有价格便宜、孔隙率小等优点，但是当污水流经滤层时阻力很大，生物量少，因此滤池处理负荷不高，水头损失大。陶粒滤料，由于其制备需要以大量的优质黏土为原料，对土地资源是一种极大的浪费。高分子滤材主要有聚苯乙烯、聚氯乙烯、聚丙烯等。因为有机滤料与微生物间的相容性较差，所以挂膜时生物量较少，易脱落，处理效果并不理想且价格昂贵。

针对行业中存在的痛点问题，上海出版印刷高等专科学校组织了科研力量，联合中国印刷技术协会柔印分会，于 2017 年成立了印刷环保团队，在校领导的大力支持和科研处的遴选下，由系主任顾萍教授领衔，龚云、葛惊寰、崔庆斌等骨干教师组建，并聘请华东理工大学修光利教授、同济大学沈峥教授、华中科技大学郭利民教授做兼职教授，柔印分会专家做顾问。针对印刷废水、废气、废渣等亟须解决和改进的问题，从新材料和技术等方面全方位推进印刷废弃物处理的无害化、减量化、资源化，帮助行业、企业在规范、绿色生产的前提下，研发"沸石吸附剂在油墨废水净化中的应用"项目。

## 二、研发成果

上海出版印刷高等专科学校的印刷环保团队始终以科技创新为突破口，用环保科技带动和促进印刷行业绿色发展。目前，印刷环保团队拥有一批具有丰富理论知识和实践经验的专业技术团队，特别是在实践中培养出了一批废水处理专家，他们结合当前柔印废水市场的现状和需求，以存在的实际印刷废水问题为导向，运用专业知识研究了将质优价廉的天然沸石进行改性和改型后用在印刷废水处理中。在团队的协作下，已获取两个专利证书并得到市场的认可，此项目谓之变"沸"为宝。

改性斜发沸石对于高 COD、高浓度、高色度的印刷废弃物具有显著的净化现象，将改性天然斜发沸石经过改性成型后做成条形沸石颗粒，作为石英砂过滤和活性炭吸附材料等滤材的替代品用于油墨废水处理设备中，可大幅减少后一级工序中 pp 棉的消耗。同时将改性斜发沸石用于油墨污泥的调理中，可大幅降低后期污泥絮凝后的出泥量。上述科研成果产业化应用获得了行业企业的密切关注和高度认可，已有企业有意向进行专利成果转化用在印刷废水综合处理设备上。相关专利证书如图 5-13 所示。

图 5-13　专利证书

# 三、沸石吸附剂

沸石是一种矿石，由于具有特殊的孔道结构，较好的吸附性、离子交换性、催化和耐酸耐热等性能，作为一种新型滤材在工业给水、废水处理及自来水过滤中获得广泛关注，在印刷行业，沸石转轮用在 VOCs 治理中已经取得了广泛的应用市场。

**1. 沸石吸附剂的优势**

沸石作为新型滤料和吸附填料，因其具有吸附性、离子交换性、催化性、热稳定性和耐酸碱性等性能，在水处理中不但能有效地利用其吸附、离子交换等性能，还能有效降低水处理的成本。作为石英砂过滤和活性炭吸附材料等其他填料的部分替代品，具有更优良的去色除味效果，是一种新型的多功能废水处理材料。

沸石吸附剂区别于其他吸附剂的优点如下：

（1）耐酸耐碱；

（2）热稳定性能好；

（3）既可吸附又可催化；

（4）去除水中的浊度、色度、异味，且具有综合治理废水的效果；

（5）失活后可简单再生，达到循环利用。

沸石滤料表面带正电，粗糙多孔，具有很强的氨氮去除能力，用于油墨污水处理中，可有效降低废水中的 COD 和色度。

**2. 沸石吸附剂的规格（见图 5-14）**

沸石吸附剂的形状有条形或者球形，便于直接装在滤瓶中进行更换，成品一般以桶装保存，保质期 5 年。

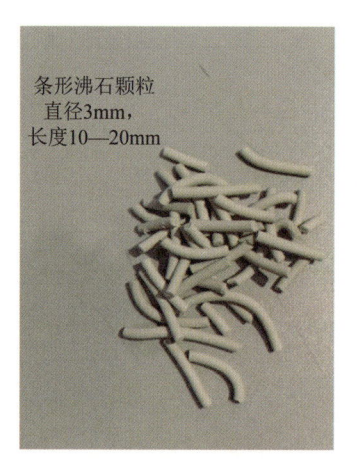

图 5-14　沸石吸附剂的规格

**3. 沸石吸附剂的性能**

用于油墨污水净化的沸石吸附剂，利用氮气吸附的测量方法得到吸附剂的总比表面积在 $174m^2/g$，孔径在 100nm 以下的孔所占的总体积在 $0.18\ cm^2/g$。以重量分数计，分子筛含量为 100 份，黏结剂含量为 27 份；吸附剂颗粒的平均强度为 55N。将 1000 克油墨污水（色度 61198，COD 15249mg/L）通入装有 100g 上述吸附剂的密封反应罐中，随后将吸附温度控制在 20℃，压力为 0.04MPa，吸附接触时间为 20 小时，吸附结束后，测定污水中杂质含量色度降低到 119，COD 降低到 107mg/L。将使用后的吸附剂过滤、分离，在 600℃下焙烧 8 小时再生，反复再生 20 次后，吸附剂活性维持在初始吸附活性的 95%。

## 四、应用案例

"沸石吸附剂在油墨废水净化中的应用"项目已经进行了科研成果转化。沸石作为新型滤材在柔印废水处理环节中发挥着重要的作用，已经在一些企业中得到了应用，产生了良好的效果，以下以一家典型的低温蒸发法和一家絮凝法废水处理公司为例进行具体说明。

美迪科（上海）包装材料有限公司是一家专业生产医疗器械灭菌包装及包装材料、消毒器械、医疗器械的国家级高新技术企业。目前水性油墨清洗废水处理设备中使用了学校研发的沸石滤材。印刷废水首先由污水收集箱进入低温蒸发冷凝系统后水渣分离，产水经过由沸石和多介质组成的多级过滤系统后出水即可达到中水回用标准。由于沸石滤料表面带正电，粗糙多孔，且具有很强去除氨氮的能力，在过滤系统中发挥着重要的作用，是保证产水稳定达标排放或回用的关键环节。

另一家食品外包装公司使用柔印工艺生产，其水墨废水日出水量在 1000L 以下，使用的是絮凝+过滤废水处理一体设备。工艺流程是废水进入污水收集箱，通过絮凝剂搅拌使得废水进行泥渣水分离，废渣进入滤袋，上清水经过沸石过滤+多介质过滤+膜过滤，排出来的水即可实现中水回用。沸石配合多介质过滤在膜过滤的前端，过滤了大部分杂质，极大地降低了过滤膜的更换频率。整套设备运行下来滤材更换频率降低，出水更稳定。

# 国产柔印设备成就柔印行业新未来

高云升

## 一、一家以航天品质打造国际一流装备的制造商

西安航天华阳机电装备有限公司（以下简称"航天华阳"）成立于1999年，隶属于中国航天科技集团，现有员工860余人，建筑面积6万余平方米，如图5-15所示。公司以航天光机电技术转化应用为基础，依托航天精密加工制造能力，致力于印刷装备、膜材料涂布装备、特种机电装备的研制。主要产品包括柔版印刷和凹版印刷装备、精密涂布装备、新能源新材料生产线、水处理膜材料成套生产线、装饰材料成套生产线、智能产线以及精密加工业务。

图 5-15 西安航天华阳机电装备有限公司

航天华阳先后与欧美、日韩等国外知名企业开展技术合作，成功注册国际商标、获得欧洲 CE 认证、加强国际品牌建设。建立丰富的国际营销渠道，向国际客户提供本土化服务，产品陆续出口到全球四十多个国家，部分品牌客户如图 5-16 所示。航天华阳已通过 ISO9001：2015 质量管理体系认证、职业健康安全管理体系认证、军工装备质量管理体系认证、高新技术企业认证，拥有完善的售后服务体系。

图 5-16 国内外品牌客户

2010 年，航天华阳卫星式柔版印刷机被评为"国家重点新产品"；2011 年，公司被认定为陕西省军民结合重点企业；2013 年，被中国印刷技术协会评为"明星企业"；2018 年，卫星式柔版印刷机荣获"改革开放 40 周年机械工业杰出产品"；2019 年，认定为陕西省技术中心；2021 年，工业和信息化部首批国家级重点支持"专精特新"小巨人企业，荣获国家科学技术进步奖；2022 年，荣获机械工业科学技术奖和中国印刷技术协会柔印分会 30 周年先进集体及特别贡献集体等荣誉。企业获得的部分证书如图 5-17 所示。

图 5-17　企业获得的部分证书

# 二、核心科技，铸造精品

　　航天华阳现有专业技术人员 160 余人，其中硕士以上学位及高级工程师以上职称占比超过 50%。技能人员 420 余人，其中取得技师以上职业资格占比超过 40%。近五年，研发中心共荣获航天六院及以上的技术创新奖共 23 项，其中国家级奖励 2 项，省部级奖励 11 项，集团公司级奖励 4 项，航天六院奖励 6 项。航天华阳经过二十余载的发展和技术创新，拥有张力系统耦合建模与解耦控制技术、装备智能控制技术、精密涂布复合技术、高速高清印刷技术、涂层固化及溶剂残留控制技术、多材料适应卷绕技术等核心技术群。截至目前，航天华阳获得授权专利共计有 239 项，其中包括"伺服驱动张力辊的微张力控制系统及方法""新型卫星式柔版印刷方式"等国家发明专利 81 项，并对各产品电气控制系统进行了计算机软件著作权登记，如图 5-18 所示。

图 5-18　发明专利证书和计算机软件著作权登记证书

## 1. 深耕智能工厂建设

航天华阳以高精度辊轴、关键结构件加工、大型墙板加工、高效高洁烘箱等为核心的制造能力。构建以 SAP 生产管理系统、MES 生产制造系统为核心的生产组织架构，推动生产环节信息流畅通和全链条实时共享。随着制造业逐渐步入智能化发展阶段，工厂作为制造业的基础单元同样也面临着向智能化的转型。华阳公司持续在智能工厂的建设中深耕不辍。现在已经完成了智能生产、智能车间以及 MES 系统的集成，如图 5-19 所示，为实现智能工厂建立了坚实的基础。

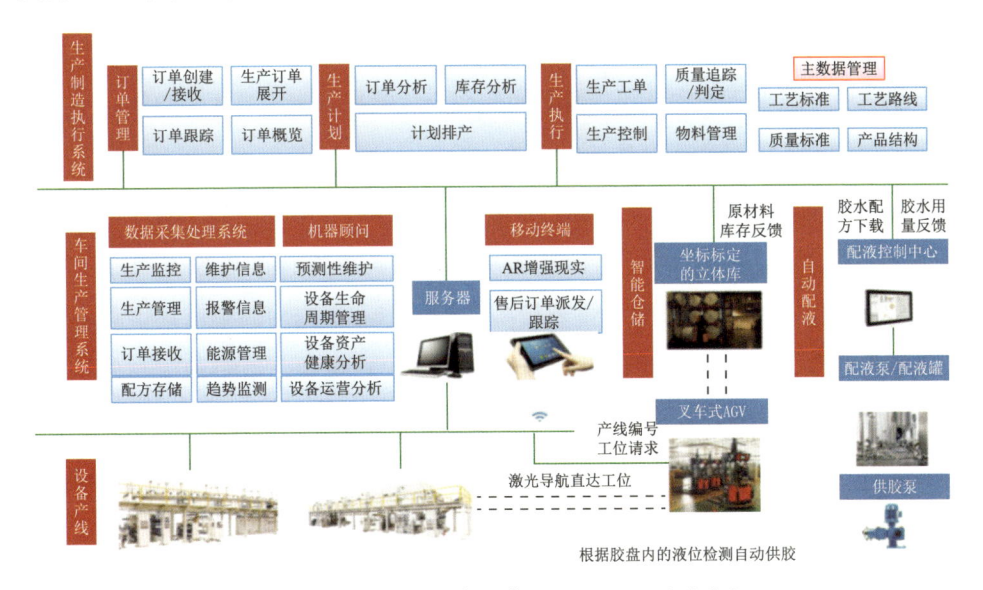

图 5-19　智能生产、智能车间以及 MES 系统集成

**2. 柔印设备的自动化、信息化、智能化**

自动化、信息化、智能化，是制造业不断发展追寻的目标。航天华阳经过多年发展，其柔印设备如今已向智能化迈进，而要想实现柔印设备智能化的阶段性目标，自动化与信息化的建设必不可少。航天华阳通过一键启动、电机扭矩自适应、印刷图案测长、压力电机扭矩保护及偏差保护、印刷压力自动补偿和全自动接料六个方面来实现柔印设备的高度自动化，最大限度地减少人为因素对柔印生产的干预。

航天华阳在柔性版印刷设备自动化的基础上增加了设备信息采集系统。通过设备信息采集系统，实时反馈设备和工艺信息，其中包括产量、班组、设备运行效率、能源消耗、工艺参数（张力、套印精度、车速、温度、风速等）、设备电机的状态（扭矩、电流、转速）、设备故障报警信息、设备维护提醒等多种信息，全部实时反馈到信息采集系统内，以数据库的形式保存。除了相关信息的采集，航天华阳柔性版印刷设备的信息化系统会将所采集的大量数据进行整理归类，分为生产监控、生产管理、班组管理、设备维护、报警管理、趋势监控和能源管理等多个模块，并为客户提供详细的事实报表和历史报表数据，为客户掌握生产动态，发现生产问题，改善生产环境提供了数据依据，为企业迈向智能化奠定基础。

目前，航天华阳已在积极推进设备智能化进程，如图 5-20 所示，信息化数据库、数据分类、产品订单派发等功能已经实现，正逐步完善设备现场问题和工艺参数之间的关系，建立智能化设备的相关数据库。由于印刷现场问题具有多样性、复杂性，这项工作预计还需长时间的现场经验积累来丰富相关数据。

**3. 柔印设备历经六代产品技术更迭**

航天华阳于 2005 年引进宽幅卫星式柔版印刷技术，率先在国内研制出宽幅卫星式柔版印刷设备，不断适应市场发展，历经 6 代产品技术更迭，现有 CINOVA、CIECONO 两大系列主要设备产品，产品在国内高端市场占有率、同类设备出口量均第一。应用领域包括无菌包装、软包装、纸箱预印、食品纸容器、卫生材料包装、纺织面料、重载膜等材料等。CINOVA 卫星式柔版印刷机是航天华阳为顺应"智能、高速、稳定、便捷"的市场需求变化及未来环保趋势，并将航天精密制造技术应用于专业印刷设备制造领域的旗舰机型。针对软包装及纸张印刷领域，航天华阳分别推出 CINOVA-P、CINOVA-F 系列卫星式柔版印刷机，可广泛满足各类中高端印刷作业需求。

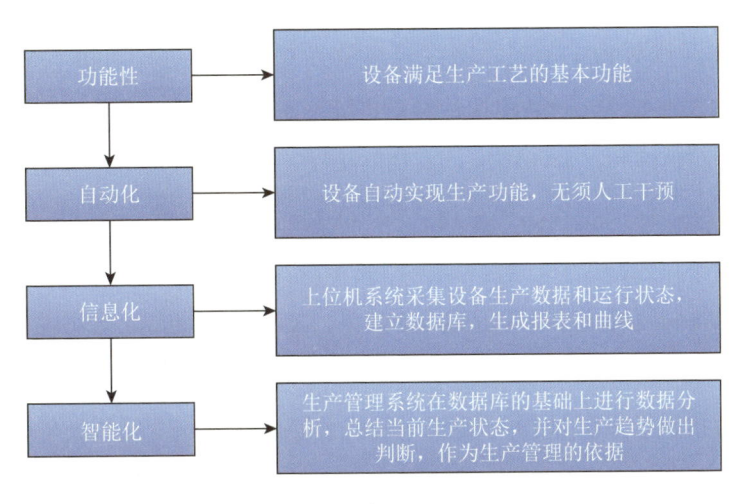

```
功能性 ──→ 设备满足生产工艺的基本功能
   ↓
自动化 ──→ 设备自动实现生产功能，无须人工干预
   ↓
信息化 ──→ 上位机系统采集设备生产数据和运行状态，
            建立数据库，生成报表和曲线
   ↓
智能化 ──→ 生产管理系统在数据库的基础上进行数据分
            析，总结当前生产状态，并对生产趋势做出
            判断，作为生产管理的依据
```

图 5-20　智能化流程

# 三、CINOVA 柔印机助力南王科技荣获第九届中华印制大奖铜奖

福建南王环保科技股份有限公司（以下简称"南王科技"）创建于 2010 年，公司总部位于福建泉州，专业生产环保手提纸袋和食品纸包装，为高新技术企业。南王科技现有总资产近 8 亿元，工厂总面积近 120000m²，建立标准的数字化印刷制袋车间和食品级无菌无尘包装车间，目前拥有 76 条国际先进的自动化制袋流水线，可年产 14.5 亿个高品质环保手提纸袋以及 45 亿个食品纸包装产品。2023 年 6 月，南王科技在深圳创业板上市，战略版图不断扩大，目前已在中国广东、安徽、河北、湖北，马来西亚等地设立全资子公司。

南王科技建立了专业实验室、智能数字化车间，拥有国际先进的纸袋流水生产线、精度高且环保的柔版印刷设备和一流的管理团队以及技术人才队伍，坚持创新研发，为客户提供高质量产品，其纸袋和包装产品也曾多次在质量展评活动中获奖。2023年4月12日，第九届中华印制大奖颁奖典礼举行，南王科技选送的国潮京剧花旦－环保小U袋得到评审专家组一致好评，荣获纸质包装袋类铜奖。

据南王科技介绍，该获奖产品采用航天华阳卫星式柔版印刷机，四色印刷，印版加网线数为133 lpi，网纹辊线数为C 1000L、M 1000L、Y 1000L、K 860L，整体效果细腻。产品图像色彩效果鲜艳，色调层次分明，高光效果阶调平柔和，专色颜色饱和，套印精准，人物的头发、眼睛、纹理等细节清晰逼真，无明显撞网龟纹。袋面特殊工序采用"哑光UV+激凸+烫金"工艺，烫金表面呈现金属般质感，光泽度高，烫印图案明亮平滑，最小颗粒线条达0.15mm，袋子正面人物配饰和背面文字视觉呈现3D效果，立体感十足，起到画龙点睛、突出设计效果的作用。

南王科技表示，在2018年购买印刷机前做调研时，发现航天华阳公司配件加工依托航天加工技术，加工工艺更为精准。设备的运行速度、套印精度、印刷效果和设备的稳定性等在行业内是屈指可数的。公司采购了航天华阳CINOVA-YRC91350卫星式柔版印刷机，印刷色组为8+1色（1色为印刷光油，可以正反面印刷），印刷幅宽为1270 mm，印刷周长为380～940 mm，印刷速度150～400 m/min，能满足环保纸袋和食品纸袋、纸盒客户对精美印刷效果的要求。使用航天华阳卫星式柔版印刷机后，印版网线最高可达150 lpi，图案印刷效果更精美。图5-21为该印刷机制作的国潮京剧花旦－环保小U袋。

图5-21 国潮京剧花旦－环保小U袋

## 四、CINOVA 柔印机成为浙江戴乐不断发展壮大的坚实后盾

浙江戴乐新材料有限公司（以下简称"浙江戴乐"）原名为嘉兴市德泓印务有限公司，坐落于嘉兴市桐乡市经济开发区，成立于 2014 年，由此开启了以柔版印刷业务为方向的发展历程。

2015 年 3 月初，浙江戴乐迎来第一台航天华阳设备——E 飞系列 1350-8 卫星式柔版印刷机。该设备参加了 2014 年德鲁巴印刷展览会，向全球展示了中国制造、航天品质的设备魅力。经过一个月的精心调试安装和多种印刷测试后，该设备完美交付使用。浙江戴乐也随之迎来了泰森生鲜包装、华润、圣农等知名品牌的印刷业务，优质的设备和大品牌业务服务为公司发展奠定了坚实的基础。

经过一年多的稳步发展以及对周边和国内印刷包装市场的分析调研后，浙江戴乐决定扩大发展规模，在 2016 年下半年进入了市场竞争较为激烈的卫生材料制造和印刷领域。虽然印刷难度明显增加，但得益于专业的生产团队、过硬的设备硬件、稳定的产品质量和优质的客户服务做支撑，浙江戴乐在卫生包装领域开局后成功赢得客户信任并取得大量订单，与凯儿得乐、Babycare、大王 GOON 等品牌达成合作，快速占领纸尿裤市场。在订单量大、交货任务重的情况下，浙江戴乐于 2019 年 12 月订购了第二台航天华阳设备——B 盛系列 1350-6 卫星式柔版印刷机。该设备优良的稳定性以及航天华阳快速、专业、热情的售后服务成为浙江戴乐快速发展的坚实后盾。

凭着质量过硬、服务至上的理念，浙江戴乐在卫生包装市场成功站稳脚跟，业务逐年稳步增长。为扩展 PE 外包装印刷业务，2021 年初，浙江戴乐购买了占地 28 亩、建筑面积超 10000 平方米的标准厂房。2022 年 2 月，第三台航天华阳设备——技术先进、配置最高的 CINOVA 1350 10 色卫星式柔版印刷机顺利在新车间安装，速度达 400 m/min，如图 5-22 所示。浙江戴乐在该设备上先后对食品类包装袋、纸尿裤包装等产品进行打样测试，制版线数分别为 133 lpi、150 lpi，浅网和实地印刷效果达到预期理想水平，验证了航天华阳的先进制造水平。在航天华阳柔版印刷机上，浙江戴乐所用的 12～100 g/m$^2$ 的透气膜、腰贴无纺

布、热风布、纺粘布、水刺布、LDPE、PET、OPP、CPP 纸张等材料都进行过印刷，设备的自动化操作、套印、压力、干燥性能等都有很好表现。

创立至今，浙江戴乐的生产规模和销售产值逐年递增。2023 年 11 月，浙江戴乐将会迎来第四台航天华阳设备——速度达 500 m/min 的 CINOVA-F 1350 10 色卫星式柔版印刷机。有了这台新设备的助力，浙江戴乐 2023 年销售产值将突破 1 亿元，预计三年内产值将突破 2 亿元。相信未来浙江戴乐和航天华阳牵手的红线将会延续，继续在更深更广的行业领域展开合作。

高效化
印刷速度：400m/min；
4 分钟更换整套套筒；
3 分钟更换单色刮刀片。

便捷化
一键启动，
预调压，预套准；
全自动供墨清洗。

智能化
高速高精度张力控制；
印刷图案测长，避免生产废品；
压力自动补偿。

图 5-22　航天华阳 CINOVA 卫星式柔版印刷机

## 五、未来展望

如图 5-23 所示，航天华阳于 2018 年开始筹划新区建设，预算投资 5.6 亿元，规划用地 150 亩。规划建成国内包装材料印刷、新材料新能源、精密涂布装备研制生产基地，年生产装备 300 余台（套）。目前已建成的 H2、H3 加工厂房新增工艺设备 77 台（套），设备投资 6000 余万元。2023 年底，将建成 H4 研发大楼，新区总建筑面积达到 6 万余平方米。

航天华阳以"为客户和社会创造价值"为使命，秉持"诚信、担当、专注、包容"的企业价值观，未来将继续打造核心竞争力，争作国际一流装备制造企业。

第五部分　行业典型案例

图 5-23　航天华阳新区建设

235

# 科技创新持续引领国产高端环保柔性版印刷油墨发展

张丰年

## 一、一家技术领先的高端环保型油墨专业制造商

深圳市布瑞特水墨涂料有限公司（以下简称"布瑞特"，Shenzhen Bright Ink & Coating Co. Ltd. 简称 BIC）自 2004 年初创之时，就定位于专业研发制造"高端环保精细印刷油墨"，包括柔性版印刷 UV 油墨、柔印水墨和凹印水墨。注册商标"BIC 布瑞特"。专注研发和生产高端水性油墨（主要包括柔印水墨和凹印水墨）与辐射固化油墨（主要包括柔印 UV 油墨和 EB 油墨）两大系列油墨产品，主要市场为烟包印刷、液体无菌包印刷、标签印刷和彩票印刷等柔性版印刷领域，产品销售与市场以事业部为单元经销管理，在上海、天津、成都三地设有销售与技术服务办事处。2022 年底，布瑞特集团员工共 97 人，全年总销售额 1.1 亿元，过去三年平均销售增长率 20% 以上，其中 2022 年同比增长 41%。今年上半年，同比增长 55%，预计全年销售总额将突破 1.4 亿元。销售服务内销网络向全国布局，外贸出口到东南亚、俄罗斯、拉丁美洲，BIC 布瑞特品牌正在实现国际化。

深圳布瑞特于 2004 年 8 月在宝安区创立，是深圳市高新技术企业、国家级高新技术企业；2022 年 11 月荣获中国印刷技术协会柔性版印刷分会先进集体称号；现在是布瑞特（集团）管理总部，主营外贸进出口业务。2013 年 5 月，山

东布瑞特油墨有限公司在山东临邑成立，投资建设大生产基地，工厂占地 2 万余平方米，建成办公楼和厂房建筑面积 8000 平方米，油墨设计总产能 8000 吨 / 年，包括水性油墨 6000 吨和柔印 UV 油墨 2000 吨。经过十年的积累沉淀，山东布瑞特已经成为山东省规模很大的环保型印刷油墨企业，并发展为全国技术领先的行业佼佼者，公司荣获德州市高新技术企业、国家级高新技术企业、山东省"专精特新"小巨人企业等荣誉称号。中山布瑞特环保油墨有限公司于 2018 年 6 月在广东中山成立，承接深圳布瑞特研发和生产基地，是布瑞特油墨核心研发基地和华南区域生产基地，工厂规划产能 1000 吨 / 年，以生产凹印水性油墨为主，正在投产 UV LED 喷墨，开发 UV 低迁移油墨和 EB 油墨。图 5-24 是布瑞特油墨获得先进集体奖牌和高新技术企业证书。

图 5-24　先进集体奖牌和高新技术企业证书

## 二、依靠科技创新提升产品性能和品质

布瑞特十分注重科技创新，拥有一支经验丰富、专业技能扎实的研发和技术服务团队，并把"依靠科技创新提升品质"作为首条质量方针，坚持以技术创新推动产业发展。公司目前拥有的国内外研发检测油墨设备仪器，能够满足油墨新产品研发和使用性能的检测要求，不仅能做产品常规的细度、黏度、pH、着色力、光泽、附着牢度、干燥等印刷适性的检测，还能做 VOCs 和卤素检测，以及印刷成品耐晒等级、抗磨、抗老化等模拟应用环境性能检测。

与丝印、胶印和凹印相比，柔性版印刷是一种更为环保的印刷方式。布瑞特研发中心主攻柔性版印刷高端环保型油墨技术，包括柔印水性油墨（液体无菌包装水墨、即开式彩票刮开墨）、辐射固化（柔印 UV、UV-LED 与 EB）油墨。针对市场需求潜心研究新技术、新产品，已经形成自主研发的科技成果管理体系。截至目前，布瑞特已拥有的发明专利包括柔印液体无菌包水墨、柔印高速预印水墨、柔印彩票刮开墨、胶印组合柔印 UV 白墨、烟包凹印水墨、工业 UV-LED 喷墨等 10 项，实用新型专利等 5 项，均围绕核心主营业务和行业核心技术，开展实施产权布局。

布瑞特研发的液体无菌复合水性油墨技术获得"柔印液体无菌包水墨"发明专利，并达到国际先进水平，补齐了在传统柔印水性油墨在牛奶包装、饮料包装领域的短板，能够应用在中高速柔印设备上印刷，印刷颜色精美，色饱和度高，后工序淋膜复合强度高，产品性能完全媲美国际先进水平。截至目前，如图 5-25 所示，国内的牛奶、饮料无菌包装、罐装相关领域大到灌装机小到油墨的很多技术由跨国公司主导，本土企业处于劣势，布瑞特的柔印水性油墨技术应用有望在这一领域取得更大突破。同期，获得"柔印高速预印（彩箱）水墨"发明专利。

图 5-25　柔印液体无菌包水墨产品应用案例

布瑞特成功开发应用的柔印即开型彩票刮开墨技术，获得"柔印水性刮开黑墨"和"柔印水性刮开白墨"两项发明专利，应用于中国体育彩票、中国福利彩票即开型彩票的印刷，如图 5-26 所示，是目前 2 家国内刮开彩票油墨供应商其中之一。因为即开型彩票印刷工艺复杂，应用环境复杂多变，印刷产品保质期长达 5 年，所以对油墨性能要求非常之高，过去全部采用美国进口油墨。布瑞特坚持长期技术攻关，成功突破即开型彩票在高温高湿环境长时间存放刮不开的技术障碍，保障了该类油墨在国内即开彩票印刷的供应。

图 5-26 柔印彩票刮开黑墨产品应用案例

2021年，布瑞特成功研发轮转丝网 UV 无硅白墨，并获得德州市科技进步三等奖，解决了原有轮转丝网 UV 白墨进口周期长、成本高、国产印刷效果差、速度慢、印刷表面不能重涂、印刷质量粗糙的问题，而且订货周期短、单价合理、产品售后服务反应快速，目前占据国内相关市场较大份额。

2015年，布瑞特与深圳劲嘉股份公司合作，首创在单张 UV 胶印组合柔印单元机上实现柔印 UV 油墨和胶印 UV 油墨组合印刷的技术。以往烟标单张全胶印 UV 油墨，有水墨平衡工艺要求，生产过程存在水墨不平衡问题，导致烟标印刷浅色油墨的色差波动超过质量管控标准，影响产品合格率，并遭到客户投诉处罚。深圳劲嘉在 2002 年就有拥有 4 条美国麦安迪机组式柔印生产线，是最早掌握柔印技术的烟包印刷厂之一。2010 年，深圳劲嘉开始在海德堡和小森胶印 2+1 的柔印（上光）单元尝试，用布瑞特柔印 UV 白墨印刷激光底材烟标条码白块，一举解决了胶印白墨透底影响扫描读码问题，布瑞特因此获得"胶印组合柔印 UV 白墨"发明专利。深圳劲嘉在 2015 年之前已经引进海德堡单张 UV 胶印 6+2 柔印和 UV 胶印 8+2 柔印设备，现在海德堡单张 UV 胶印 8+2 柔印设备已经成为烟包印刷的标配印刷设备。随着烟厂对烟标印刷质量要求的提高，烟标印刷浅色油墨的色差波动成为烟厂质量管控对象。布瑞特在 2015 年 3 月开始配合深圳劲嘉，在海德堡单张 UV 胶印 8+2 柔印单元应用柔印 UV 油墨，用 6 个月时间配合劲嘉更改工艺，并不断调整油墨配方反复测试，最终成功攻克了一系列难题，达到烟厂质量标准，如图 5-27 所示。用柔印 UV 油墨替代原有胶印 UV 油墨，解决了胶印浅色油墨色差波动问题的痛点。截至目前，烟包印刷行业已经广泛应用单张 UV 胶印 8+2 柔印浅色墨打底工艺，产品合格率可以提高 0.3% ～ 0.5%，烟厂投诉与处罚色差波动为零。根据印刷厂概算，每用 100 吨 UV 柔印油墨，可以减少质量不合格损失 100 万元。

图 5-27　胶印组合柔印 UV 油墨产品应用案例

　　布瑞特与济南泉永印务合作，将凹印烟标溶剂型油墨成功改为水性油墨，并降低凹印水墨 VOCs，达到新国标 15% 的限值要求。济南泉永印务从 2015 年 11 月开始，率先应用行业前沿新技术新材料，测试布瑞特凹印水墨，用于泰山（红将军）专红印刷；2016 年批量应用凹印水墨，替代溶剂墨，大幅降低了溶剂残留量；2017 年将凹印水墨推广应用于新产品泰山（白将细支）。印刷生产和产品质量一直都很稳定。这些烟包印刷材料为吸收性承印物，凹印水性油墨的挥发性有机化合物（VOCs）限值是之前标准的 30%。

　　国家标准 GB 38507—2020《油墨中可挥发性有机化合物（VOCs）含量的限值》于 2021 年 4 月 1 日正式实施，布瑞特参与了制定。该标准中水性油墨中可挥发性有机化合物含量的限值见表 5-2。

表 5-2　水性油墨中可挥发性有机化合物含量的限值

| 油墨品种 | | | 挥发性有机化合物（VOCs）限值 /% |
|---|---|---|---|
| 水性油墨 | 凹印油墨 | 吸收性承印物 | ≤ 15 |
| | | 非吸收性承印物 | ≤ 30 |
| | 柔印油墨 | 吸收性承印物 | ≤ 5 |
| | | 非吸收性承印物 | ≤ 25 |
| | 喷墨印刷油墨 | | ≤ 30 |
| | 网印油墨 | | ≤ 30 |

根据国家标准 GB 38507—2020，对于凹印水性油墨（吸收性承印物）来说，挥发性有机化合物（VOCs）限值 15%，就是环保减排需要。2021 年 7 月，济南泉永印务又率先测试布瑞特公司按该国家标准要求生产的"挥发性有机化合物（VOCs）≤ 15%"的凹印水墨，在泰山（红将军）小盒印刷测试专红色，印刷纸材为 230g 红塔白卡，生产设备为北人 PRC250 凹印机，油墨黏度为 19 S（察恩杯 2#），烘箱温度为 100℃，生产车速为 160 米 / 分钟，如图 5-28 所示。测试结果显示，印刷墨色均匀饱满，流平性好，无条杠、无白点、无冰花，符合产品质量标准和上机适印性要求，通过了该公司工艺技术部、生产制造部、质控部评审。

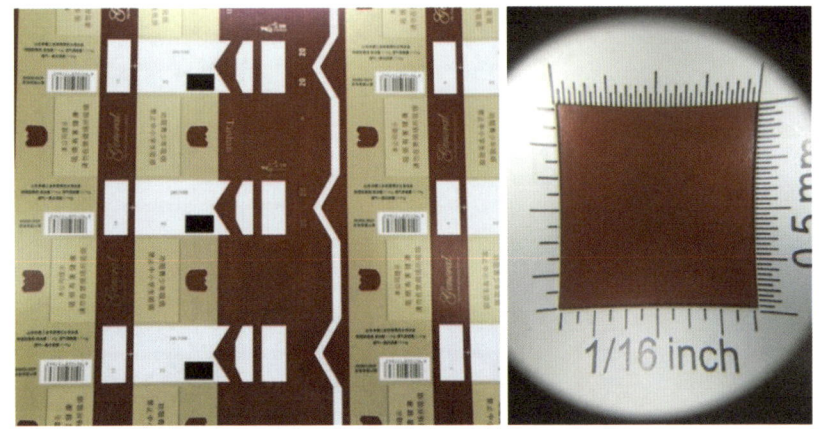

图 5-28　测试泰山（红将军）小盒专红色及 40 倍放大镜下图片

## 三、环保油墨质量稳定、品种齐全、优势突出，产品应用遍地开花

布瑞特本着"依靠研发创新提升品质、依靠质管体系稳定品质、依靠优质服务实现品质"的质量方针，从采购到生产再到售后服务都严格按照质量标准执行，层层把关，给客户提供优质的产品和满意的服务。布瑞特油墨工艺技术领先、生产技术成熟、品质管理完善、供货能力充足，全部生产销售高端环保型油墨，面向全国 640 家推广销售，为国家推行绿色环保、治理包装印刷行业 VOCs 排放和保护生态环境做出了应有的贡献。

2014—2021 年，布瑞特陆续通过 GB/T I9001—2008/ISO 9001：2008 质量管理体系认证、GB/T24001—2004/ISO 14001：2004 环境管理体系认证、GB/T28001—2001/OHSAS 18001：2007 职业健康安全体系认证以及 SGS 认证。是布瑞特产品质量稳定的保证。

布瑞特产品拥有水性体系和 UV 体系的油墨及其上光油、底涂，品种齐全，可以提供"一站式"油墨解决方案。布瑞特标签印刷油墨产品主要包括柔性版印刷 UV 固化油墨、柔印 UV LED 固化油墨、低迁移柔印 UV 固化油墨、柔印收缩膜 UV 固化油墨、柔印收缩膜 UV LED 固化油墨，UV 柔印光油、覆膜胶水、冷烫胶水，窄幅柔印水性油墨、水性光油等，主要应用于食品饮料、日化、工业品标签印刷，如图 5-29 所示。

图 5-29　柔印 UV 油墨产品应用案例

布瑞特标签柔印客户近 600 家，主要代表客户包括苏州江天集团、合肥 CCL、上海正伟、上海超级标贴、烟台亨利、嘉兴豪能、广东万昌、佛山华新、广州广彩、深圳新协力、普拉斯 3D、成都汇彩、青岛致远、天津香江、北京中标防伪、哈尔滨德佳利等。

布瑞特烟包印刷油墨产品主要包括柔印 UV 油墨、UV 光油，柔印水性油墨、水性光油，凹印纸包装水性油墨、水性光油等，主要应用于烟包、液体无菌包、即开彩票、扑克牌、彩色纸（箱）包装的印刷，如图 5-30 所示。

图 5-30　烟包特种油墨产品应用案例

布瑞特先后获得烟草包装行业信息委员会颁发的"2016—2018 年度优质烟包供应商""2019 年度烟包供应企业创新十强""2020 年度烟包诚信供应商""2021 年度烟包品牌供应商""2022 年度烟包品牌供应商"等称号。历经 19 周年稳健经营和发展，布瑞特在烟包印刷市场上拥有很高的品牌知名度。

## 四、布局国际化、产品标准化，持续提升国产品牌油墨竞争力

"专注于油墨安全、环保和卓越印刷性能的研发、应用和创新"是布瑞特的使命。"技术与服务在行业领先，企业与员工受业界尊重，品牌实现国际化"是布瑞特的愿景。布瑞特目前正在推进全球化经营战略，依靠先进的工艺研发生产的高端油墨，加持产品标准化，逐步走出国门，向俄罗斯、东南亚、拉丁美洲、中东、非洲等国家和地区进行市场推广，目前已取得初步成效。2023 年 9 月在马来西亚吉隆坡注册成立 BIC SEA SDN.BHD. 东南亚公司，深耕东南亚市场。

布瑞特一个重要经营策略，就是"主营产品，都有发明专利；主要市场，都主导行业标准或团体标准制定"。

布瑞特积极参与国内油墨行业和印刷行业相关标准的制定，助力油墨产业规范化、标准化发展。公司自 2017 年起先后主导起草制定了 CY/T 227—2020《柔性版印刷紫外光固化油墨使用要求及检验方法》、Q/T2825—2017《柔印紫外光固化油墨》等行业标准，T/CAB0123—2021《凹印水性油墨纸包装印刷过程控制要求》团体标准，此外参与了 GB 38507—2020《油墨中可挥发性有机化合物（VOCs）含量的限值》等 4 项国家标准、CY/T 219—2020《纸质印刷品紫外光固化胶印过程控制要求及检验方法》9 项行业标准和团体标准的起草制定，为国家油墨产业规范化和印刷油墨作业标准化做出了自己的贡献。

布瑞特是中国柔印 UV 油墨的油墨行业标准、柔印 UV 油墨印刷使用的印刷行业标准、凹印水性油墨纸包装印刷使用的团体标准的起草与主导制定者。近 8 年来，参加中国标签印刷展会的国内外品牌 UV 柔印机参展商，在现场进行印刷演示时，80% 使用 BIC 布瑞特油墨。中国标签印刷厂购买国内外品牌的 UV 柔印机，80% 使用 BIC 布瑞特油墨验收。布瑞特柔印 UV 油墨已成为中国标签柔印行业的标准油墨。目前，布瑞特柔印 UV 油墨在国内市场占有率达到 38% 以上，在亚洲柔印 UV 油墨制造供应商排名中名列前茅。

经俄罗斯客户于 2022 年的使用鉴定，BIC 柔印 UV 油墨相比欧美国际品牌油墨，色密度更高，耐晒油墨颜色更鲜艳。BIC 油墨配套的产品齐全，有特殊效果油墨，有底涂（包括水性/UV，数码喷墨的底涂），有冷烫胶水（不干胶/收缩膜），有复膜胶水，还有 UV 和水性光油、哑油等。因此，BIC 油墨在国际市场竞争力不断提升，将成为国际市场上一个新的"中国制造"油墨品牌。

未来，布瑞特将始终秉持"坦诚，负责，精进，和谐；尊重，信任，创新，传承"的价值观，以"经营团队、专业创新"为方针，持续满足客户价值主张，并让利益相关者共同受益和进步，实现企业持续增值与员工创新的价值。公司将持续提升研发能力和服务优势，重视产学研合作，重视国外先进技术的学习消化再创新，形成行业独有的核心技术，重视技术转化，不断提高技术核心竞争力，保持目前在油墨行业细分市场的领先者地位，突出绿色环保优势，为国家新型环保油墨绿色化、集约化发展和营造 21 世纪人文环境的完美和谐，继续做出应有的贡献。

# 以"智"提"质"，柔印制版智能化开启

霍红波

## 一、柔印制版智能化的必要性

多年来，传统柔性版的制版背曝光、激光成像、主曝光、洗版、烘干、去黏和后曝光的整个过程普遍处于分离状态。各个步骤或多或少地依赖人工操作，且很大程度上依赖人员的操作经验，给柔性版的制版带来了诸多负面影响，如制版质量波动、制版效率低下和成本约束等。这些弊端不但使制版标准化困难重重，也无法实现规模效应和质量提升。

如今，制造企业普遍具有提高质量、提升效率、降低成本、快速响应市场的强烈需求。德国提出"工业4.0"，美国成立"智能制造领导联盟"，英国启动"工业2050战略"，中国实施"中国制造2025"，多国政府正在大力推动新型智能化制造形式，下一代工业制造已逐渐成为新趋势。随着印刷业向智能化迈进，柔印制版的自动化程度低、高度依赖人工经验更显得不合时宜。在绿色环保柔印的光环照耀之下，柔印制版环节却是脏活、累活。

近年来，某些柔印制版设备出现了自动化的趋势，但都没有从根本上迈入自动化和智能化的轨道。面对高质量、低成本、色彩一致、高操作可持续性的需求时，主要解决方案是将柔印制版生产中的人工步骤自动化。对于制版公司来说，面对迅速攀升的能源成本、供应链问题和高技术人员短缺以及备受关注的可持续发展问题等挑战，他们不得不寻找新的创新技术和生产方式，与

供应商和客户紧密合作，通过实施一流的印前操作解决方案，确保商业模式得到优化。

恩熙思亚太区副总裁 Roy Schoettle 认为："目前，亚太地区和世界其他地区一样，面临着高成本压力、迅速攀升的能源成本、供应链问题和技术人员短缺的艰难处境，制版公司举步维艰。可持续发展也成为人们关注的问题，各地区正在制定相关法律，减少包装对环境的破坏。世界各地的印刷包装制造商不仅正在供应高品质产品，还在不断改善生产环境和产品质量。"

## 二、一家具有五十年历史的澳大利亚柔印制版企业

包装制版龙头企业 Kirk 集团成立于 1972 年，起初从事凹版印版。经过五十年的发展，该公司成为澳大利亚和新西兰最大的制版服务及图像载体解决方案供应商，为全球品牌商和大型印刷公司提供服务。Kirk 集团总部位于悉尼明托，在墨尔本、布里斯班和奥克兰设有制造基地，还在新西兰克赖斯特彻奇和印度孟买设有销售办事处，共有 120 名员工。董事总经理 Graeme Kirk 积极参与公司业务，由于他对该行业的巨大贡献，2018 年入选澳大利亚软包装和标签制造商协会（FPLMA）名人堂。总经理 John Kapiniaris 于 2015 年加入公司，具有软包装行业工作背景和强大的创新动力。他表示，公司与澳大利亚、新西兰和亚洲的领先品牌和印刷商合作，提供成熟的系统化印刷流程管理方法。公司推出 Flite 按需电子商务平台，日常工作自动化，提高了生产力，帮助客户提高市场竞争力。Kirk 集团的 Flite 电子商务平台如图 5-31 所示，Kirk 集团服务的主要品牌商和包装印刷商如图 5-32 所示。

Kirk 集团的优质产品和服务备受客户好评。Convex 运营总监 Owen Embling 赞扬道："Kirk 擅长在信任共享的价值基础上建立卓越的客户关系，我们喜欢这样。他们对质量和服务的承诺首屈一指，在为客户提供服务时竭尽全力，总是倾听客户需求并做出积极的回应。"QLM 标签公司总经理 Andrew Siwicki 表示："Kirk 与我们合作多年，为我们提供满足现代柔印高要求的产品和服务，是我

们供应链上至关重要的一家供应商。他们对尖端技术的使用和质量承诺遥遥领先。"Simplot 创意服务经理 Paul Fenech 说:"无论项目多么简单或复杂,Kirk 都能提供快速、高效和专业的解决方案。15 年来,他们一直是我们值得信赖的印前和包装印刷技术合作伙伴。"

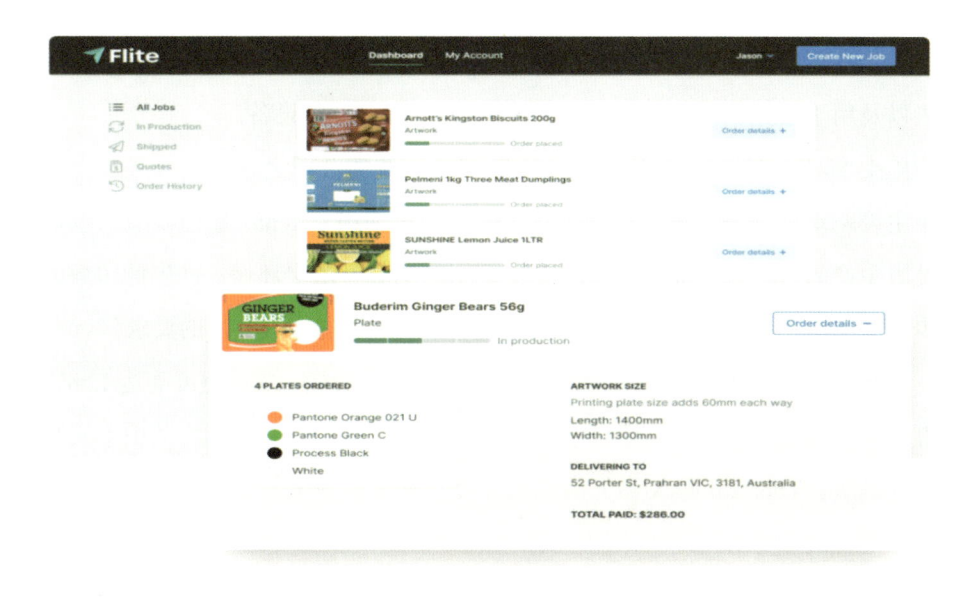

图 5-31　Kirk 集团的 Flite 电子商务平台

图 5-32　Kirk 集团服务的主要品牌商和包装印刷商

## 三、Kirk 集团率先投资智能制版系统，优化柔印制版生产流程

为进一步提升制版质量、提高制版过程的标准化和数字化水平、扩大制版产能、加强制版过程中 VOCs 排放管控、强化柔性版绿色环保功能并推进制版生产智能化，Kirk 集团决定投资恩熙思 Catena+ 全自动制版生产线，包括 ThermoFlexX 激光雕刻机、Catena-E LED 曝光机、Catena-WDLS 洗版烘干后处理机以及用于曝光和冲洗装置之间旋转印版的 Catena-R 设备。

Kirk 集团是最早受益于 Catena 智能制版系统的公司之一。当今包装生产的两个主要驱动因素是上市速度和可持续性。通过使用 Catena+ 智能制版系统实现柔性版生产的自动化和优化，Kirk 集团采用的制版方法更环保，产生的印版废料更少，能够满足品牌商对更快交货、一流产品质量和生产一致性的要求。

Kirk 集团安装的 Catena+ 制版系统具有双头成像功能，成像速度高达 12m²/h，标准分辨率高达 5080 dpi，还有一个超高分辨率选项，Kirk 集团将其用于安全印刷活件制版。ThermoFlexX 激光雕刻机高度自动化，完全兼容数字柔性版材，并因其卓越的光学系统在市场同类产品中脱颖而出。当与 Catena 模块集成时，制版完全自动化，每个部分完全封闭，创建了各自的受控环境。制版开始时，印版只需简单地放置在 ThermoFlexX 装置的托盘上，将自动通过成像、曝光、洗版、干燥和后曝光，然后在最后堆叠站准备好。ThermoFlexX 激光雕刻机与 Catena+ 制版线相结合，提高了 Kirk 集团的整体设备效率（OEE）。新系统提供了完全自动化和完全无接触的柔性印版生产，减少浪费，提高了流程的可持续性。

Kirk 集团总经理 John Kapiniaris 表示："我们看到了通过提高效率和生产力来集中和优化生产的机会。使用新系统，可以通过整合生产和消除整个过程中的手动步骤来降低生产成本，由此也减少了人为接触和出错的机会，获得了很好的产品质量。"Kirk 集团首席运营官 Robert Selvaggio 认为："我们将自己视为行业领导者和创新者，对最新技术和自动化的持续投资，意味着我们可以满足客户对高质量印刷、质量一致性和最快的上市时间的要求，同时保持最低成本和尽可能地减少浪费。"

恩熙思亚太区副总裁 Roy Schoettle 说："Catena+ 制版系统实现了自动化生产，很高兴像 Kirk 集团这样的行业领导者认识到这项创新技术将为他们的业务带来的好处。Catena 在意大利语中是"链"的意思，而这正是恩熙思在柔印制版中引入的内容，即不需要操作员干预的"连锁反应"，这是智能制造的最佳表现。"

## 四、Catena+ 智能化柔印制版系统的开创性

2020 年下半年，恩熙思（2021 年 1 月由富林特柔印产品事业部和赛康印前部门组合而成）隆重推出创新型的柔性版全自动制版生产线 Catena+，如图 5-33 所示。"连续、系列、彼此相连"是 Catena 英文的基本释义。它是一条端到端全自动制版线，无须操作人员干预，能极大减少浪费，效果卓著斐然。降低运营成本、灵活自定义、质量稳定性、高生产效率、紧凑占地少和有效 VOCs 管控是其价值定位。它采用模块化的设计理念，激光成像模块（ThermoFlexX）、曝光模块（Catena-E）和洗版烘版后处理模块（Catena-WDLS），既可单独使用，也可连起来形成全自动制版系统。只需将版材置于激光成像机的版架上，撕掉版材的保护膜后，整个制版过程就可自动进行，无须人工参与，不但提高了生产效率和质量稳定性，而且消除了任何人为因素可能导致的错误风险。值得一提的是，多至 10 块印版（最大尺寸为 1270mm×2032mm）甚至可以在员工下班后无人监管的情况下继续自动完成。

激光成像模块 ThermoFlexX 能够自动上下版，实现同一块版材上同时成像 2540 dpi、4000 dpi、5080 dpi 的图案精度，伺服驱动，实现高精度；双激光头最高可达 12m²/h 的雕刻速度，实现边排版边雕刻，无须等待；可远程激光对焦、远程诊断维护，无须额外软件和印前处理，即可实现精细的表面加网功能。

曝光模块 Catena-E 采用全 LED 设计，整个曝光台面布满用于背曝光的 LED 元件，主曝光的 LED 宽度更大，所有曝光过程在 15min 以内完成。LED 能量均

匀度可自动调整，LED 标称寿命达 1 万小时。规避曝光过程环境灰尘干扰，曝光参数依据版材类型由客户自由设定。

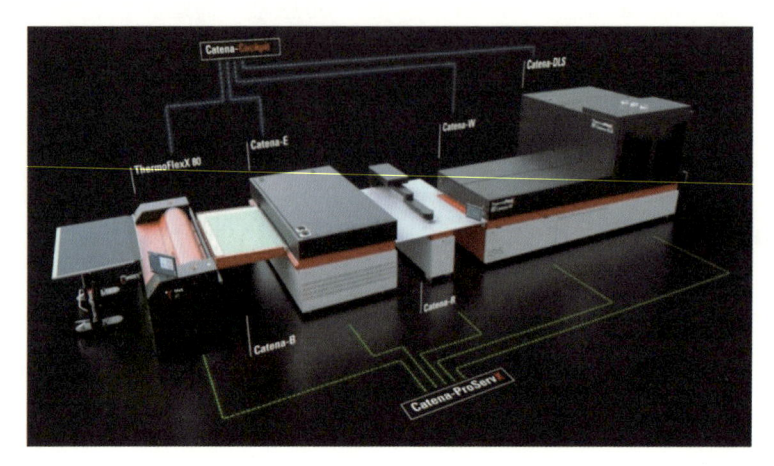

图 5-33　恩熙思 Catena+ 智能化柔印制版系统

洗版烘版后处理模块 Catena-WDLS 实现连续洗版，版间距只要 50cm；特殊的版夹设计，无须冲孔，避免了冲孔胶粒掉落粘到版面的风险，版端浪费由原来的 20mm 减少到 8mm；采用密闭式设计，消除了溶剂散发和溶剂气味，有效管控 VOCs；洗版无溶剂痕迹，无须烘干前后擦版，含 10 个独立控制的烘箱、1 个后处理单元和 7 个堆版架；整个制版系统非常紧凑，整条线长度仅 13m、宽度 3.55m，占地面积少。

全自动生产线还配备了 Catena-Cockpit 制版监测系统和 Catena-ProServX 设备运行监测系统，实现对制版过程和设备运行状况的全方位监控和数据采集，制版和设备状况一目了然，制版质量可追踪。监测系统具备云功能，电脑端和移动端皆可监视，也利于设备远程诊断维护，极大地降低了到现场维护的成本、缩短设备故障时间。

## 五、柔印制版智能化应用不断增加

Catena+ 智能化柔印制版系统凝结了恩熙思创新和智慧的结晶，完全实现了设备设计和生产的独立自主，全部技术创新和制造由恩熙思独立掌控，有利于更好更快地实现柔性版制版的智能化需求，满足柔性版制版对质量、成本和效率的极高期待。Catena+ 推出以来，激起了柔性版智能化制版的浪花，受到了广泛关注，开启了柔印制版智能化的序幕，将对柔印的发展产生深远影响。

得益于其功能强大的智能化设计，Catena+ 智能化柔印制版系统在国内外积累了众多用户的成功经验。美国 Mark-Maker 公司安装了 Catena-W 洗版机，美国 Cyber 图像公司安装了 Catena-WDLS 洗版烘干后处理一体机，位于中东地区的 NDigitec 公司安装了 Catena-E80 LED 曝光机。Catena+ 在我国亦多地开花，助力中国柔印制版智能化。广东正艺柔版科技有限公司安装了 Catena-E80 LED 曝光机和 Catena-DL 烘干后处理机，乐美包装（昆山）有限公司安装了 Catena-W 洗版机，厦门信华柔印工贸有限公司安装了 Catena-DL 烘干后处理机，厦门信华计划安装 Catena-ThermoFlexX 激光雕刻机，嘉升制版（上海）有限公司计划于 2023 年 8 月安装的 Catena-WDLS 制版设备等。可以预见，这些散落在世界各地的 Catena+ 设备，犹如星星之火，必将点亮全球柔印制版智能化的未来。